깊이와의 접촉

마이클 아이건 지음
이재훈 옮김

한국심리치료연구소

Contact With The Depths

Michael Eigen

Copyright ⓒ 2011 by Karnac books ltd
Translation copyright ⓒ 2012
by Korea Psychotherapy Institute

본 저작물의 한국어판 저작권은
Cathy Miller를 통한 Karnac books ltd와의독점 계약으로
한국심리치료연구소가 소유하고 있습니다.
저작권법에 의하여 보호를 받는 저작물이므로
무단전제와 무단복제를 금합니다.

깊이와의 접촉

발행일 • 2012년 7월 15일
마이클 아이건 지음
옮긴이 • 이재훈
펴낸이 • 이재훈
펴낸곳 • 한국심리치료연구소

등록 • 제 22-1005호(1996년 5월 13일)
주소 • 서울시 종로구 적선동 156 (광화문 플래티넘 918호)
Tel • 730-2537, 2538   Fax • 730-2539
www.pti21.com   E mail: pti21@pti21.com

값 20,000원

ISBN 978-89-97465-02-6 93180

이 도서의 국립중앙도서관 출판시도서목록(cip)은 홈페이지
(http://www.nl.go.kr/cip.php)에서 이용하실 수 있습니다.
(제어번호: 2012003107)

깊이와의 접촉

Contact With The Depths

Michael Eigen

목차

1장 구별-연합 구조 ……………………………… 7
2장 영성과 중독 ………………………………… 33
3장 나는 모른다 ………………………………… 56
4장 말없음 ……………………………………… 96
5장 따르릉-찰깍, 출발-정지, 온-오프 ………… 121
6장 고통과 아름다움의 눈물: 혼합된 목소리 … 139
7장 팔이 떨어지다 ……………………………… 169
8장 음악과 정신분석 …………………………… 191
부록 1 신비주의와 정신분석 …………………… 217
부록 2 기본적인 리듬 …………………………… 256
참고문헌 ………………………………………… 283

제 1 장
구별-연합 구조

약 이십년 전에 나는 구별-연합 구조를 일종의 경험의 DNA-RNA라고 말했다. 모든 미세한 순간 또는 경험의 "세포"는 구별-연합 경향성들로 이루어져 있다. 게다가, 구별-연합 경향성들은 하나의 구조 또는 사건의 부분들이며, 비록 그것들 중의 하나가 어느 한 순간에 더 지배적이거나 명백할 수는 있지만, 그것들은 항상 섞여있고, 항상 작용하고 있다.

구별-연합 경향성들을 하나의 몸통에서 나온 가지들 또는 복잡한 체계를 이루고 있는 뿌리라고 가정하는 것이 이 사실을 이해하는 데 도움이 될 것이다. 관찰이 불가능한 어떤 수준에서, 내가 추측하기로는, 그것들은 구분될 수 없는 하나이지만, 우리의 인지적 언어는 그것을 둘 또는 그 이상의 것들이 종종 대립적이거나 보완적인 양자 구조를 이루고 있는 것으로 구분한다.

그것들이 구분될 수 없고 관찰될 수 없는 것이라는 가정은 무엇을 의미하는가? 이것은 그것들이 알 수 없는 것임을 의미하는가? 나는 우리가 알지 못하고, 알 수 없는, 그러면서도 작용하고 영향을 미치며, 심지어 우리를 구조화하는 거대한 "영역들"이 존재한다고 생각한다. 비온(1965, 1970)이 말하는 O 안에서의 이름 없고, 말 없는 변형들이 이것을 가리키며, 많은 경전들이 말하는 의식적 범주들 너머에 있는 셀 수 없이 많은, 말이 없는 부처-나라들이 그러하다(Goddard, 1932, p. 46).

이 장에서 나는 잠깐잠깐 신비에 발을 담그고 젖어들 것이지만, 대부분은 내적 시야와 사고에 들어오는 경향성들, 즉 오랜 문화적 역사를 갖고 있고 정신분석 안에 강력하게 현존하는 경향성들을 묘사하는 일에 집중할 것이다.

문화적 배경

삼위일체 교리는 구별-연합 구조를 극적으로 보여주는 예이다. 성부, 성자, 성령으로서의 하느님은 하나이면서-셋이다. 성부와 성자가 하나의 본질(substances)을 갖고 있는지, 두 개의 본질을 갖고 있는지와 관련해서, 가톨릭 사상가들 사이에 논쟁이 있었다. 325년 니케아 공회에서 이 문제는 세 인격이 하나의 본질을 갖고 있는 것으로 결정되었다. 하나이면서도 서로 구별되는 존재라는 것이다.

이런 식의 사고에 비판적인 사람들은 그와 같은 실재 또는 이론은 이해할 수 있거나 알 수 있는 것이 아니라고 말할지 모른다. 그러나 우리는 한 몸의 다른 기능들(호흡, 소화, 순환 등)이라는 현대적 유비를 사용해서 이것에 대한 묘사를 시도해볼 수 있다. 모든 사람들(심지어 모든 생명들) 사이의 신비적 연결 또는 연합을 묘사하는 데 하나의 몸이라는 수사어구를 사용하는 것은 오랜 역사를 갖고 있다. 성 바울은 모든 그리스도인들은 예수의 몸의 지체들로서 연합되어 있다고 가르쳤다. 예수는 그의 이름으로 두 사람이 함께 할 때 거기에 있겠다고 말했다. 즉, 셋이면서 하나인 영성체(three-yet-one in communion)를 이룬다는 것이다.

유대교에서, "이스라엘아 들으라"라는 말은 하나-안에-있는-여럿 또는 여럿-안에-있는-하나의 구조를 갖고 있는 것으로 이해된다. 그것은 종종 "이스라엘아 들으라, 우리의 하나님, 우리의 주님은 한 분이시다"라고 느슨하게 번역된다. 이 해석은 신의 세 가지 이름들이 다음과 같은 유명한 말, "이스라엘아 들으라, 주님(이름을 부를 수 없는 야훼 대신에 사용하는 말인)은, 즉 많은 신들은 한분이시다"를 의미하는 데 사용되었다는 사실을 놓치고 있다. 복수로서의 신이 한분으로서의 신이시다. "할렐루야"라는 말이 "할렐"(찬양하라)과 "야"(신)라는 말과 합쳐진 것이듯이, "야"(Ya)는 종종 일상 언어에서 "전능한 신"(Almighty)을 일컫는 이름이다.

고대 문서 대부분에서 우리는 많은 것-안에 있는-한분에 대한 언급을 발견하게 된다. 예컨대, 바가바드 기타(Bhagavad Gita)에서, 존재하는 모든 것으로서의 크리슈나는 다원성 안에 있을 뿐만 아니라, 모든 다원성 그 자체이다. 여기에서 많음-하나는 분리될 수 없다.

우리가 매우 자주 시간을 생각하거나 경험하는 방식은 과거-현재-미래가 셋인 동시에-하나라는 것, 즉 삼위일체적인 것이다. 우리는 시간의 흐름, 강물에 대해 말하는데, 이는 우리가 물을 일정한 시간의 경과, 움직임, 견디기에 대한 감각, 즉 살아있는 존재에 대한 암시적인 느낌을 위한 유비로 사용하고 있음을 말해준다. 내적 현실 안에서, 우리는 심장과 맥박이 뛰는 시간, 배가 고픈 시간, 숨 쉬는 시간 등, 시간의 밀물과 썰물을 경험한다. 우리의 신체는 많은 조류들과 함께 정신적 시간을 제공하는 신비한 경험의 장이다.

현대 물리학자는 데이빗 봄(David Bohm, 1996)은 함축적-명시적 질서에 대해 말한다. 명시적 질서는 경험과 사고의 차이, 존재들의 구별됨, 차별화된 현실을 가리키고, 함축적 질서는 눈에 보이지 않는(관찰이 불가능한?) 연결들, 그리고 구별이 지배하지 않는 곳에서 현실이 하나라는 암시적인 사실을 가리킨다. 함축적 질서의 전체성(wholeness)은 내가 잠시 후에 다루고자 하는, 마테-블랑코의 "대칭적 무의식"(symmetrical unconscious), 그리고 비온의 "O 안에서의 변형"과 연결되어 있다. 지금은 한 사람의 현대 물리학자가 하나인 동시에 많은 구조를 가진 것을 번역하고 확충했으며, 그것을 우주가 작용하는 방식으로 보았다는 사실을 지적하고 싶다. 봄(2004)에게 있어서, 함축적 질서는 그것의 알려지지 않은 창조적 성질로 인해 일과 삶에서 우리의 창조적 감각을 불러일으킨다. 우리는 우주에 스며들어 있는 창조적 과정들의 표현이다.

정신분석학

위에 제시한 문화적 표본은 정신분석적 사고 안에 그것의 상대역을 가지고 있다. 마테-블랑코(1975, 1988)는 대칭적인 무의식과 비대칭적인 의식에 관해 말한다. 그의 작업이 전개되면서, 이것은 정신적 삶에 스며들어 있는 존재와 사고의 두 양태를 의미하는 것으로 드러났다.

　대칭적 경험의 예는 하나의 집합을 이루고 있는 구성원들의 동등성 또는 일치성이다. 모든 어머니들은 그들의 개인적 차이(비대칭적 사고)가 무엇이든, 여성이라는 점에서 일치한다(대칭적 사고). 모든 어머니들이 여성이라는 인식은 대칭적 사고의 확장에 의해 모든 여성들이 어머니를 나타낸다는 생각에 도달할 수 있다. 즉, 모든 여성들이 어머니로 간주된다. 대칭적 확장은 하나의 집합 내의 구성원들이나 그 너머의 구성원들이 그 집합을 정의하는 특징들로 환원되는 곳에서 발생하는 정서적 전염을 특징짓는다. 그러한 융합은 편견을 발생시키는 요인의 일부일 수 있을 뿐만 아니라, 신비 경험(예컨대, 인류라는 집합 안에 있는 모든 개인들은 인간 존재라는 점에서 동일하며, 그러므로 모든 사람들은 하나이다)을 위한 기초일 수 있다.

　대칭적 경험은 어떤 것이라도 다른 어떤 것이 될 수 있고, 무(無) 또는 모든 것이 될 수 있는 곳인, 무한을 지향하는 경향이 있다. 비대칭적인 경험은 고유함, 개별적 차이, 하나가 아님을 강조함으로써 대칭적 경험에 제동을 건다. 물론 구별하는 경향성은 증식될 수 있고, 통제를 벗어날 수 있으며(무한한 분열에서처럼), 따라서 그것은 일치 경향성과 평행을 이루는 어려움에 빠질 수 있다. 마테-블랑코는 이 두 경향성—일치 또는 하나를 향한 움직임과 구별을 향한 움직임—이 모든 정신적 행위 안에서 표현되고 있다는 것을 여러 방식으로 서술한다. 존재하는 것에 더해서, 복잡한 경향성들을 어떻게 작업할 것인가라는 문제는 항구적인 과제이며, 그것은 지금 그 어느 때보다도 중요한 것이 되었다.

　비온은 융합 경향성과 분열 경향성이 동시적으로, 왕복적으로 또는 교대로 작용하는, 경험을 조직하는 방식이라고 말한다. 가장 깊은 수준에서, 그것들은 구분될 수 없는 것이고, 우연히 일치하는 것이다(마테-블랑코의 대칭적인 것과 유사하게). 그것들은 현상학적 수준에서 지각된, 개념화된, 또는 상상된 경향성들로 구분된다. 일종의 구분될 수 없는 "단일성"에 접근하는 무언가가 「미래에 대한 비망록」의 마지막 부분에 등장한다(1991, p. 578): "행복한 광기(lunacy)와 상대론적인 불화(fission)가 여러분 모두에게 임하기를 기원합니다." 여기에서 불화는 분열(splitting)과 융합(fusion)을 결합한다. 그것은 마치 지구의 대학살이 염려되는 원자의 분열과 모든 것이 제로를 향해 가는 단일성의 성향이 결합되는 것과도 같다.

비온은 K-변형과 O-변형에 대한 서술을 통해 우리를 더욱 깊은 영역으로 데려간다. K는 앎 또는 알기를 나타내고, O는 알 수 없는 궁극적 실재를 나타낸다. 그는 프로이트가 경직된 K 변형의 유형에 속하고, 클라인이 좀 더 유동적인 K 변형의 유형에 속한다고 본다. O 안에서의 변형은 F(신앙, 정신분석적 태도)에 의해 접근할 수 있는 신비로 남는다. K 변형은 논리, 이야기, 말 또는 말과 정동의 혼합물, 숫자, 드라마 등을 포함한다. O 안에서의 변형은 말이 없고, 이미지가 없으며, 말로 설명할 수 없다. K는 O를 먹여줄 수 있고, O는 K를 먹여줄 수 있다. 하지만 O는, 설령 우리가 그것을 살아내는 방법들과 그것을 나타내는 방식들을 배우기 위해 노력한다고 해도, 알려지지 않고 알 수 없는 것으로 남는다.

비온에게 있어서, O는 마테-블랑코에게 그런 것처럼, 무한하다. "근본적 실재는 무한성(infinity), 즉 알려지지 않은 것이요, 설명할 수 있는 언어가 없는 것이다(Bion, 1994, p. 372)." 그럼에도 불구하고, 우리는 O가 하나라고, 또는 하나가 아니라고 정확히 말할 수 없다. 밀너(Milner, 1987)는 그것을 제로라고 부른다. O 또는 제로 안에서 많은 것이 일어난다. O 안에서의 변형은 측량할 수 없고 설명할 수 없는 것이지만, 그것은 중요하다. 그것은 우리가 성장이라고 부르는 것에 깊은 영향을 미친다. O 안에서의 변형은 관찰이 불가능하고 상상할 수 없는 것이지만, 그것은 삶의 일부이고 삶에 기여하는 요소이다(제임스 그롯슈타인은 O-과정들과, 구별-연합의 구조들과 제휴한 동일시의 일차적인 주체-대상에 관해 깊이 있고 상상력 있는 글을 썼다, 2000, 2007).

부정적인 측면에서, 비온은 모든 것을 파괴한 후에도 계속해서 활동하는 파괴적 세력이 존재한다고 가정한다(1965, p. 101; Eigen, 1998, Chapter 3). 파괴는 어떻게 모든 것을 파괴한 후에도 파괴를 계속할 수 있는가? 제로의 땅 안에서 많은 것들이 일어난다.

비온은 신앙(O 안에서의 F)을 갖고 궁극적 실재를 직면할 것을, 즉 절대적 개방성의 태도와 함께(최대한의 개방성을 지닌 채) 절대적 파괴를 만날 것을 제안한다. 파괴를 계속하는 전적인 파괴를 만나는 신앙에 대해 명상할 때, 나는 욥을 생각하게 된다. "당신은 나를 도륙하지만, 나는 당신을 신뢰합니다." 욥의 F와 비온이 말하는 O 안에서의 F는 같은 핵을 공유한다.

비온은 O 안에서의 F를 정신분석적 태도라고 부르면서, 그것을 기억, 욕망, 이해, 또는 기대가 없는 존재 상태라고 서술한다. 그것은 일종의 제로 상태 또는 철저한 개방성이요, 자기와 그 자기를 유지하는 마음의 작동을 내려놓고 자기와 마음으로부터 자유로운 상태에서 O를 기다리는 것이다. K 형성이 생겨나고 그것이 중요한 것으로 드러날 수 있지만, O를 기다리면서 때 이르게 K로 결론짓지 않을 때, F 없이는 발생할 수 없는 변형적 가능성들이 열릴 수 있다. F 안에서 O를 기다리는 것의 일부는 자신과 하나 되는 것, 또는 단순히 자기 또는 자기 없는 상태와 하나 되는 것일 수 있다.

O 안에서 어떤 일이 일어나는지에 대해 우리는 알 수 없지만,

우리는 그것의 충격들, 힌트들, 암시들, 알려지지 않은 것과의 어떤 접촉을 감지할 수는 있다. 비록 그것이 무엇이며 무엇이 아닌지를 말할 수는 없지만 말이다. 에딩턴(Eddington)이라는 물리학자가 말했듯이, 알려지지 않은 무언가가 우리가 알지 못하는 것을 행하고 있는 것이다. 그것의 충격은 우리에게 영향을 미치고, 우리는 우리가 사용할 수 있는 것을 가지고 작업한다. 우리 또한 그 알려지지 않은 것 또는 그것의 일부이다. 우리는 알려지지 않은 것 그 자체에 반응하는 알려지지 않은 것이다.

많은 정신분석 저술가들은 구별-연합이 어떻게 발달하는지에 대한 견해들을 갖고 있고, 나는 「정신증의 핵」에서 그것들 중 일부를 다루었다(1986, Chapter 4). 그것들 중에 중요한 것들을 열거하면, 다음과 같다: 동일시, 일차적, 이차적, 삼차적 과정들, 투사적 동일시, 공생-개별화, 이중 경로, 결합-해체, 중간 공간, 대상 사용, 그리고 일차적 홀로 있음 등. 여기에는 더 많은 것들이 첨가될 수 있다. 이 모든 것들이 구별-연합의 경향성들이 경험 안에 있는 기본적 움직임이라는 감각을 공유하고 있고, 우리는 그것들을 본성의 세력(forces of nature)으로 이해하기도 한다.

종종 구별-연합 경향성들은 무의식적으로 작용하고, 예상 밖의 방식으로 어느 정도 볼 수 있는 것이 된다. 내가 임상 초년기에 맡았던 환자의 사례를 예로 들어보겠다. 나는 그를 에이브(Abe)[1]라고 부를 것이다. 그는 심각한 알코올 중독환자로서 사흘이나 나흘 동안 아무런 생각 없이 길거리를 헤맬 정도로 마셔댔고, 술이 깼을 때는 무슨 일이 있었는지 제대로 기억하지 못했다. 그에게 이것은 만성적이고, 간헐적이며, 정규적인 행동이었다. 그는 단주모임(Alcoholics Anonymous)에서 어느 정도 도움을 받았지만, 그것으로는 부족했다.

그가 얼마 동안 깨어 있을 때면, 그의 친구들은 그에게 갈채를 보냈다. 불가피하게, 그는 다시 술을 마셨고, 그의 친구들은 슬픔, 분노, 실망감과 함께 그를 집으로 데려다주었고, 도움의 손을 내밀었으며, 다시 새 출발을 하도록 격려했다. 그러나 오르고-내리는 포괄적인 움직임의 일부로서의 정전 기간을 필요로 하기라도 하듯이, 그의 곤두박질은 어김없이 반복되었다.

　나 역시 그리스 합창을 듣는 것처럼, 그가 괜찮을 때는 행복하다가 그가 곤두박질치면 슬프고 두려워지곤 했다. 행복-슬픔-두려움이 치료 분위기의 일부가 되었다. 그 과정을 거치는 동안 내내 나는 안정된 분위기를 유지하려고 노력했다. 그의 친구들과는 달리, 나는 어떤 식으로든지 선을 넘지 않았다. 내 안의 어떤 것이 약간의 거리를 유지하게 했고, 환자의 행동 패턴을 주목하게 했다. 내가 그에게 제공한 것은 그의 행동의 윗면과 아랫면 모두가 하나의 체계, 하나의 시소 체계의 일부일 수 있다는 사실을 주목하면서, 그에게 배경적인 정동의 장(background affect field)을 제공하는 것이 전부였다. 대단한 것이 아닌 것처럼 보일 수도 있는 이것은 오르기-미끄러지기를 서로 반대되는 선택으로 갈라놓기보다는(그의 친구들의 충고는 "너는 해낼 수 있다"는 틀 안에서 그 둘 중의 하나를 선택하고 다른 하나를 거절하라는 것이었다) 하나의 단일한 움직임의 양 측면으로 모아주었다.

　나는 이 "초월적인" 비전의 조각이, 비록 어떻게 해서 그런지를 말하기는 어려워도, 우리가 함께 있는 방식에 충격을 주었다고 생각한다. 상상 속에서, 나는 한 순간 기쁨의 절정에 있다가 다음 순간 고통의 나락을 향해 던져지는 아기를 볼 수 있었고, 그 순간의 상태는 영원히 지속되었다. 나의 상상 깊은 곳에는, 정서적 폭풍의 한 가운데서 또는 심지어 광증의 깊은 곳에서도 계속해서 바라보는 목격자가 있었고, 고요한 앎의 지점이 있었다.

　에이브는 단주모임으로부터 그의 외상의 내력에 대해 많은 것을 배워 알고 있었기 때문에, 내가 그에게 해석을 제공했더라면, 비록 그가 자신의 고통에 대한 나의 감각과 그의 잠재력에 대한 나의 믿음을 고마워했음에도 불구하고, 그것은 그에게 과중한 부담으로 느껴질 수 있었다. 아마 그 역시 이러한 나의 두려움을 이해했던 것 같다. 나는 그와 함께 있으면서 내가 할 수 있는 것을 말하는 것 외에는 아무런 특별한 일도 하지 않았다.

그것에 대한 보답이 조금씩 돌아왔다. 그는 점점 더 그의 삶, 여자친구, 일, 단주모임으로부터 철수하기 시작했다. 그가 또한 알코올로부터 철수하고 있다는 것을 내가 알아차리는 데는 꽤 시간이 걸렸다. 그 시기는 길고 걱정스런 "무미건조하게 느껴지는" 시간이었다. 비록 그가 방에 처박혀 있고, 바깥에 나가고 싶어 하지 않았으며, 아무것도 하고 싶지 않다고 말함으로써 내게 어느 정도 나침반의 방위각을 알려주었지만, 그는 회기 안에서 침묵하기 시작했다. 얼마 후, 침묵은 끝없이 깊어지고, 나침반도 없이, 느닷없이 넘어지곤 했다. 그것은 넘어진다기보다 알 수 없는 x에 의해 땅속으로 빨려 들어가는 것, 또는 물속으로 끌려 들어가는 것에 가까웠다.

나는 그 때문만이 아니라 나 자신 때문에도 겁이 났다. 만약 내 환자가 자살을 한다면, 동료들은 초보 치료사인 나를 어떻게 생각할까? 그의 친척들에 의해 소송을 당하는 것은 아닐까? 치료를 잘못한 문제로 징계위원회에 회부되는 것은 아닐까? 어떻게 나는 그가 이 정도까지 망가지도록 허용했단 말인가? 그는 의학의 도움을 받았어야 하지 않을까? 나는 무엇을 하고 있었는가? 나의 치료는 에이브의 패턴을 따라가는 것이었나? 다시 말해서, 그것은 끝이 나고, 나는 길거리에서 잠을 자다 일어나서 몸을 긁는 것 또는 좀 더 심한 것에서부터 다시 시작해야 하는 것일까? 우리의 삶은 망가지고 끝장나는 것인가?

약 8개월 동안의 하강 국면과 기다리는 시기를 지난 후에, 놀라운 일이 일어났다. 그것은 내가 훈련받은 적이 없는, 당시에는 정신분석적 치료의 영역 바깥의 것으로 간주되던 경험이었다. 에이브는 빛을 발하는, 압축된 나-지점(I-point)을 보고하기 시작했다. 그것이 어떤 위치를 갖고 있는 것이라면, 그곳은 그의 가슴 언저리였을 것이다. 말로 설명할 수 없는, 신비한, 맥동(脈動)하는 지점이 있었고, 그는 그곳이 자신의 나(I)라고 생각했다. 그것은 계속해서 나로서 존재하는 파괴될 수 없는 나-핵(I-kernel)이었다. 그것은 이상하고 낯선 상황이었기 때문에, 거기에는 상당한 정도의 두려움이 있었지만, 전반적인 느낌은 빛나는 전율감에 젖은 안도감, 돌봄, 위안, 평화였고, 존재의 중심에 있는 꿈틀대는 살아있음의 핵에 관한 것이었다. 그 후 몇 개월 동안 이 경험은 외부 세계를 포함하는 것으로 확장되었다. 자연과 사람들 어디에서나 환하게 빛나고 맥동하는 돌보는 중심이 존재했다. 그것은 마치 파괴될 수 없는 나-핵이 그의 세상 안에 너그러움(generosity)을 가능케 했던 것으로 보인다.

시간이 지나면서, 나는 영적 경험에 대해 좀 더 배우게 되었고, 정신분석을 위한 광범위한 신비적 틀을 발달시키게 되었다. 나는 내가 하는 것을 정확하게 신비적 정신분석이라고 부르지는 않지만, 그것은 신비적/영적 감수성이 결여된 정신분석이 아니다. 에이브와 같은 환자가 나로 하여금 이 신비에 대해 마음을 열도록 도왔지만, 나 자신 안에 있는 무언가가 이 개방성을 필요로 했고, 내가 알지 못한 채 그것을 요청했던 것 또한 사실이다. 에이브와 이런 경험을 했을 때, 나는 새로운 깊이를 만났고, 그 안으로 인도되었다.

나의 현 관점에서 볼 때, 나는 주목할 만한 가치가 있는 몇 가지 실마리들을 선택하기에 앞서, 내가 얼마나 망망대해에 있었는지를 강조하는 것이 더 중요할 것 같다. 그 실마리들 중 한 가닥은 배경적 주체로서의 나의 현존에 관한 것이었다. 나는 가능한 한 침범을 줄이려고 노력했고, 두려움을 느꼈음에도 불구하고 기본적으로 지원적이었다. 이것은 에이브가 흔히 경험해본 것이 아니었다.

에이브의 삶 안에는 많은 소음들이 있었다. 비록 그의 어머니가 따뜻한 순간들을 제공해주기도 했지만, 그는 대체로 부모들에게 쪼이고 학대받았다. 한 순간 따뜻했다가 다음 순간 지옥으로 변했던 그의 어머니 기분 패턴이 그의 성인의 삶에서 반복되었다. 그의 아버지는 인사불성이 되어 거실 바닥에 오줌을 누곤 할 정도로 술고래였고, 자신의 잔인성을 인식하지 못하는 사람이었다. 에이브에게는 밤낮으로 평화가 찾아오지 않았다. 그의 부모 모두는 느닷없이 폭력적인 사람으로 변하곤 했다. 그가 받아들이고 적응한 분위기는 많은 양의 학대적인 돌봄, 잔인한 따뜻함을 포함하는 것이었다. 에이브의 영(spirit)은 그가 자신을 구하기 위해 오래 전 젊은 시절에 집을 떠났음에도 불구하고, 그의 집에 사로잡힌 상태로 남아있었다. 우리는 그가 작은 일에도 폭발할 수 있는, 냉정한 성격이 아니라 불같은 성격을 가진 사람이었다는 것을 추측할 수 있다. 그는 가슴을 가진 사람이었다. 그러나 그는 자신이나 다른 사람들과 편안한 삶을 살지 못했다.

나는 그가 친숙했던 것보다 더 조용한, 조용히 돌보는 사람이었다고 생각했다. 그에게 있어서, 그것은 한편으로 폭풍에서 벗어나는 것과 같았고, 다른 한편으로 어떤 일도 일어날 수 있다는 암시였다. 나는 친숙하지 않은 영역 안에 있었고, 그 또한 그랬다. 우리는 함께 존재하는 길을 찾아야만 했다. 알려지지 않고 친숙하지 않은 것이 우리 관계의 기초의 일부였다.

내가 에이브를 위한 배경적 존재가 된 것은 우리 사이에 무언가가 통하도록 허용했다. 우리가 함께 하면서 최대로 나 자신을 개방하고 있는 동안, 우리 사이에서 발생한 서로에 대한 영향력은 대체로 무의식적인 것이었다. 그와 내가 방안에 있으면서 독립된 사람으로서 우리 자신을 의식하고 있는 동안, 나는 우리의 접촉 대부분이 무의식적이라고 느꼈다. 이 무의식적 접촉의 일부는 치료의 유대, 서로에게 영향을 미치는 우리 두 사람으로 구성된 유대의 형성을 포함하고 있었다. 일종의 상호적 삼투성이 우리 내부에서, 뒤에서, 아래에서, 인식영역 바깥에서 작용했다. 아마도 그것은 인식영역 안에서도 마찬가지로 작용했을 것이다. 왜냐하면 시간이 지나면서 우리는 그것이 무엇인지는 말할 수 없어도, 무언가가 일어나고 있다는 것을 감지했기 때문이다. 그것은 그 모습을 드러냈는데, 한 가지 예를 들자면, 놀랍게도 그가 거의 전적으로 철수한 것과 빛을 발하는-나(radiant-I)가 출현한 것이 바로 그것이다.

두 번째 요소는 첫 번째 가닥과 관련된 것이다. 원래 삼투성이 할 수 있는 한 가지는 시간을 두고 좋은 느낌을 흡수하는 것이다. 확실히, 조용히 기다리는 나의 태도는 그것과 관련이 있었다. 나는 전적으로 부정적인 배경적/전경적 현존이 아니었다. 나는 그의 마루를 심하게 더럽히지 않으려고 노력했다. 내가 멍한 상태에 빠지곤 했지만, 나는 그것이 너무 억압적이지 않기를 바랐다. 나는 나빴지만, 나는 보통 그의 부모보다는 덜 외상적인 현존이었다. 우리 존재들 배경에 있는 보이지 않는 좋은 감정이 내게도 유익을 가져다주었다. 깊은 의미에서, 그 혼합물 안에 들어있는 것이 무엇이건 간에, 우리는 서로를 위해 지지해주는 존재였다(나의 후기 작업과의 비교를 원한다면, 「독이 든 양분」 3장 "유산"에 나오는 치료를 가져오는 요소들을 보라).

위니캇(1988, pp. 73, 76, 127-128)은 정서적 환경의 변화들, 즉

변화하는 정서적 기후의 다양한 맥박들의 효과에 대해 묘사한다. 매 순간 바뀌는 유아를 위한 정서적 기후의 변동들은 유아의 존재 안으로 퍼져나가는 물결을 일으킨다. 생명이 느끼는 방식은 기압이 매 순간 변하는 것과 마찬가지로, 자발적으로 그리고 자동적으로 변한다. 소위 외부 세계와 내면세계는 서로를 흡수하기도 하고 거부하기도 하며, 지지하기도 하고 전복시키기도 하는 무의식적 삶의 일부를 형성한다. 간헐적으로 거친 파도에 부딪치면서도, 우리는 어째서 또는 어떻게 그런 일들이 발생하는지 또는 그것들이 무엇인지 모를 수 있다. 우리는 종종 그 밑으로 들어가기도 하고, 잠시 동안(영원처럼 느껴지는) 사라지기도 하면서, 그 파도를 타는 데 최선을 다한다. 우리의 존재를 지지하고 박살내면서, 우리의 존재를 관통해 흐르는 정서적 바다는 우리의 삶의 배경을 형성하는 거대한 단위 안으로 들어와 하나로 혼합된다(Eigen, 1986, Chapter 4, p. 154).

에이브의 경우, 타고난 삼투성과 무의식적인 배경을 구성하는 정서적 지지가 손상을 입은 상태였다. 그는 인격이 형성되기 시작하는 시기에 상처를 입었다. 즉, 삶이 시작되는 시점에 손상을 입은 것이다(Eigen & Govrin, 2007, pp. 44-58; Winnicott, 1992, p. 122). 손상 입은 시작의 패턴이 그의 삶의 중요한 측면들을 특징짓고 있었다. 무언가 좋은 일이 시작되면, 파국이 뒤따랐다. 유아기/아동기에 시작된 이 황폐화하는 패턴이 성인의 삶에서도 계속되고 있었다. 술을 끊었다가 다시 과음을 하는 리듬도 이 패턴을 따르고 있었다.

심리치료가 제공하는 지지는 에이브의 정신으로 하여금 나의 정신과 결합하여 시작들이 보전되고 무언가 창조적인 것(보전 그 자체가 창조적인)으로 이끌 수 있는 하나의 상황—알지 못하는, 말이 없는—을 창조할 수 있게 해주었다. 가장 창조적인 순간들 중의 하나는 우리가 빛을 발하는 나-지점(I-point)을 깨닫는 순간이었다. 그것은 우리의 존재를 고양시켜주었다. 이 경험은 극도의 절제와 수축의 상황 안에서 느닷없이 발생했다. 비록 그것이 자발적으로 일어났지만, 그것은 여러 달 동안의 고통스런 탄생과정이 그 길을 예비한 것처럼 보인다. 그 과정 안에서 에이브와 나 누구도 우리가 무엇을 하고 있고 어디로 가고 있는지 알지 못했다. 다시 말해, 우리는 우리가 창조적인 사건에 참여하고 있다는 것을 알지 못했다. 우리는 어떤 아기가 태어날지, 또는 심지어 그런 탄생과정이 진행되고 있는지조차도 알지 못했다. 우리는 그것이 무엇이든, 선택의 여지없이, 그저 그 과정을 따라갔다. 그것은 머리끝이 쭈뼛해지는 경험이었고, 나는 자기-의심으로 채워졌으며, 설령 내가 개인적 혁명과 같은 중요한 일에 참여하고 있다는 것을 암묵적으로 알았다고 해도, 나는 그것들을 어떤 확신을 주는 방식으로 연결 짓지 않았다.

나는 일차적 홀로 있음에 대한 위니캇의 글(1988, pp. 126-134; Eigen, 2007b, 2008)에 기초해서, 또 하나의 부분적인 이론화 작업을 시도해보겠다. 위니캇은 본질적인 홀로 있음이 충분히 좋은 환경의 지원에 의해 가능하다고 가정한다. 이 역설적 개념은 좋은 홀로 있음의 느낌이 유아가 알지 못하는 환경적 지원을 필요로 한다고 말한다. 유아의 홀로 있음의 특질과 존재 그 자체가 유아 자신이 받고 있는(그 사실을 알지 못한 채) 지원의 질에 달려 있다. 이 지원이 없이는, 타고난 홀로 있음의 능력은 손상을 입는다.

중독의 많은 경우, 개인들은 복구적인(reparative) 홀로 있음을 추구한다. 예컨대, 그들은 알코올이나 마약이 결핍된 환경적 지원을 대체할 수 있다고 믿는 경향이 있다. 그들은 환경이 해내지 못했던 온전함(wholeness)의 상태를 성취하기 위해 화학적 변화에 의해 지원받는 홀로 있음을 추구하는 것이다. 그 결과는 너무 자주, 에이브의 경우에서처럼, 반복되는 파국을 맛보게 하는 환경의 실패로 나타난다.

 나는 일차적 홀로 있음을 위한 배경적 지원을 무한한, 알려지지 않은 지원이라고 부른다. 무한한, 알려지지 않은 것에 대한 일종의 감각이 존재감의 배경의 일부라고 나는 느낀다. 그것이 출현하는 신뢰와 신앙의 기초를 제공한다. 만약 우리가 우리의 존재를 떠받치는 데 필요한 환경에 대한 신뢰를 확립할 수 없다면, 우리는 위태로운 삶을 살게 된다. 실제로, 위태로운 느낌이 우리의 삶에 스며들고, 신뢰 또는 믿음은 위태로움과 혼합된다. 왜냐하면 그때 모든 존재가 철저하게 위태로움과 혼합되기 때문이다. 비온이 말하는 O 안에서의 F는 파국의 한복판에서의 신앙이다. 우리는 신앙에 의해 함께 연결되고, 또한 파국에 의해 연결된다(파편화된 방식으로 접합된다).

 우리의 홀로 있음이 받는 환경적 지원은 필수적인 것이며, 생애 전 기간에 걸쳐 우리의 홀로 있음의 느낌의 일부로 남는다. 우리는 그것을 명료하게 인지하지 못할 수도 있지만, 그것은 우리 안에서 살고 있으며, 존재의 느낌을 공급해주는 지원의 연결망의 부분(구별이 불가능한)을 구성한다.

 일차적 지원이 상처를 입거나 심지어 불구가 되는 일은 드물지 않다. 중독은 상처 입은 홀로 있음에 대해 우리가 지불하는 한 가지 대가이다.[2] 나는 중독이라는 단어를 알코올과 마약 이상으로 음식, 섹스, 돈, 권력 등을 포함하는 것으로 확장하는 것이 지나친 것이라고 생각하지 않는다. 어떤 의미에서, 전쟁은 세상이 아래에서부터 무너질 때, 얼마 동안, 어쩌면 아주 오랫동안 자기가 무너지거나 죽을 때, 그것이 유아에게 얼마나 파국적으로 느껴졌는지를 흉내 내고, 재연하고, 인식으로 가져오기 위한 시도일 수 있다. 전쟁은 파국을 이상적인 희망들과 용해시키고, 끊임없이 전체를 날려버리는, 순간적이고 섬뜩한 전체의 상태를 흉내 낸다. 전쟁이 사람들을 신앙이 상처 입을 수 있다는 인식으로 데려다 주는가, 아니면 오래 전에 발생했던 상처 입은 신앙을 전쟁이 흉내 내는 것인가?

심리치료는 에이브의 정신 안에 신앙이 떠오르고, 재생하고, 새로운 모습을 갖추도록 허용하는 기회를 주었다. 어쩌면 완전히 그런 것이 아니라, 이전보다 많이 그리고 약간 더 나은 것일 것이다. 그러나 삶에서, 조금 나아진 것은 많은 것을 변화시킨다.

세상에는 많은 형태의 신비주의들이 있다(Eigen, 1998). 그것들 중 일부는 연합을 강조하고, 일부는 차이를 강조하며, 일부는 자기(self)를 강조하고, 일부는 자기-없음(no-self)을 강조한다. 너 자신을 찾기 위해서 너 자신을 잃어야 한다는 말이 있는가 하면, 너의 자기를 잃기 위해서는 너의 자기가 있어야만 한다는 말이 있다. 자기-자기 없음의 여정에 포함된 많은 측면들이 강조될 수 있다. 에이브의 경우, 인격은 하나의 떨리는 나-지점(I-point)으로 수축되었다. 그것은 파괴될 수 없는 빛나는 것으로, 그리고 계속해서 존재하면서 나-됨(I-ness)과 있음(is-ness)을 방사하는 것으로 경험되었다. 이 수축된 상태는 자연으로부터 시작해서 모든 존재들의 빛으로 확장되는 포용적인 순간들이 뒤따랐다.

"나는 이다"(I am)라는 부류의 경험은 길고 풍부한, 그리고 창조적이고 파괴적인 역사를 갖고 있다. 성서에 나오는 신은 자신의 이름이 "나는 나다", 또는 "나는 나일 것이다", 또는 "나는 거기에 있을 것이다"라고 선언하신다. 바가바드 기타에 나오는 크리슈나(Krishna)는 자신을 모든 곳에 있는 모든 것, 한계 없는 자기(Self)라고 계시한다. 에이브의 경험은 작은 것으로 비교될지 모르지만, 그것 자체로서 실제적인 것이다. 그것은 모든 곳에 있는 나, 모든 존재 안에서 맥박 치는 나에 대한 계시로 인도하는, 극소의 나-핵심(I-core)이다. 그것이 에이브의 삶에서 본질적인 변화의 시작을 가져온 과정의 일부였다. 그는 술을 끊었고, 여자친구와 함께 아파트를 장만했으며, 단주모임을 더 효과적으로 사용했고, 사십년이 지난 지금 그는 멋진 삶, 겸손한 삶, 좋은 삶을 살면서, 자신이 예라고 말할 수 있는 방식의 삶을 잘 살아내고 있다.

나는 에이브의 신비 경험에 포함된 일부 미묘한 요소들을 살펴보겠다. 그 경험 내부에는 여러 "요소들"이 공존한다: (1) 수축된 나핵, (2) 모든 존재를 포함하도록 확장되는 나-광채, (3) 빛을 발하는 나 안에 있는 그리고 타자들의 빛 안에 있는 타자성의 느낌과, 빛을 발하는 나핵과 만나고 있는, 차이의 느낌 또는 빛을 발하는 타자성 안에 있는 다름의 느낌, (4) 나와 타자 모두의 합일 또는 용해 또는 연합, (5) 나와 타자 모두의 연합 또는 용해 또는 구별할 수 없음. 동시에, 삶의 정상적인 배경, 즉 자동차들, 거리들, 건물들, 먹고, 잠자고, 아파트를 돌보고, 전화를 받거나 받지 않고, 치료에 오는 일 등, 우리가 아는 세상은 계속되었다. 이 모든 것들과 그 이상의 것들이 에이브의 경험과 혼합되었다. 그것을 구성하고 있는 요소들의 일부를 목록으로 만들려고 했지만, 그것들을 정확하게 집어내기는 무척 어려웠다. 예컨대, 다양하게 나 그리고/또는 타자에 달라붙는, 자유롭게 떠다니는 광채는 나보다 먼저 존재하는 것인가? 나 그리고/또는 타자는 그 자체의 내재된 광채를 갖고 있는가? 거기에는 자기와 타자에 대한 지각보다 앞서고 그것을 가능케 하는 광채와, 자기와 타자 안에 그리고 그들의 출현에 내재된 광채가 모두 존재하는가? 우리는 거의 눈에 보이지 않는 너무 많은 가닥들로 이루어진 혼합물을 강조할 필요가 있다. 우리는 경험의 색깔에 기여하는 개개의 뉘앙스들로 구성된, 그 혼합물의 역설적인 경향성들을 보거나 본다고 상상한다.

우리는 에이브의 출현하는 경험과 심리치료 상황의 구조 모두 안에 존재하는, 구별-연합 경향성들의 윤곽을 그려보았다. 이 경향성들은 때로는 언어적이지만, 대부분은 말이 없는, 여러 형태들을 취한다. 심리치료 상황 안에 있는 배경적 연합, 혼합, 유대는 부분적으로 알려지지 않은 것과의 접촉, 다시 말해, 언어화하기 힘든 암시적 접촉에 뿌리를 두고 있다. 이 말없는 접촉이 에이브의 삶을 변화시킨 경험을 탄생시킨 배경의 일부였다. 우리는 출현한 경험들 또는 그것들의 결과들을 예측할 수가 없다. 깊은 의미에서, 에이브와 나는 산파들이었다. 우리의 공동-현존은, 비록 우리 중 누구도 아기가 태어나기 전까지는 임신 사실을 몰랐지만, 그 탄생에 꼭 필요한 요소였다. 우리는 의미 있는 종류의 배움을 위해, 즉 위기의 순간에 우리가 출산한 것에 대해 배우는 일에 우리의 여생을 보낼 수도 있다. 그러나 일단 그 과정이 시작되면, 탄생들은 계속해서 발생하고 우리는 그것들을 따라잡을 수 없다. 우리는 다만 여기에서 조금, 저기에서 조금, 때로는 좀 더 많이, 한 번에 조금씩만 그것을 살아낼 수 있다. 그리고 이러한 삶의 조각들 하나하나가 전체 삶의 질에 차이를 가져다준다.

독립적으로 또는 공동으로 발생하는 자기와 타자 감각의 출현은 삶에서 가장 창조적인 경험들 중의 하나이다(출현하는 자기-타자 감각에 대한 초기 글을 보려면 Eigen, 1977을 보라). 그리고 그것들이 생겨나는 배경 감각에 대한 경험 또한 그렇다. 거기에는 비록 그것이 무엇인지를 말로 표현하기가 어렵다고 해도, 우리가 놓칠 수 없는, 자기와 타자 모두가 그 안에서 살아가는 매개체에 대한 감각이 있다. 어쩌면 우리는 그것을 수태(gestation), 공간, 시간, 무한, 또는 배아 또는 태아가 거치는 모든 과정들이라고 부를 수 있을 것이다. 또 다른 구성요소는 임신보다 앞서 존재하고 임신을 가능케 하는 땅 위의 모든 생명일 것이다. 그리고 생명을 탄생케 하는 모든 과정들일 것이다. 이 모든 것들과 그 이상의 것들이 존재의 배경적 유대, 즉 당신과 나를 받쳐주고 떠오르게 하는 수단의 일부이다. 그 지원 자체는, 비록 우리가 그것을 좀 더 의식적으로 연결시킬 수 없을지 모르지만, 배경 안에서 감각될 수 있다. 그것은 우리의 피부 안쪽 면, 신경들, 정맥들에서 감각된다. 호흡은 우리를 그것 가까이 데려다준다. 에이브처럼, 우리는 그것이 우리를 어디로 데려갈지, 그것이 다음번에는 무엇을 할지 알지 못한다.

생성 경향성은 정신의 기반들에 스며들어 있고, 자연 안에 내재되어 있다. 성서는 새 자기, 새 생명, 새 날에 대한 언급들로 가득하다. 위니캇의 가장 창조적인 이론들 중의 하나는 신선한 타자성의 감각이 출현하는 것과 관련되어 있다("대상 사용" 이론, 1969; Eigen, 1981). 발린트(1968)는 자기-타자의 혼합물, 조화로운 상호침투에 대해 말하는데, 그것이 상처 입을 경우, 그것은 인격 안에 "기본적 결함"(basic fault)으로 남는다고 말한다.

내가 연합-구별의 조류에 대해 글을 쓰는 이유는, 만약 우리가 그것을 지각하거나 생각할 수 있는 장비를 갖춘다면, 하나의 실재일 수도 있는 이 이중적 움직임에 주의를 환기시키기 위해서이다. 자기-타자의 출현은 외상과 지원의 혼합물에 달려있다. 그 혼합물은 자기와 타자가 출현하는 모체이다. 존재에 대한 배경적 지원에 문제가 발생할 때, 그것은 느끼고, 맛보고, 냄새 맡는 삶의 방식, 그리고 자기와 타자의 모양에 영향을 미친다. 이것에 대해 우리는 비공식적으로 모양이 더 좋거나 더 나쁘게 되었다고 말한다. 외상적 배경이 충분히 심각하게 영향을 미칠 경우, 우리는 그 모양이 잘못되는 것을 느낄 수 있다. 바로 "우리" 자신이 연합과 구별의 가닥들을 담고 있다. 우리는 우리를 생성해내는 과정들의 측면들인 동시에 우리가 수행하는 상대역의 측면들인 이 가닥들이 제 목소리를 내도록 만들어주려고 시도한다. 우리들이 그것들을 대변할 때, 우리는 그것들을 살고, 그것들은 우리를 산다. 우리가 그것들에 대해 말을 하건 하지 않건, 그것들은 계속해서 우리를 구성하고, 이 무의식적인 움직임은 삶에 대한 창조적인 "느낌"의 일부를 구성한다. 구별-연합 경향성들의 탄생 자체가, 태어나지 않은 알려지지 않은 것 깊숙이 스스로를 담그는, 창조적인 존재감의 일부이다. 그 태어나지 않은 알려지지 않은 것이 없다면, 우리의 창조성의 느낌도 없을 거라고 말하는 것은 너무 심한 걸까? 내가 태어나지 않은 무한(infinite unborn) 안에 나 자신을 살짝 담글 때, 나는 온 몸이 흥분되는 것을 느낀다. 거기에는 말로 전달할 수 없는 떨림이 있다. 떨리는 말이 말없는 떨림과 접촉한다.

구별-연합의 복잡성

병리(pathology)라는 말은 파토스(pathos)라는 단어와 로고스(영, 연구, 학문)라는 단어에 뿌리를 두고 있다. 고통에 대한 연구는 동정심, 연민, 경로와 연결되어 있다. 정신적 고통이 무엇이고 우리가 그것에 어떻게 반응하는가는 고통의 "해결"과는 거리가 먼 문제이다. 고통 가운데 있으면서 그 고통을 시정할 수 없는 동물들에 관한 많은 이야기들이 있다. 돕는 자가 나타나 그들을 도운 일로 인해 그들은 그에게 영원히 감사함을 느끼고 살아가는데, 마침내 그 도움의 빚을 갚을 날이 찾아온다는 이야기다. 이것은 우리가 처한 상황의 측면들에 대한, 그리고 할 수만 있다면 서로 돕는 것의 중요성에 대한 아름다운 묘사이다. 해결하고자 하는 우리의 시도들이 어려움을 가중시키는 경우가 흔하다.

　우리의 정신은 즐거움의 원천인 것과 마찬가지로 고통의 원천이다. 우리는 기쁨, 공포, 고통, 화 등, 정서적 감각의 전체 범위를 위한 정신적 능력을 갖고 있다. 정신적 민감성은 고통의 원천이기도 하다. 비온은 고통을 경험할 필요성에 대해 말한다. 경험에 머무르고, 살아내고, 작업하는 것은 고통스런 압력들을 포함한다. 그리고 경험을 소화하는 데 필요한 압력을 지탱하는 능력 그 자체는 발달을 필요로 한다.

　나는 플로렌스, 델 아카데미아 화랑에 있는 "노예들" 또는 "갇힌 자들"이라는 명칭으로 불리는 미켈란젤로의 조각상들을 생각한다. 우리는 작업과 함께 돌에서 형상들이 출현하는 것을 본다. 그것들은 일부는 형성되어 있고, 일부는 반쯤 형성되어 있으며, 일부는 출현하고 있고, 일부는 형성되지 않은 돌에 박혀 있으면서, 형성 중에 있는 동시에 영구적으로 태아의 상태에 있는, 진행 중인 탄생의 모습을 보여준다. 그것들은 모두 항구적인 기초와 배경, 즉 갓 태어난 형성되지 않은 것을 구성하는 동일한 재료들로 이루어져 있다. 단일한 재료에서 다양한 형태들이 생겨난다.

　사람들은 종종 이 형상들이 바위의 불필요한 부분들을 쪼아내는 미켈란젤로의 기술을 보여준다고 말한다. 그러나 이 경우 나는 그렇게 말할 수 있는 자리에 있지 않다. 미켈란젤로는, 나이가 들어서, 형성되지 않은 것(the unformed)이 창조성에서 갖는 역할, 즉 형성되지 않은 것이 형태들을 탄생시키고 결국 그것들을 수용하는 것에 대해 말하고자 했다. 하지만 나는 이 조각상들 안에서 하나의 과정에 대한 감각을 경험하고 느낀다. 그 과정은 우리를 지원해주지만, 그것은 우리가 누구인지 거의 알지 못하고 통제하지 못하는, 부분적으로만 형성된 피조물이다. 아마도 이 작업들은 고백적인 것일 것이다. 위대한 미켈란젤로는 그가 쪼아내는 바위에 대한 탁월한 통제를 통해서, 부분적으로 개별화되고 깊이 뿌리를 내리고 있는 그의 연약함, 불완전함, 혼합된 본성을 보여주고 있다.

고통의 한 원천은 이중적 상태의 어느 하나에 매달림으로써 뿌리내린 것-출현한 것(embedded-emergent) 사이의 갈등을 악화시키는 것이다. 연합-구별 수준에서, 이것은 연합-구별 경향성들 사이의 갈등으로 변한다. 인격이 이 경향성들과 다른 역량들에 영향을 미치는 파국의 충격 아래 놓여 있을 경우, 상황은 복잡해진다. 느껴지는 고통은 종종 잘못된 곳에 놓이고, 개인은 정신적 고통의 원천을 잘못 판단한다. 외상적인 영향 하에서, 복잡한 체계는 스스로 깨어지고, 부분적으로 그 고통을 체계 내의 "다른 어딘가에" 위치시키려고 시도한다. 스스로의 복잡성에서 깨어지는 체계는 스스로를 깨뜨림으로써 고통으로부터 벗어날 수 있을 거라는 희망 때문에 그렇게 한다. 고통을 제거하거나 완화시키는 방법은 전치로부터 광범위한 체계의 무화(nullifying)—고통을 발생시키는 것처럼 보이는—에 이르기까지 다양하다.

이때 발생할 수 있는 한 가지는 이중적 경향성들을 분열시켜 서로 다른 측면 또는 경향성이 장애를 발생시키는 원인이라고 생각한 결과, 상대편을 찢어버리거나 지워버리거나 해리시키는 것을 통해서 문제가 해결될 수 있다고 믿는 것이다. 구별은 만약 연합을 제거되면 장애가 사라질 것이라고 상상하고, 그 역으로도 마찬가지이다. 어려움에 대한 반응으로, 역량들은 분기점에 도달하고, 서로를 거부하거나 서로에게 과도하게 의존할 수 있다. 상호의존적인(co-dependent) 역량들이, 마치 각각의 경향성이 상대방

없이 존재할 수 있기라도 하듯이, 상호의존적이 되지 않으려고 시도할 수 있다.

이런 시도로부터 항구적인 왜곡이 발생한다. 각 경향성은 상호적인 공격과 달램의 드라마를 연출하면서, 어려움의 책임을 상대방에게 전가한다. 구별 또한 자체를 비난하고 연합을 이상화할 수 있으며, 그 역으로도 마찬가지이다. 그 결과, 숨을 곳이라고는 없는, 제로지대 외에는—그것이 안전한 곳이라고 부를 수 있는지는 모르지만—안전한 피난처가 없는 상황이 초래된다. 난기류 상태에서 체계들과 하위체계들은 때로 다시 시작하거나 다른 경로를 찾으려는 희망과 함께 제로 상황을 추구한다.

극단적인 형태에서, 고통을 뒤죽박죽으로 만들거나 지우려는 시도는, 정신이 반발하거나 숨는 것을 통해서만 장애에 반응하는 것이 아니라, 그것들이 실패할 때에는, 마치 그 자체 또는 그 자체의 일부를 제거함으로써 장애를 제거할 수 있기라도 하듯이, 그것 자체를 지워버리려고 시도하는 보다 일반적인 원리의 특별한 예가 된다. 이것은 고통의 문제를 해결하고 싶은 여망 때문에 인간 존재를 쓸어버리는 것을 통해서 장애를 자신에게서 제거하려고 시도하는 신의 이야기와도 닮았다. 정신을 제거하면, 더 이상 정신적 고통이 없을 거라는 생각 때문이다. 이런 맥락에서, 프로이트는 대홍수를, 해결방법이라고 여겼던 신과는 달리, 근원적 외상이라고 느꼈다. 거기에는 모순이 없다. 지금까지는, 삶은 두 개의 바늘귀 모두를 통과해서 흐르고 있다.

요약컨대, 구별-연합 경향성들은 서로에 대해 적대적, 공생적, 기생적 관계뿐만 아니라, 무화시키고, 단절시키고, 양분을 제공하는 관계 등, 많은 종류의 관계들 안으로 들어간다. 우리는 항상 어느 한 순간에 이 경향성들 중 어느 것이 작용하는지를 물을 수 있다. 왜냐하면 그 둘 모두가 항상 함께 존재하기 때문이다.

그것들은 암시적으로 자기-타자 관계와 마찬가지로, 마음-신체 관계를 특징지으며, 적응적, 정신적, 행동적, 개인적, 사회학적, 신비적 등, 많은 수준들에서 읽혀질 수 있다. 스며들 수 있는 동시에 구별되고, 연결되는 동시에 분리되며, 연합되는 동시에 구별되는 존재가 되는 것은 우리의 유연함과 집요함의 일부요, 우리 존재의 신비, 어려움, 그리고 창조적 도전의 일부이다. 우리는 우리 자신들을 위해 공간을 만들 수 있는가? 우리는 우리의 존재와 어떤 질적인 협력관계를 만들어낼 수 있는가? 우리 존재를 구성하고 있는 가닥들은 각각 나름의 일대기를 갖는다. 구별은 연합이 그렇듯이, 그것들의 결합이 공통된 운명을 갖는 것처럼, 자체의 역사를 갖는다. 우리는 우리가 물려받은 것으로서의 기질(makeup)을 중재한다. 우리는 우리의 기질이 지원적이고 양육적인 방식으로 함께 진화할 수 있을지, 어떻게 그럴 수 있는지를 배우는 과정 속에 있다. 이것은 하나의 초대이며, 우리의 창조적인 핵심에 대해 이것보다 더 많은 것을 말해주는 초대는 없다.

주

1. 여기에서 에이브라고 불리는 개인은 내가 이전 글(1973)에서 벤이라고 불렀던 사람이다. 나는 다른 맥락들에서 줄곧 그를 벤이라고 불러왔지만, 여기에서는 다른 환자들과의 혼동을 피하기 위해 그의 이름을 바꾸는 것이 최상이라고 생각했다. 여기에서 제시된 내용은 최초의 서술을 크게 확장한 것이다.
2. 이 임상적 스케치에서 나는 상처 입은 홀로 있음을 강조했

다. 상처 입은 함께 있음 또는 연합 역시 중요한 문제이지만, 여기에서는 그것에 초점을 두지 않았다. 나는 우리의 작업에서 에이브가 하나의 전환점으로서의 깊은 홀로 있음의 지점에 도달한 순간을 골랐다. 외상이 발생할 때, 손상은 잠재적으로 확산되고 구별-연합의 어떤 측면도 그것을 피할 수 있는 가능성은 희박하다.

제 2 장

영성과 중독

영성과 중독의 관계는 고대부터 주목되어왔다. 1960대에 우리는 마약과 초월에 대해 많이 들었다. 사람들은 도피하기 위해서만이 아니라 그들 자신을 찾기 위해서 마약과 술을 복용하였다. 헤로인, 마리화나, 코카인, LSD, 그리고 알코올은 다른 방법으로는 다다를 수 없는 곳으로 데려가 자기(自己)를 개방하고, 초월하고, 심화할 수 있게 했다. 이와 관련해서 정신증적 증상, 병원 입원, 자살, 그리고 손상된 기능을 포함해서 많은 희생자들이 생겨났다. 그럼에도 불구하고, 어떤 이들은 이를 통해 유익을 얻었고, 거대한 지평을 맛보았으며, 창조성을 풍부하게 했다.

문제는, 유익함을 최대화하고 해로움을 최소화하기 위해 술과 마약을 어떻게 사용하고 통제하느냐였다. 나는 몇 명이나 이 문제를 만족스럽게 풀었는지, 또는 어떻게 풀었는지 알지 못한다. 40년이 지난 지금, 나는 임상에서, 충분히 잘 기능하고, 심지어 창조적인 존재로 살고 있는, 강한 중독성 물질을 사용하고 있는 사람들을 만났다. 나는 마약이나 알코올 사용으로 파괴되고, 도움없이는 파괴될 뻔했던 사람들도 수없이 보아왔기 때문에, 중독으로 인한 파멸의 위험성에 대해서도 잘 알고 있다. 이 장에서 나는 방금 언급한 이런 부류의 사람들에 주로 관심을 기울일 생각이다.

랍비 아키바(Rabbi Akivah)와 카발라(Kaballah)에 관한 이야기들 중에는 에덴동산으로 비유되는 정원에 관한 이야기가 있다. 한 사람은 정원에 들어가 미치게 되고, 다른 한 사람은 자살한다. 랍비 아키바는 그곳에 들어가 원기를 회복하고 신바람이 난 상태로 나온다.

이런 재생과 접촉하는 데 수년 동안의 지지와 노력이 필요한 사람들이 있다. 어떤 이들은 광증과 죽음과 생지옥이 혼합된 형태를 통과한다. 많은 이들은 자기(self) 안에 있는 구멍으로 떨어져 무시무시한 고통을 맛본다. 아마 성장의 한 부분은 삶의 항구적인 일부로서 고통을 위한 공간을 만드는 것일 것이다. 동시에, 마약이 추구하는 행복한 순간 역시 진실된 것일 것이다. 랍비 아키바처럼 되기 위해서는 삶의 충격에 의해 불구가 된 다른 두 부류의 사람들이 경험한 것들 중 어떤 것이 자신에게 필요하고 가치 있는 부분인지를 찾아내어, 그 경험을 살고 동화해야 한다.

모든 중독이 영(spirit)을 맛보려는 시도이거나, 실패한 영적 경험 또는 그것의 대리물이라고는 감히 말할 수 없다. 반대로 중독에는 영적 요소가 없다거나, 심지어 시간이 지나도 영적 노력을 발생시키지 않는다고 말할 수도 없다. 많은 중독자들이 고통을 회피한 채 그들이 열망하는 것을 충족시키려고 한다; 어떤 이들은 자신을 죽이려 하고, 어떤 이들은 안도감과 의기양양한 순간을 기대하며, 어떤 이들은 타락의 한 형태로서 그렇게 한다. 프로이트는 담배를 피우는 것이 그의 창조적 능력의 일부라고 생각했는데, 아마도 그것이 그를 죽음으로 이끈 턱 암의 원인이었을 것이다. 많은 사람들이 중독적이라고 묘사하는 창조적인 일은 종종 과대주의와 그들이 하는 행동에 대한 혐오감 사이를 왔다갔다하고, 약물 남용은 그들에게 배출구를 제공한다. 창조성과 마찬가지로, 명상은 중독성이 있는 동시에 사람을 자유롭게 한다. 명상을 수행하는 사람은 유익과 함정 모두를 발견한다.

  고통은 삶의 일부이다. 석가모니는 고통이라는 사실을 직면함으로써, 그리고 그것들의 원천이 자기 안에 있다는 것을 통찰함으로써 그의 위대한 여정을 시작했다. 이 여정은 오늘날에도 계속되고 있다. 이 순간까지도, 인류는 고통이라는 사실에 도전을 받고 있고, 그것에 대해 어찌할 바를 모르고 있다. 정신분석은 삶에서 겪는 고통을 다른 사람에게 떠넘기는 것을 통해서 삶의 고통을 증가시키는 것을 포함해서, 사람들이 고통을 피하는 많은 방식들을 보여준다.

  위니캇은 고통의 특별한 근원을 지적하는데, 그의 지적은 중독을, 또는 최소한 중독의 특정한 측면들과 형태들을 이해하는 데 내게 크게 영향을 끼쳤다. 그는 기본적인 홀로 있음에 대해 말한다(1988, pp. 131-134; Eigen, 2009, chapter 1 & 2), 그 홀로 있음은 개인이 온전히 존재할 수 있고 자신을 펼칠 수 있도록 지지해주는 누군가를 필요로 한다. 위니캇은 유아가 자신도 알지 못한 채 어머니에게서 지지받는 삶의 순간에 대해 말한다. 유아는 심지어 홀로 있다는 느낌조차도 그가 알지 못하는 지원이 있어야만 느낄 수 있다. 이 상황은 일생동안 지속되는 알지 못하는 무한한 배경적 지원에 대한 느낌을 남긴다. 만약 그것이 거기 있는지 알지 못한 채 진행되는 이 지원이 잘못된다면, 성장하는 인격은 크게 영향을 받는다.

  외상 입은 홀로 있음은 위니캇이 생애 말년에 형성한 보다 일반적인 이론의 한 특별한 측면인데, 여기에서 그는 인격이 형성되기 시작하는 시점에 외상을 입을 수 있다고 말한다. 이 말을 내 방식대로 확장한다면, 유아의 인격이 시작되는 지점에서 외상을 입는다는 것은 시작이 곧 외상에 대한 신호가 된다는 말이 된다. 그런 개인들은 파국이 발생하는 것이 두려워 시작(발달, 창조적인 일, 사랑)을 두려워한다. 시작하는 것은 재앙을 자초하는 것이고, 아마 그것을 버는 것이고, 어쨌든 그것이 다가오는 것에 대한 두려움을 느끼는 것이다. 사람들은 재앙을 피하기 위한 방편으로 시작하지 않거나, 그런 일에 빠져 들지 않으려고 할 수 있다. 만약 누군가가 과감히 시작한다면, 그는 죽음의 공포뿐만 아니라, 정신의 왜곡, 퇴화, 절단, 분쇄의 공포를 포함하는, 외상과 부딪치는 공포를 감당해야 할 것이다.

한 사람이 타자를 향해 가거나, 타자의 배경적 지원을 알지 못한 채 혼자 있을 때, 그는 외상을 입을 수 있다. 또는 타자들과 함께 있거나 홀로 있을 수 있는 능력이 상처를 받을 수 있다. 전자의 경우, 그는 다른 사람에게 다가갈 때 상처를 예상함으로써, 자기 자신을 돌보기 위해 철수하거나, 숨거나, 편집증적 성향을 발달시킬 수 있다. 방어적 고립의 패턴이 발달할 수 있는 것이다. 이것은 알지 못하는 무한한 지원에 대한 암시적 느낌을 갖고 있는, 온전한 홀로 있음(모두가 하나인)과는 다른 홀로 있음이다. 만약 이 지원이 위험에 처한다면, 자기 자신과의 접촉 가능성이 위험에 처하고, 압력을 받고, 상처 입게 될 것이다. 반동적 공포, 격노, 고립, 또는 타자들에의 중독은 개인이 일시적으로 난관을 통과하도록 도울 수는 있지만, 더 충일한 삶의 전개를 방해한다.

다음의 인용구들은 위니캇의 글에서 가져온 것으로서, 그가 주목한 홀로 있음을 위한 배경적 지원의 감각에 대해 말해준다.

처음에 본질적인 홀로 있음이 있다. 동시에 이 홀로 있음은 최대한의 의존 상태에서만 발생할 수 있다. 이 시작 지점에서 새로운 개인의 존재의 연속성은 환경과 그 환경 안에 있는 사랑에 대한 인식 없이 존재한다. 이때 환경이라는 용어는 침범에 대한 반동에 의해 존재의 연속성이 방해받지 않도록 보장해주는 적극적인 적응에 우리가 붙여준 이름이다. [1988, p. 132]

개인의 삶 전체에서 계속되는 근본적이고, 불변하며, 본래적인 홀로 있음은 그러한 상태에 본질적인 요소인, 상황에 대해 알지 못하는 특성을 담고 있다. [ibid.]

개인과 개인적 경험의 관점(심리학을 구성하는)에서 볼 때, 인격은 비유기체적 상태로부터가 아니라, 홀로 있음으로부터 출현한다; 이 상태는 의존이 인식될 수 있는 시기보다 앞서고, 이때 의존은 절대적 의존이다. [ibid., p. 133]

나의 언어로 다시 말하자면, 위니캇은 알지 못하는 무한한 타자, 무한히 알지 못함, 알지 못하는 무한성에 의해 지지받는 홀로 있음을 강조한다. 알지 못하는 타자에 대한 경험이 상처받는다면, 홀로 있음도 상처받는다.

* * *

위니캇은 유아에 대한 완전한 적응이라는 이상적인 상태를 서술하는데, 그때 유아는 그러한 지원을 인식하지도 않고, 인식할 수도 없다. 그것은 완전함에 대한 기억뿐만 아니라 완전함에 대한 지속적인 느낌으로 남게 되는 완전한 순간이다. 만약 이런 상태를 위한 지원이 빈약하거나, 결함이 있거나, 손상을 입는다면, 유아가 성취해야 할 상태는 손상을 입게 되는데, 어떤 경우에 그 손상은 회복될 수 없다. 중독은 손상 입은 완전함의 느낌, 손상된 행복 상태를 반복한다. 그것은 훼손된 완전한 순간을 성취하고, 그 상처를 치유하려는 시도이다. 그 "치유"는 단지 일시적인 것이지만, 상처를 없애고, 사라지게 하고, 망각하게 하려는 그런 시도들은 점점 더 증가한다. 그것은 마치 신이 대 홍수로 세상의 고통(악, 혼란)을 지워버리려고 시도했던 것과도 같다.

나는 위니캇이 여기에서 하나의 특별한 경험, 즉 형성기의 여러 상태들 중의 하나에 대해 말하고 있으며, 엄마와 유아가 서로의 성공을 위해서 상호 투쟁, 상호 적응, 상호 조절을 한다는 사실을 배제하고 있지 않다는 점을 덧붙이고 싶다. 나의 초점은 경험의 특별한 가닥들과 중독의 가닥들에 있다. 위니캇이 말하는 특별한 상황에서의 상처는 평생 동안 성취되지 못하거나 손상 입은 행복감을 재창조하는 역할을 한다. 즉 그는 자신이 바라는 고통 없는 상태가 지속될 것이라는 느낌을 형성하지 못한다. 중독은 계속되는 손상을 입었다는 느낌을 끝내게 하지만, 결국 같은 느낌을 반복하는 것으로 끝나거나, 종종 그 느낌을 증가시킨다. 고통과 행복의 가닥들은 서로 얽혀 있고 섞여 있어서 구별할 수 없는 것이 된다.

중독은 부분적으로 상처 입은 홀로 있음에 대한 반응이고, 상처 없는 홀로 있음 또는 손상 입지 않은 완전한 홀로 있음을 찾고자 하는 시도이다. 그것은 손상이 발생하지 않은 상태를 찾고, 필요한 지지를 받았더라면 맛보았을 수 있는 온전히 홀로 있는 느낌을 찾고 있다. 그러나 마약, 대상, 또는 행동 패턴이 이런 지원을 대신하기 때문에, 중독은 개인들로 하여금 손상 입은 것을 회복하는 데 필요한 경험을 할 수 없게 만든다. 홀로 있음만이 감당해야 하는, 상처에 대해 말하는 단계들을 통과해가는 과정을 물질 또는 강박이 차지하기 때문이다.

사례1. 내가 다룬 적이 있는 한 사례에서(1973, 1993; 이 책의 제1장), 에이브(Abe)라는 환자는 홀로 있음을 지원해주는 배경적 현존의 중요성을 재확인시켜준다. 나는 유아의 경험에 대한 위니캇의 생각에서 멀리 있는 성인의 사례는 은유적으로 다뤄져야 한다는 것을 알고 있다. 그렇지만, 은유는 현실에 대해 말해주고, 나의 생각들이 "문자적인" 진실이든 아니든 간에, 은유는 중요한 경험을 중재하는 것을 목표로 삼는다.

에이브는 여러 해 동안 심각한 알코올 중독자였다. 내가 그를 만났을 때, 그는 단주모임(Alcoholics Anonymous)에 나가고 있었지만, 여전히 폭음을 한 다음 거리에 누워있는 자신을 발견하곤 했다. 단주모임을 통해 그는 한 여인을 만났지만, 취했을 때 보이는 발작과 괴기한 행동으로 그 관계에 상처를 입혔다. 그럼에도 불구하고, 그 관계는 지속되었다. 아마 단주모임이 없었다면, 치료는 성공할 수 없었을 것이다. 하지만 단주모임으로는 충분하지 않았다. 다양한 돌봄의 원천들이 결합된 배경만이 그의 삶을 바꿀 수 있었다.

그의 치료는 내가 예상했던 것과는 전혀 다르게 전개되었다. 그는 단주모임에서 그리고 나와의 분석에서, 그의 외상에 대한 내력을 살펴보았다: 격노하고, 좌절한 알코올 중독 아버지와 변덕스러운 어머니, 그리고 정서적 폭풍과도 같은 삶이 있었다. 손상 입고 손상을 입히는 가족 분위기 안에는 따뜻함과 사랑이 없지는 않았지만, 바로 그 상처 입은 따뜻함과 사랑 때문에 그 분위기는 어느 순간에라도 지옥으로 변할 수 있었다. 에이브의 알코올 중독은 단순히 그의 부모가 보여주었던 돌봄 패턴의 반복만이 아니라, 그 패턴의 중심에 있는 상처에 대한 극적인 표현이었다. 거기에는 조용한 시간들은 찾아보기 힘들었고, 종종 그냥 폭풍이 잠시 멈추거나 숨는 순간들이 있을 뿐이었다. 진정으로 살아있는 조용함은 보기 드물었고, 무언가가 그것을 망칠 거라는 두려움만이 지배했다.

개인의 삶에는 진정으로 조용한 순간을 향한 경험적 호(arc), 또는 리듬이 있다. 그것은 경험의 다음 파동이 나타나는 것을 허용하면서, 그 자체를 완성하고 자연스럽게 물러가는 지점에 도달한다. 그것은 고요한 몰입이나 응시와 같은, 풍부하고, 자애로우며, 평화로운 조용함이다. 나는 내 아들 중 하나가 아기였을 때, 그의 시선이 눈에 보이지 않는 평화의 배경을 떠다니면서 어떤 특정한 것이 아닌 무한한 지평선을 응시하곤 했던 것을 기억한다. 이런 순간들이 방해 받지 않는 것이 중요하다. 만약 끝까지 허용된다면, 경험의 리듬은 성장할 것이다. 이 전개를 위해 필요한 배경적 신뢰는 방해받지 않는 순간들이 세워지고 가라앉는 것을 통해서 발달한다. 이 전개가 믿을 만하게 발생하려면, 주위에 있는 타자들이 아기가 경험하는 평화로운 시간을 불필요하게 깨지 말아야 한다. 민감한 협력과 기분에의 적응은 자발적으로 그리고 눈에 띄지 않게 일어나는 경향이 있으며, 그때 유아는 그의 평화롭고 조용한 시간이 자신의 능력이 아니라 견뎌주고 지탱해주는 돌보는 환경의 능력에 달려 있다는 것을 알지 못한 채 그것을 경험한다.

에이브의 존재 안에 이런 종류의 고요함이 성장할 수 있는 기회는 거의 없었다. 치료는 사례의 성질상 지지받는 경험을 제공해주는 데 강조점이 주어졌다. 거기에는 돌봄의 배경이 있고, 민감한 침묵이 있으며, 환자가 어떻게 느끼는지를 알기 위해, 방 안에 누가 있으며 어떤 일이 일어나고 있는지, 즉 그 순간의 무드를 느끼기 위한 치료사의 노력이 있다. 그것은 타자의 주관성을 위한 공간을 만드는, 일종의 지원적인 내버려둠이다. 에이브가 자신의 대부분의 삶에서 특히 그의 가족에서 경험한 것은 이런 것과는 전혀 다른 것이었다.

나는 치료가 많은 사람들을 새로운 경험의 영역과 접촉할 수 있게 한다는 것을 알고 있었지만, 처음에는 치료 현장의 분위기와 에이브가 경험했던 과거가 대립된다는 사실을 명료하게 의식하지는 못했다. 망각 속에 몰입하는 것이 평화와 조용함을 창조하는 한 방법이라는 생각을 내가 형성하기까지는 꽤 시간이 걸렸다. 취한다는 의미로 사용되는 '폭탄을 맞는다'(to get bombed)라는 구절은 상처와 망각을 결합한다. 자기 자신을 망각 속으로 밀어 넣는 것은 평화의 한 조각을 얻기 위한 방법으로서, 손상과 "잃어버린 평화"가 어떤 것인지에 대한 윤곽을 보여준다. 에이브는 고통에 대해 마음을 닫는 것에서 하나의 좋은 대체물을 발견했는데, 그것은 유아가 무한한 지평선을 응시하는 개방된 순간과는 거리가 먼 것이었다. 그는 전적인 의존 지점에 도달하기 전까지는 환경의 자비에 몸을 맡긴 채 길거리에서 잠을 잤고, 무력한 망각 속으로 자신을 밀어 넣었다.

사람들은 조용한 순간들에 도달하는 길들을 찾는다. 자신의 생명을 파괴하면서까지도 그렇게 한다. 운 좋게도, 에이브는 거기까지는 가지 않았지만, 충분히 멀리 갔다. 치료가 전개되면서, 그는 다양한 활동들에서 철수했다. 그는 거의 바깥출입을 하지 않은 채 집에서 지냈고, 일도 그만 두었으며, 여자 친구도 만나지 않았고, 단주모임에도 드물게 나갔으며, 잠시 모든 것을 중단했다. 그의 고립은 위태로운 것이었다. 나중에야 나는 그가 결코 가져본 적이 없는 고요함을 창조하기 위해 극단을 향해 가고 있었다는 것을 깨달았다.

그는 치료 시간을 대부분 잘 지켰다. 우리는 말을 적게 했지만, 나는 그 자신에 대해 물었고, 우리는 약간의 이야기를 나누었다. 그는 자신이 해야 할 일을 하고 있다고 말했지만, 왜 그런지는 모르고 있었다. 얼마 동안, 나는 치료가 위험한 상황을 발생시킬까봐 두려웠다. 내가 두려워한 환상—불가능한 것이 아닌—은 그가 자살로 끝나게 되는 것이었다. 치료와 그의 과거 사이의 간극을 뛰어넘기에 너무 벅찼던 것일까? 나는 여러 해가 지난 후에야 내가 그의 홀로 있음이 피어나도록 지지해주는 배경적 현존이라는 사실을 깨달았다.

그의 철수는 9개월 정도 지속되었는데, 그것은 일종의 임신 기간이었다. 에이브는 나에게 와서 자신이 경험한 환상을 이야기했다. 그의 나(I)는 마치 암반층에 도달한 것처럼, 파괴될 수 없다고 느껴지는 극히 작고 빛나는 하나의 지점으로 축소되었다. 그리고 짧은 순간 동안 그 빛은 확장되었다. 더 정확히 말하자면, 그 빛나는 "지점"은 사방에 있었고, 타자로부터, 그리고 모든 것으로부터 오고 있었다. 모든 것이 빛으로 가득 채워졌다. 내가 이것을 이해하는 하나의 방식은, 그가 자신 안에 있는 무한한 가치의 지점에 도달했을 때, 그가 본래의 넉넉함을 모든 것에서 볼 수 있었고 경험했다는 것이었다.

그때 나는 나 자신이 그 혼합물의 일부라는 사실을 잘 알지 못했다. 그에게 존재를 허용하고 공간을 마련해주는 배경적 현존이 없이는, 그는 중력의 중심이 철저하게 바뀌는 이러한 경험을 할 수 없었을 것이다. 나는 그것이 단순히 거기에 무엇이 있고, 무엇이 빠졌고, 무엇이 손상되었는지를 발견하는 문제가 아니라, 새로운 어떤 것의 출현을 가능케 하고, 그와 나 모두가 예상하지 못했던 방식으로 무언가를 가능케 하는 문제가 아닐까 생각한다.

나는 영적 경험의 다양함과 심리적인 것과 영적인 것의 융합에 대해 아는 게 많지 않다는 것을 깨달았다. 나는 빛이 나는 경험을 했지만, 에이브가 묘사한대로는 아니었다. 에이브의 경험은 나를 위해 문을 열어주었고, 그것은 내가 상상할 수 없었던 방식으로 성장하도록 나를 초대해주었다. 그것은 치료가 어떤 것이 될 수 있는지, 그리고 특정한 사람들을 위해서는 어떤 것이 되어야 하는지에 대한 새로운 전망을 열어주었다. 유아가 홀로 있을 수 있는 능력을 형성하기 위해서는 알지 못하는 무한히 지지받는 경험을 필요로 한다는 위니캇의 발견은 성인의 경험을 특징짓는 정신적 혼합에도 똑같이 적용되는 중요한 통찰이다. 고요함에 대한 감성은 정신분석적 배경에 내재된 요소이다. 배경을 이루는 정동적 태도의 질이 고요함의 질, 또는 홀로 있음의 질에 영향을 미친다. 에이브의 경우, 그것은 하나의 전환점이었다. 만취하도록 마시는 그의 태도가 이 지점에서 바뀌었다. 그는 철수하는 기간 내내 "술에 젖지 않은 상태"를 유지했고, 그가 돌아왔을 때에는 더 이상 술을 마시지 않았다. 나는 그 후로 40년이 지난 지금 그 일에 대해 쓰고 있다. 그는 견고하고, 진정한, 사랑스럽고 좋은 삶을 사는 방향으로 자신을 이끌었다.

* * *

사례2. 심한 중독 경향이 있는 완다(Wanda)는 자신의 딸을 죽일까봐 두려워 치료를 받으려 왔다. 아직 아기인 딸을 죽이고 싶은 그녀의 충동은 그녀가 마약을 하는 것과는 상관없이 올라왔지만, 그녀는 자신이 취한 상태에서 실제로 그렇게 할 가능성이 높다고 생각했다. 완다가 마약에 취해 있을 때, 그녀는 행동조절이 어렵다고 느꼈다. 특히 그녀 혼자서 하루 종일 어린 딸을 돌볼 때 아기가 막무가내로 울면, 그녀는 쉽게 감성에서 과민성으로, 그리고 격노로 옮겨갔다. 그녀는 벽을 향해, 또는 창문 밖으로 아기를 던지거나, 칼로 찌르는 것을 상상했다. 완다는 자신의 아기를 찔러 죽이는 것이 두려웠다. 그녀는 아기 침대 곁에 있을 때, 자신의 손에 칼이 들려있는 것을 여러 번 발견했다. 그녀는 자신이 마약에 취해 있을 때 무한한 행복을 느꼈지만, 그녀의 딸 때문에 그 상태가 중단되었을 때 격노했다. 그녀는 아이를 갖는 것이 이렇게 좌절스럽고, 그녀를 벼랑 끝으로 내몰 거라고는 전혀 예상치 못했다. 그녀는 엄마가 되는 것은 마약 상태처럼 멋진 일일 거라고 생각했다. 그녀는 폭탄처럼 자신의 삶 안으로 들어온 아기를 맞을 준비가 되어있지 않았다.

완다는 그녀의 딸을 깊이 사랑했지만, 자신이 딸에게 행할 수도 있는 것을 생각하면 겁이 났다. 우리는 그녀의 가족사를 다루면서, 그녀가 성장과정에서 느꼈던 고통과 기쁨, 그리고 지속되는 상처들에 대해 작업했다. 그녀가 치료에서 자신의 삶에 대해 말하는 것은 그녀가 지닌 정서적 압력을 어느 정도 줄여주었다. 그녀는 자신이 우울하지 않고서도 자신의 취약한 영역에 대해 말할 수 있다는 것을 모르고 있었다. 첫 해가 끝날 무렵, 딸을 죽이고 싶은 그녀의 충동은 줄어들었고, 두 번째 해가 되기 전에 위기는 끝났다. 그녀는 엄마됨의 고통, 불편함, 과오, 요구, 피로를 감당할 수 있게 되었다. 그녀는 현실적인 삶을, 그리고 모든 것이 마음먹은 대로 되지 않는다는 사실을 받아들일 수 있는 심리적 공간을 마련했다. 그녀 자신과 그녀의 내적 존재를 위한 특별한 공간을 갖게 됨으로써 그녀는 더 많은 여유로움을 획득했다.

어느 한 주간에, 그녀는 갑자기 자신이 무슨 짓을 할 수 있었는지, 그녀가 얼마나 아슬아슬하게 그 일을 모면했는지를 깨달으면서 소스라치게 놀랐다. 그것은 그녀가 종종 생각했던 것이지만, 이번에는 그 인식에 특별한 강렬함이 있었다. 그녀는 하염없이 울었다. 그런 다음 고개를 들어 자신을 보았을 때, 그녀의 얼굴은 붉게 빛나고 있었다. 그녀는 그녀가 자신을 항상 두려워할 거라고 생각했지만, 새로운 행복이 그녀에게 찾아왔다. 삶은 계속되었고, 그녀는 그 삶과 함께 앞으로 나아갔다.

이 회기가 있던 날 밤에, 완다는 꿈에서 내 얼굴이 환하게 타오르는 모습을 보았다. 그건 나의 보통 얼굴이 아니었고, 깨어 있는 삶에서는 존재하지 않는, 빛을 발하는 얼굴이었다. 그런 빛나는 얼굴과 같은 어떤 것이 나의 느끼는 자기 안에 존재하고 있었던 것일까? 나는 때때로 내면에 존재하는 심오한 빛을 느끼지만, 그러나 겉으로 보이는 것은 내적 실재와는 거리가 있다. 꿈속에서의 나의 빛나는 얼굴은 말로 다할 수 없을 정도로 그녀를 고양시켰고, 그녀는 어느 한 순간에 이렇게 말했다: "마치 제 심장이 전에는 뛰지 않았던 것 같아요. 그것은 얼어붙어 있었지만, 지금은 녹았고, 움직이기 시작했어요." 나는 "돌로 된 마음을 육체로 된 마음으로 바꾸라"는 예언자의 말씀이 생각났다.

회기 중에 그녀가 환하게 빛나는 것을 본 사람은 나였다. 그녀의 꿈은 나의 경험을 그녀 자신의 것으로 바꾸어놓았고, 그것을 확장시켰다. 이것을 바라보는 방식은 다양하다. 그 중 한 가지는, 그녀로서, 나로서, 그러면서도 우리 두 사람 이상의 것으로서, 다양하게 나타난 환하게 빛나는 장소에 대해 다루고 이야기를 나누는 것이다. 에이브가 발견했듯이, 그 환한 빛은 모든 존재를 통해서 드러날 수 있다.

에이브의 경험과는 달리, 여기에서 광채는 내면에 있는 "나-핵"(I-kernel)에서가 아니라 타자의 얼굴에서 먼저 나타났다. 에이브는 내가 그를 보았을 때 아버지가 아니었다. 그는 그가 가장 사랑하는 누군가를 살해하는 두려움에 떨고 있지 않았다. 그는 천천히 자기 자신을 죽이고 있었다. 그는 아기의 삶이 아닌 그 자신의 삶을 구해야만 했다. 그는 자기 자신을 잃을까봐 두려워 치료를 받으러 왔던 반면에, 완다는 그녀의 아기를 잃을까봐 두려워 치료를 받으러 왔다.

그녀의 아기는 그녀 자신의 확장으로 볼 수 있다. 뿐만 아니라 그녀의 아기는 그녀의 깊은 내면을 반향하고, 어떤 점에서 그녀 자신의 가장 깊은 부분을 나타낸다. 심층적인 관점에서, 자기와 타자 사이의 구분을 무너뜨리는 것은 공격성의 한 측면이다. 동시에, 그녀의 아기는 그녀를 그녀 자신으로부터 불러내고 있다. 그녀는 그녀 내부에 있는 것이 아닌 다른 사람의 필요를 채우기 위해 자기 자신을 초월해야만 했다. 그녀는 그녀가 얻고자 했던 것보다 더 많은 것을 끌어안기 위해 팔을 뻗어야만 했다. 아기가 그토록 내면적인 존재이면서도 외부적인 존재라는 것, 그리고 아이와 함께 성장하기 위해서 새로운 형태의 개인적 노력을 필요로 한다는 것, 이 모든 것이 부모됨이 지닌 역설이다.

완다는 그녀가 여러 해 동안 복용해오던 여러 종류의 마약들과 함께 그녀의 아기를 맞이했다. 그녀는 오랫동안 마약에 의해 변화된 상태와 망각 상태, 긴장의 풀림과 각성을 즐겼고, 동시에 고통을 받았다. 마약은 그녀의 삶 대부분 동안에 걸쳐 그녀의 고통과 스트레스를 해소해주었지만, 그것은 그녀가 엄마가 되면서 그녀의 고통을 새로운 수준으로 높여 주었다. 완다는 유년기 이후로 그녀 자신이 무언가 잘못되었다고 느껴왔다. 내면의 무언가가 잘못되었다. 하지만 그것에 대해 어떻게 말해야 할지 알지 못했다: 그녀는 그것이 무엇인지 몰랐고, 어떤 언어를 사용해야 할지 몰랐다. 설령 그녀가 말할 수 있었다고 해도, 그녀는 말을 꺼내는 것이 상황을 더 악화시킬 것이라고 믿고 있었다. 그녀는 아무도 자신이 무슨 말을 하는지 모를 것이고, 그녀 또한 모를 거라고 생각했다.

자신의 아기를 죽이려는 완다의 충동은 그녀로 하여금 두려움을 직면하도록 밀어붙였고, 속절없이 두려워하고만 있을 것이 아니라 도움을 청하도록 압력을 가했다. 그 결과 그녀는 내면의 이름 없는 어떤 것이 축출되지 않았다는 것을 깨닫고는 어이 없어했다. 나 또한 그것이 무엇인지 알지 못했지만, 그러한 상태가 진실된 것이라는 것은 알고 있었다. 그것이 무엇이던지 간에, 완다는 처음으로 그것에 대한 인식을 누군가와 공유하는 것을 경험했다.

완다가 울고 났을 때 그녀에게서 볼 수 있었던 붉게 빛나는 얼굴은, 내 생각에, 그녀와 그녀의 아기가 서로를 살아남았다는 깊은 안도감의 표현이었다. 아마도 그 안에는 삶이 주는 기회들에 대한 인식과 도움을 받을 수 있다는 인식이 녹아있었을 것이다. 치료는 모든 문제를 해결하는 것이 아니고, 어쩌면 어떤 문제도 해결해주지 않을지도 모르지만, 자기 자신 앞에 선 개인에게 지원을 제공한다. 지금 내가 느끼는 그녀의 붉게 빛나는 얼굴은 진정한 감사의 감정에 물들어 있는, 그녀와 내가 서로 살아남았다는 사실에 대한 인식을 포함하고 있었다. 그녀가 꿈속에서 본 환하게 타오르는 내 얼굴은 좋은 일들이 일어날 수 있다는 느낌과 접촉하는 순간, 즉 얼어붙었던 믿음이 풀려나는 순간을 나타내는 것이었다(환하게 타오르는 얼굴 경험의 변형은 「전기가 흐르는 밧줄」The Electrified Tightrope, 1993에 수집되어 있다).

나는 내적 환상 속에서, 우리가 공유한 환하게 타오르는 불길이 결코 치유되지 않을 상처를 어루만지는 것을 보았다. 그녀와 나는 깊이 상처 입은 존재이고, 그러한 손상은 사라지지 않는 것이다. 그러나 그러한 불길과의 접촉은 변화를 가져온다. 손상이 차지하는 공간은 더 적어지고, 또는 더 좋게는, 손상과 손상 과정에 대한 정당한 존중과 함께 다른 가능성들을 위한 더 많은 공간이 생겨난다. 동시에, 거기에는 때로 우리가 가능하다고 믿는 것 이상의 치유가 일어난다.

완다는 거의 마약을 사용하지 않게 되었다. 그녀는 정신과의사가 처방한 약을 적절하게 사용하다가 일정 기간이 지나면서 약 없이도 마약을 끊을 수 있게 되었다. 이따금씩 마약을 사용하긴 했지만, 그 양은 크게 줄었다. 그녀는 이제 대부분의 삶을 그녀 자신의 감정을 갖고 살았는데, 이것은 그녀가 전에는 생각할 수 없던 것이었다. 투쟁과 환하게 타오름, 힘든 작업과 선함의 혼합물은 그녀를 위해 길을 열어주었고, 그녀는 그 길을 따라 걸었다.

때때로, 나는 마음의 중심에 빛나는 얼굴이 있다고 느낀다. 아기가 엄마를 말로 할 수 없이 아름답다고 느끼는 순간이 있다는 것은 의심의 여지가 없다. 빛나는 얼굴과 관련해서 유아기에 경험하는 행복한 순간들이 있는 것이다. 그것이 가능하다는 사실은, 만약 기회가 주어진다면, 생애 전체에 걸쳐 작용할 수 있는 아름다움의 능력이 존재한다는 것을 증언한다.

* * *

사례3. 샌드라(Sandra)는 그녀의 성인기 대부분을 치료를 받으면서 보냈다. 그녀는 나를 만나기 전에도 많은 치료사들을 거쳤지만, 폭식과 구토의 순환에서 벗어나지 못했고, 부분적으로만 약물을 통해 그 문제를 조절하고 있었다. 게다가, 그녀는 그녀의 삶을 관통하고 있는 정신적 고통을 무디게 하기 위해서 진통제를 복용하고 있었다. 그녀는 자신에게 잘 맞는다고 생각되는 진통제에 중독되어 있었는데, 그로 인해 그녀가 맑은 정신으로 일해야 할 때도 흐리고 멍한 정신 상태를 유지했다. 그녀는 그녀의 유사-혼수상태가 그녀의 어머니의 모습과 연결되어 있다는 것을 깨달았다. 치료를 통해서 그녀는 그녀의 가족 안에 엄청난 고통이 흐르고 있었고, 그녀의 가족들 각자는 그 고통을 우회하고, 대처하고, 그것에서 살아남기 위한 방식들을 발달시켰다는 것을 알게 되었다.

우리가 전에는 가까이 갈 수 없었던 신뢰-불신의 수준에 도달하는 데는 먼 길을 가야만 했다. 우리는 많은 실수들을 살아남았고, 많은 어려움들을 견뎌냈다. 그 즈음 어느 날, 나는 하나의 판단착오를 함으로써 위기를 초래했는데, 그 위기는 예상치 못한 방식으로 샌드라를 그리고 그녀의 삶을 근본적으로 새로운 경험으로 인도했다.

그녀는 그녀를 힘들게 했던 것에 대해 말한 후에, 내가 무슨 생각을 하고 있는지를 말해달라고 촉구했다. 그때 나의 생각은 나에게는 하나의 모험이었던, 한국으로의 여행 주변을 떠돌고 있었다. 나는 무엇이 내가 그녀에게 그렇게 말할 수 있고, 그렇게 말해야 된다고 생각하게 했는지는 모르지만, 그렇게 말했다. 나는 친밀하다는 느낌, 즉 우리가 그 순간에 함께 느꼈다고 내가 상상한 편안함에 취해 있었는데, 그것은 주제넘은 생각이었다. 나는 곧 떠날 여행에 대해 생각하고 있었다고 그녀에게 말했고, 그녀는 몹시 화를 냈다. 그녀는 그 말을 믿을 수가 없었다. 그녀는 격분했고 상처받았다. 내가 어떻게 그녀에 대해, 그리고 그녀가 말하고 있는 것에 대해 생각하지 않을 수 있었을까? 그녀는 어떤 중요한 것에 대해 이야기하고 있는데, 나는 어떻게 내 자신에 대해 생각하고 있단 말인가? 그녀가 내게 나의 생각을 말해달라고 했을 때, 그녀는 내가 그녀의 삶과 그녀가 내게 말한 것에 대한 내 의견을 말해주기를 기대했었다. 그녀는 내가 여행에 대한 백일몽을 꾸고 있었다는 걸 믿을 수 없었다. 그녀는 그 충격에서 벗어날 수 없었다.

그 회기는, 다음번에는 내가 나 자신을 위해 좀 더 나은 것을 말해주었으면 한다는 그녀의 말로 끝이 났다. 그녀는 내가 왜 그랬는지, 내가 관심을 집중하지 못한 이유, 내가 그녀에 대해 생각하지 않은 이유에 대해 생각해보길 바랐다. 그녀는 나의 행동의 이유를 알고 싶어 했다. 내가 받은 숙제는 나 자신에 대해 작업하고, 그녀에게 용납될 수 있는 해석을 해주는 것이었다.

나는 그 주간 동안에 그 일에 대해 생각해보았지만, 나 자신을 변호할 수 있는 말을 찾을 수 없었다. 돌이켜보건대, 그녀가 자신에 대해 내가 생각하고 있는 것을 말해달라는 말이, 좀 더 마음을 쓰면서 최소한 무엇이 성장했는지를 기다리면서 바라보라는 신호였다는 것을 알 수 있다. 그러나 나는 무모하게, 내 멋대로, 생각 없이 행동했다.

다음 회기는, 내가 무엇을 이해했고, 무슨 결론에 도달했는지에 대해 묻는 그녀의 질문으로 시작되었다. 나는 만족할 만한 어떤 결론에도 도달하지 못했지만, 알 수 없는 무언가 더 깊은 것을 느꼈다. 돌이켜보면, 그것은 부분적으로 샌드라와 그녀의 삶, 그녀의 감성, 그녀의 여정에 대한 깊은 감정이었다.

나는 우리와 상관이 없는 어떤 것, 그녀와 나 사이의 문제와 동떨어진 어떤 것에 대해 이야기했다. 그러고 나서 그녀는 덧붙였다: "그것은 이것과 상관없는 거예요. 그것은 나의 삶, 나의 결혼생활, 일, 친구들의 모든 부분들 안에 있어요. 나는 항상 무언가가 벗어나 있고, 처음부터 무언가 잘못되었다고 느껴왔어요." 감정을 가라앉힌 후에, 그녀는 내가 그 벗어나 있는 것을 고쳐주기를 바랐다고 털어 놓았다. 마치 그녀가 자신의 남편과, 그녀가 같이 일하는 사람들, 즉 친구, 가족, 어머니, 형제들, 아버지를 고치고 싶어 했던 것처럼, 자기 자신을 고쳐주기를 원했다는 것이다. 그녀는 그 모든 것들을 고치면, 그녀의 삶이 고쳐질 것이라고 믿었다. 샌드라는 "내 삶에 뭔가 망가진 게 있는데, 그걸 고치고 싶어요"라고 결론을 지었다.

나는 그녀를 바라보았고, 깊이 느껴지는 감정과 함께 "나는 망가졌군요"라고 말했다.

샌드라는 "나는 선생님을 고치고 싶어요"라고 반응했다.

"나는 고쳐질 수 없어요." 나는 진심으로 말했다. "당신이 머물든지 떠나든지, 나는 고쳐질 수 없어요. 당신이 머무는 것과 떠나는 것은 나를 고치는 것과 상관이 없어요. 당신이 무엇을 하든지, 나는 망가졌어요."

샌드라는 눈물을 흘렸다.

그녀가 울자 나는 덧붙였다: "우리는 항상 어떤 것을, 망가진 것을, 삶의 일부인 망가진 것을 고치려고 하죠. 그러나 망가진 내 마음의 중심에는 금빛으로 빛나는 지점이 있습니다."

다음 회기에 왔을 때, 그녀는 기분이 나아져 있었고, 지난번 만남을 끝내고 집으로 돌아가는 길에 겪었던 심오한 경험에 대해 말했다. 두 개의 명언이 그녀에게 깊은 감동을 주었다. 샌드라는 이렇게 말했다: "제가 선생님의 사무실을 떠나 걷기 시작했을 때, 이 말이 떠올랐어요: 나가는 길이 통과하는 길이다. 단테가 한 말이라고 생각되는데, 그 말이 제 마음을 가득 채웠어요. 놀랍게도 그 말이 저를 사로잡았는데, 그것은 우리가 지금 무엇을 하고 있는지 말해주는 것 같았어요. 그리고 모퉁이를 돌아 회당 옆을 지나가고 있을 때, 문 위에 있는 돌 위에 새겨진 다음과 같을 글을 보았어요: 하나님께서 네게 구하시는 것은 오직 정의를 행하며, 자비를 사랑하며, 겸손하게 하나님과 동행하는 것이다. 저는 그 교회 옆을 수백 번 걸었지만, 이 글귀를 한 번도 눈여겨 본 적도, 받아들인 적도 없었어요. 갑자기 그것이 제게 모든 것을 의미했어요. 그것으로 인해 제가 변화되었다고 느꼈어요. 그 말은 제가 정말 내적으로 느끼는 방식, 즉 제가 깊이 느끼지만 그것을 알지 못하는 방식과 접촉했어요. 저는 무슨 말을 해야 할지 몰랐고, 그런 말이 존재하는지도 몰랐어요. 그 말은 제가 들어본 말들 중에서 가장 아름다운 말이었어요. 저는 오랫동안 그 글귀를 바라보았고, 적어두었으며, 울면서 집으로 걸어갔어요."

구약성서의 미가서에 나오는 그 구절은 내가 제일 좋아하는 구절이기도 하다. 그 구절은 오래전부터 내 마음속에 새겨져 있었다. 샌드라의 마음이 열리는 사건과 내가 그 구절을 처음 읽었을 때 느꼈던 느낌이 하나로 합쳐졌고, 그것은 우리에게 새로운 공유 영역을 열어주었다. 그녀와 나는 얼마나 깊은 안도감을 느꼈던가. 우리는 정말 무언가를 통과했고, 우리 모두는 그것에 대해 감사했다.

나는 샌드라가 새로운 빛 가운데 있는 것을 보았다. 그녀는 지금껏 이런 방식으로 감동을 경험할 수 있는 사람으로 자신을 보여준 적이 없었다. 그녀의 세계의 또 다른 부분에 들어가도록 허용된 것은 나만이 아니었다. 그것은 그녀도 마찬가지였다. 미가서가, 예상치 못하게, 그녀가 갖고 있으면서도 알지 못했던 문을 열어주었고, 무언가 깊고, 진실하고, 성스러운 접촉 지점을 마련해주었다. 즉시 성스러운 느낌이 그녀의 존재의 고통을 가득 채웠다. 시간이 지나면서, 그녀의 진통제 복용은 줄어들었고, 마침내 끝이 났다. 가능성의 새로운 차원을 맛본 그녀는 그렇게 오랫동안 자신이 스스로에게 행한 것, 그녀가 죽인 모든 감정들, 포기한 삶들을 돌아보면서 공포에 질렸다. "나는 살기 위해 삶을 포기해야 했어요."라고 말했던 그녀는 지금 그녀 자신을 위한 산파가 되기 시작했다.

* * *

위에서 제시된 세 가지 사례는 영적, 그리고 심리적 경험 사이의 연결들을 각기 다른 방식으로 표현한다. 어떤 점에서, 영과 정신은 구분할 수 없다. 그러나 구분은 만들어졌고, 나는 그것을 느슨하게 유지할 것을 제안한다. 여러 해 동안 불교신자들은 그들의 가족사에 대해 배울 것을 기대하면서, 또는 융이 말한 것처럼, 개인적 심리학에 대해 배울 것을 기대하면서 나를 찾아오고 있다. 그들은 왠지 그들의 영적 실천이 심리학적 깨달음과 분리된 것이라고 느꼈고, 심리학적 깨달음은 머리로 하는 것, 또는 인지적인 어떤 것이라고 생각했다. 그들의 영적 실천은 진지한 것이었다. 나는 이러한 구분이 이상하고, 잘못된 것이라고 느꼈고, 그런 생각이 어디에서 왔는지 궁금했다. 우리의 전체적인 목표는 영적인 삶과 개인적인 삶 사이의 분열을 줄이는 것이라고 말할 수 있다. 이 과제는 언제나 우리에게 도전이 되어왔고, 충동적이고 파편화된 오늘의 사회에서는 더욱 중요한 도전이 될 것이다.

「회오리바람 통과하기」(1992)에서, 나는 두 개의 사례를 제시했다. 깊은 수준의 영적 실천을 하고 있는 한 여성은 심리적 어려움의 바다 한 가운데 있었고, 심리학자인 한 남성은 영적 경험을 필요로 하고 있었다. 나는 이러한 구분이 얼마나 인위적인 것인지를 말하고자 했다. 한 사람의 심리를 다루는 것은 영적인 일이고, 영적인 열림은 깊은 정신적 의미를 갖는다는 것이 나의 믿음이다.

나는 여기서 내가 말하고자 하는 작업을 위해 "화육"(incarnation)이라는 단어를 사용하고자 한다. 단순히 육신이 된 영뿐만이 아니라, 어떤 점에서, 영으로서의 육체, 또는 영이 깃든 육체를 말하고자 한다. 우리는 치료 작업을 진행해 나갔다. 그리고 그 과정에서 영과 정신의 매듭 없는 혼합물이 드러났다.

　출현하는 경험들은 어느 정도는 알 수 있고, 어느 정도는 알지 못하는 과정의 일부였다. 여러 세기 동안, 지배적인 생각은 상위 과정들이 하위 과정들에게 명령을 한다는 것이었다. 예를 들면, 감각은 이성이나 판단으로부터 명령을 받았다. 프로이트의 경우, 열정과 이성 사이의 긴장은 사고와 작업을 요했다. 하위의 것은 혼돈과 엔트로피를 향하는 경향이 있고, 상위의 것은 긴 안목을 가진 비전, 승화, 그리고 문화로 향하는 경향이 있다. 과정들이 스스로를 유지하기 위해 자발적으로 명령한다는 대안적인 견해가 자리 잡기까지는 시간이 걸렸다. 프로이트는 후자의 견해를 수용했지만, 열정과 이성 사이의 오랜 대립은 결코 사라지지 않았다.

　여기서 제시되고 있는 견해의 배후에는 두 존재, 사람과 사람, 정신과 정신, 자기와 자기 사이에는 자발적인 상호작용이 존재한다는 생각이 있다. 정서적 전염은 시간이 지나면서 퍼진다. 명령은 위에서부터 내려오는 것이 아니라, 다시 순서를 정하고, 다시 섞으면서 정신에서 정신으로 오고가며, 그 정신은 정동적 태도들의 상호작용으로부터 자라난다. 우리는 서로 침투하는 존재이고, 서로에게 영향을 미치는 존재이다. 시간이 지나면서, 접촉은 변화로 인도한다. 동시에, 각 개인에게 출현하는 결정적인 순간들은 그들 자신의 창조물이요, 그들 자신의 존재 안에서 자발적으로 발생한 것이다.

　사람들은 저마다 존재가 새롭고 전보다 충만해지는, 매우 개인적이고 친밀한 조명(illumination)의 순간들을 갖는다. 그리고 그런 순간들 이후에는 작업이 필요하다. 열리는 순간들은 차이를 만들어내지만, 그것들은 깊이 탐색되어야 한다. 그것들은 더 나은 방향을 가리킬 수 있지만, 그 방향은 탐구를 요한다.

　에이브와 샌드라, 두 사람은 서술된 전환점에 도달하기에 앞서, 그들 자신에 대해 많은 작업을 수행했다. 그들의 인격과의 씨름은 보다 의미 있는 토대 위에서 재개되었다. 자기 자신에게서 벗어나는 쉬운 방법은 없다. 인간은 평생 동안 자기 자신과의 작업을 수행해야 한다. 여기에서 서술된 그런 순간들은 동기부여, 끈기, 인내, 돌봄에 덧붙여지는 요소이다. 위의 사례들에서, 열리는 순간들은 대인관계적 맥락에서 자라난 것이었다. 치료 없이도 더 많은 일이 일어났을 수 있겠지만, 치료가 끝난 후에도 삶에서 계속되게 될 과정을 중재하기 위해서는 사실상 치료가 필요했다.

　세 사람 모두 놀라운 경험을 했지만, 절정의 순간들, 또는 열리는 순간들은 부분적이라는 사실이 강조될 필요가 있다. 그 순간에는 그것이 전부인 것처럼 보일 수 있지만, 그것들의 영향이 지속되면서 더 많은 작업이 행해져야 한다. 그것들은 심고, 물주고, 돌보는 일을 필요로 하는 씨앗과도 같다.「회오리바람 통과하기」에서, 나는 재탄생의 순간이 정신적 경험의 핵심적 구조라고 말한 바 있다. 모든 재탄생의 순간들이 열매를 맺는 것은 아니다. 일부는 빗나가고, 상해를 조장한다. 대부분은 부분적인 유산(流産)을 겪는다. 설령 우리가 다시 태어난다고 해도, 우리는 부분적인 탄생과 부분적인 낙태를 겪을 수밖에 없다. 우리는 그것을 바로잡으려고 노력할 수 있지만, 좌절과 수축은 계속된다. 차이는 후자가 더 많은 작업과 열림, 아마도 깊은 사랑과 수용을 위한 유용한 신호가 되는 데 있다. 그것들이 일부를 구성하고 있는 절망은 "극복해 나가는" 리듬이 깊어지면서, 덜 중요한 연주자가 된다. 믿음과 열림은 삶의 깊은 부분으로 자리를 잡게 되고, 해야 할 작업을 위한 맥락을 제공한다.

제3장
나는 모른다

　이 장을 쓰는 목적은 "나는 모른다"라는 말의 가치를 인정하고 기념하기 위해서다. 이 말은 오래된 풍요로운 문화전승을 가지고 있다. 그러나 가정이든 직장이든, 정치영역이든, 힘을 추구하거나 힘을 가진 사람들은 모름에 대한 공포증이 있기라도 하듯이, "나는 모른다"라는 말을 폄하해왔다. 사람들은 모르는 것으로 보이는 것이 지위에 손상을 주고 존경의 사다리에서 낮은 곳으로 떨어지기라도 하듯이 모르는 것을 두려워한다.
　우리는 초등학교 이후로 계속해서 모르는 것을 부끄러워하지 말라는 격려의 말을 들어왔다. 모르기 때문에 배울 수 있고, 모르는 것은 아는 과정의 일부라는 말도 들어왔다. 그러나 우리들 대부분은 모르는 데 따른 수치심으로 얼룩진 어린 시절을 완전히 벗어나지 못한다. 모른다는 두려움에서 비롯된 손상과 관련된 수많은 종류의 치욕감 없이 학교생활을 할 수 있는 사람은 많지 않다.
　우리는 일찍부터 결점을 가리는 법을 배운다. 아마 글을 읽을 줄 모르는 비행청소년은 과장된 허세와 파괴적인 행동으로 자신의 무능을 숨길 것이다. 더 많이 또는 더 잘 아는 척하면서 실제의 모습보다 더 강하고 더 유능한 척하도록 배우는 것은 참으로 우스꽝스러운 일이다. 나는 유치원 때 신발 끈을 묶는 법을 모르면서도 누군가의 신발 끈을 묶어주겠다고 자원했던 일을 기억한다. 선생님은 그런 나를 잘 대해 주었지만, 그 일은 지워지지 않은 채 내 머릿속에 생생히 남아있다. 나는 아주 오랫동안 그렇게 하도록 한 것이 무엇인지 궁금했다. 그 당시 나는 신발 끈을 묶는 법을 모른다는 것을 알고 있었다. 결국 신발 끈을 묶지 못할 것이 뻔했는데도 무언가를 보여주고 싶은 욕구가 있었던 것이다. 나는 공상과 현실 사이에 사로잡혀 있었고 나 자신의 마음에 매달려 있었다.

힘의 과시를 통해 파괴적인 결정을 내리는 세계 지도자들을 보면서, 나는 그들이 밀쳐내는 간극과 결함과 무지와 약함이 무엇인지 궁금했다. 그들은 자신들이 실제보다 더 많이 알고 더 능력이 있다고 상상하는 걸까? 그들은 자신들이 바라는 결과를 얻을 수 있는 그들의 능력을 과대평가하는 것일까? 때로는 약점과 무지를 드러내 보이는 것에 대한 두려움이 건설적인 행동과 그것에 수반되는 과정들보다 더 중요해지는 것으로 드러난다. 환각적인 힘과 능력—환각적인 옳음과 힘—이 현실이 감당할 수 있는 것보다 더 중요해진다.

누군가가 "나는 모르니, 기다리세요. 더 알아야 할 것이 있어요. 이것을 배움의 시작으로 삼읍시다"라고 말하는 것은 얼마나 안도감을 주는가! 나는 지난 8년 동안 미국의 고위 공직자들이—생명, 몸, 영혼에 심각한 영향을 미치는 중대한 결정들에서—단 한 번도 불확실성과 숙고가 필요하다고 선언하는 말을 들어본 기억이 없다(나는 미국의 중요한 대통령 선거를 앞둔 2008년 10월에 이 글을 쓰고 있다).

* * *

　모름은 높은 자리에 어울리지 않는다. 하지만 역사적으로 모든 왕들에게는 조언자들이 있었다. 불교를 중국에 유입한 사람으로 알려진 보리달마에 관한 유명한 이야기가 전해져오고 있다(Blue Cliff Records, Case 1). 보리달마는 인도에서 중국으로 가는 도중에 우 황제를 만나게 된다. 장점이 많고 잘 다스리고 있는 좋은 통치자인 우 황제가 보리달마에게 물었다. "성스러운 가르침의 본질은 무엇입니까?" "그것은 성스러움이 없는 공(空)입니다." 보리달마는 그렇게 대답했다.
　이 말을 들은 우 황제는 놀라고 당황하고 불확실해졌으며, 아마도 모욕당하고 도전받았거나 공격받았다고 느꼈을 것이다. 그는 내면의 토대가 흔들리는 극심한 고통을 느꼈다. 성스러움이 없는 공이라니? 그렇다면 선함과 공로와 덕성은 무엇이란 말인가?
　우리는 냉정을 유지하려고 애쓰는 우 황제의 모습을 상상할 수 있다. 아마도 그는 동요하고 있었고, 달마에 대한 욕망이 자극되었을 것이다. "당신은 누구요?" 황제가 물었다. 보리달마는 대답했다. "저는 모릅니다." 황제는 약간의 충격을 받고 정지 상태가 되었고, 체면이 깎일까봐 두려워하면서 마치 헤드라이트에 놀란 사슴처럼 불안정하고 불확실하고 마비된 상태로 들어갔다. 그가 정신을 차리고 상황을 정리하는 데는 시간이 필요했다. 그 순간은 지나가고 황제는 가르침의 본질에 도달하는 데 실패한다. 그리고 보리달마는 자기 길을 간다.
　나중에 우 황제는 한 선생에게 그 사건에 대해 묻자, 그 선생이 황제에게 되물었다. "그 사람이 누군지 아십니까?" 황제는 "모릅니다"라고 대답했다. "그는 붓다의 가슴과 마음의 인장을 전달하는 사람입니다." 선생이 말했다. 그리고 덧붙였다. "그를 찾으려 사람을 보낼 생각은 마십시오. 왕국 전체를 주어도 그를 다시 데려올 수는 없을 겁니다."

영원히 사라진 순간이지만, 그 순간은 파장을 남긴다. 우 황제는 면역되지 않은 상태이다. 그는 열려 있다. 지금은 잃어버린 만남의 순간에는 그렇지 못했지만, 그 만남은 잔여물을 남겼고, 그래서 무언가가 시작된다. 다른 기능과 수준과 가능성을 지닌, 의미가 다른 두 개의 "나는 모른다"가 있다. 황제의 모른다 씨앗인 동시에 그를 둘러싼 장벽이기도 하다. 그러나 거기에는 경작해야 할 알지 못함의 씨앗들이 있다. 황제의 '모름'이 껍질을 벗고 보리달마가 중재하고 있는 알지 못함을 향해 철저하게 개방하는 일이 불가능하지 않다.

***

불교설화에 따르면, 황제를 떠난 후 보리달마는 중국의 다른 곳으로 가서 9년 동안 면벽 명상을 수행했다고 한다. 나는 그 벽이 보리달마와 우 황제가 공유했던 벽이며 당신과 내가 그들과 함께 공유하고 있는 벽이라고 생각한다. 그것은 자기의 벽, 자기를 둘러싼 벽, 끊임없이 우리를 가로막는 벽이다. 벽이 무너지고 벽 없는 존재 상태를 맛보는 순간들이 있다. 그러한 순수한 순간들로 인해 우리는 벽들에 대해 작업을 할 수가 있다.

***

문화의 역사 속에서 위대한 순간들 중의 하나가 구약성서의 욥기에 나타나 있다. 그 순간에 모든 것이, 가족들, 부, 건강, 명예가 벗겨진다. 욥은 자신이 태어난 날을 저주하면서 잿더미에 앉아 있는 모습으로 묘사된다. 그가 가치를 두었던 모든 것, 인생을 살만한 것으로 만들어주는 모든 것이 사라져버린다.

그의 친구들은 욥의 불행을 합리화하고 신의 방식을 정당화하려고 성서의 구절들을 읊어댄다. 분명코 욥의 불행은 그가 저지른 죄의 대가이며, 그를 고치기 위한 신의 처방이라고 말한다. 아내들과 아이들과 가축들의 죽음은 문제도 되지 않는다. 그것들은 욥의 존재의 깊이에 도전장을 내미는 운명적인 마술쇼의 일부이며, 경험의 성장을 나타낸다.

욥은 그의 위로자들을 거절했다. 그의 고통 앞에서 일반적인 지혜는 진실에 도달하지 못한다. 그는 그의 존재의 끔찍스러움에 대한 도덕적 또는 합리적 정당성을 발견할 수 없었다. 과연 그 무엇이 이런 고통을 정당화할 수 있는가?

신은 자신의 행위를 정당화하지 않는다. 신은 그저 자신을 보여준다. 신은 자신의 창조 세계를 보여줌으로써 욥을 위협한다. 신이 할 수 있는 모든 것을 보라. 바다의 야수들, 비옥한 땅, 빛과 어두움, 선과 악, 이 모든 것은 신이 창조한 것이 아닌가! 욥은 위협받는 정도가 아니라 존재의 무한성, 즉 존재가 드러내는 사실에 압도된다. 신의 힘의 과시는 욥의 존재를 관통하는 구멍을 뚫는다. 창조주와의 대화는 욥에게 뜻밖의 깨달음, 강렬함의 새로운 수준들, 실현의 순간들을 가져다준다. 고통과 상실은 경험에 구멍을 내고, 그를 직접적인 신과의 접촉으로 데려다준다. 거기에는 오직 신만이 남게 된다. 욥과 신. 당신과 신만이 있다.

이 이야기는 여러 방식으로 읽혀질 수 있다. 우리는 한 사람의 자기중심적인 여정을 위해 아무렇지도 않게 희생되는 생명을 보면서 끔찍하다고 느낄 수 있다. 우리는 힘의 과시를 통해서 그리고 누가 일인자인지를 보여줌으로써 욥의 입을 다물게 하는 신에 의해 겁을 먹는 욥의 모습에 반발한다. 이 신화는 권위, 힘, 무력감과의 씨름을 다루고 있는 것으로 보인다.

　나는 이 이야기를 하나의 신비한 동화에 가까운 것으로 읽는다. 생명의 상실은 사람이 신과 마주하는, 궁극적인 홀로 있음의 지점에 도달하기 전까지는 자기의 부분들의 상실 또는 자기의 투자물의 상실을 나타낸다. 유대교 예배의 끝 무렵에는 '오직 신만이 있을 뿐 다른 것은 아무것도 없다'는 노래를 부른다.

　그 장소에 도달하는 순간은 중요한 순간이다. 깊은 현실을 맛보고, 그것에 몸을 담그고, 그것을 사는 것이 중요하다. 어떻게 신에게 도달하는가? 플로티누스(Plotinus)는 말한다. "모든 것을 베어버리라." 플래너리 오코너(Flannery O'Connor)는 근본주의 기독교인이 죽어서 창조주를 만나러 가지만, 그녀의 덕성조차 불에 타 없어지는 것을 보고는 충격을 받는다는 이야기를 한다. 신비는 우리 안에 있는 모든 것보다 그리고 우리의 모든 것보다 더 깊다.

　욥의 이야기를 하나의 신비적 동화로 읽을 경우, 욥의 가족, 부, 소유물의 상실은 오직 고통과 무(無)만이 존재하는 순수 고통의 지점 혹은 무화 지점, 즉 신이 나타나는 참을 수 없는 지점으로 수축되는 하나의 움직임을 나타낸다. 신적 자리에 도달한 후에는 새로운 가족과 가축, 보다 충일한 삶으로의 복귀, 활기찬 신체와 정신 등으로 나타나는 확장을 향한 움직임이 시작된다. 그것은 개방에 따른 무의 움직임이다. 시편 기자는 말한다. "나는 울면서 잠들지만, 웃으면서 깨어난다." 욥에게 바로 그런 일이 일어났다(Eigen, 1995, pp. 191-2).

　이 결정적인 움직임들은 태도와 상태의 변화들을 가져온다. 성서 이야기들은 비온이 흄(Hume)을 따라 "항구적 결합들" (constant conjunctions)이라고 부른 것의 윤곽을 보여준다. 이 용어는 여러 가지가 동시에 나타나는 경험적 경향들로서, 내면의 경향들, 우리의 기질적 측면들, 우리가 누구이고, 무엇을 하고, 어떻게 하는 존재인지를 말해주는 조각들을 확인하기 위한 시도들을 가리킨다. 우리는 성서 이야기에서 우리의 기질적 측면들, 경향들, 그리고 반-경향들(counter-tendencies)을 읽을 수 있다. 어떤 점에서 무성영화와 성서 이야기는 공통점을 갖고 있다. 동요(動搖)와 그런 동요를 불러일으키는 사건들에 대한 묘사가 그것이다. 영화에서 로렐과 하디는 "참으로 아름다운 날이네요"라는 말로 시작하지만, 우리는 그 말이 곧 다가올 재난을 경고하는 신호라는 것을 안다.

 욥에게 일어난 재난은 욥을 알지 못하는 지점으로 데려간다. 어쩌면 그는 자신이 인생에 대해 무언가를 안다고 생각했을지도 모른다. 그는 선한 사람이었고 그의 선행은 그에게 복된 삶을 가져다주었다. 그런데 일반적인 학습과 도덕성의 토대가 찢겨져 나갔다. 그가 알고 있고 안다고 생각했던 것은 아무런 소용이 없었다. 그는 고통과 파국의 문제를 해결할 수 없었다. 그가 "해결책"이라고 믿고 있던 것은 용해되고 말았다. 그리고 알지 못함의 영역이 새로운 경험의 지평을 열었다. 굳건했던 삶의 토대가 흔들리고 신을 대면한 후에, 그의 삶은 전과 같을 수 없었다. 욥의 이야기는 긴급한 관심을 요하는 내적 현실들을 말해주고 있다.

* * *

 욥기의 핵심 구절에 대한 일반적인 번역은 "당신이 나를 도륙한다 해도, 나는 당신을 신뢰할 것입니다"이다. 이것은 욥이 깨달음에 도달한 지점에 대한 묘사이다. 그는 도덕, 기대, 이해라는 일반적인 개념의 안개 너머를 본다. 그는 무의 지점을 통과해서 신에게 도달한다. 마음이 생각하고 믿는 것은 이러한 직접적이고 즉각적인 경험에 비하면 아무것도 아니다. 여기에는 전적인 신뢰와 믿음이 있다. 그 신뢰는 삶에 대한 것일까? 신비에 대한 것일까? 신에 대한 것일까? 그가 그것과 접촉했다는 점에서, 지금 그가 알고 있는 알려지지 않은 신비한 힘은 실재 그 자체일까? 그 실재에 대한 얼마의 느낌을 아는 것 자체도 철저한 알지 못함이요 철저한 개방이다. 어떻게 알든 혹은 얼마만큼을 알든, 거기에는 알지 못하는 것이 더 많다. 심지어 가득 차고 꽉 차 있는 상태조차도 항상 하나의 시작이다. 다음 순간에 욥은 그것이 "두뇌"로 아는 앎이 아니고, 개념적인 앎이나 개념적인 믿음이 아니라는 것을 분명히 한다: "나는 내 육신으로부터 신을 본다"(19: 26). 그는 눈으로만이 아니라 그의 존재로 보는 것을 말한다.

    스티븐 미첼(1992)은 신뢰에 대한 욥의 말을 새롭게 번역한다. "비록 당신이 나를 도륙한다 해도, 나는 당신과 계속 따질 것이고 싸울 겁니다. 나는 당신이 스스로의 정당성을 증명하라는 요구를 멈추지 않을 겁니다. 나는 당신이 충격과 겁을 준다고 해도 쉽사리 빠져나가도록 내버려두지 않을 겁니다." 신은 자율성을 요구한다. 상처 입은 영혼은 끝까지 그리고 그 너머에까지도 설명을 요구한다. 거기에는 정의에 대한 감각을 버려야 할 이유도 없고, 폭군 또는 다른 형태의 힘과 속임수를 모방할 필요도 없다.

    나의 어머니는 신에게 물어볼 질문들이 있다고 말씀하시면서 임종하셨다. 그 질문들 중에서 가장 중요한 것은 그녀의 아이이자 나의 형의 죽음에 관한 것이었다. 나의 형은 열 살의 나이에 죽었다. 나의 어머니는 이 이해할 수 없고 미치게 하는 공포에 대해 끊임없이 신에게 물었다. 미첼은 그녀의 상태를, 그리고 고통 받는 인류의 정당한 주장을 포착하고 있다.

    욥의 이야기는 우리 영혼의 피부를 벗겨낸다. 우리의 벌거벗음은 어떤 방향을 택할 것인가? 어떤 사람들은 이쪽 길로, 다른 사람들은 저쪽 길로 간다. 각자는 그 나름의 기여를 한다. 우리가 택하는 모든 길들을 한데 모으면, 우리는 더 낫건 더 나쁘건 간에, 인간의 잠재력에 대한 더 나은 그림을 얻게 된다. 이 일을 위해 우리에게 필요한 최소한의 것은 애도하는 방식의 차이들, 신앙의 차이들을 존중해주는 능력이다.

* * *

붓다는 고통을 삶의 엄연한 사실로 인정한다. 우리는 그것을 인정해야 한다. 그것을 느끼고 알아야 한다. 흔히 사람들은 이유를 알지 못한 채 자주 고통을 받는다는 점에서, 그것은 이상한 종류의 앎이다. 붓다가 우리에게 고통을 경험하라고 말했다는 것은 우리가 그렇게 하지 않을 수 있고, 또는 충분히 그리고 공개적으로 그렇게 하지 않을 수 있다는 것을 의미한다. 정신분석은 고통이 지하로 들어갈 수 있고, 전치될 수 있으며, 무감각해지고, 둔해지고, 잘못 분류될 수 있다는 것과, 우리의 고통을 변경하거나 경시하는 것은, 그것의 유익이 무엇이든, 그것 자체의 고통을 가져다준다고 말한다. 붓다의 관점에서 보면, 우리들 중 많은 사람들이 자신들의 고통과 접촉하고, 그 고통을 정직과 신앙과 가능성의 순간으로서 겪어낼 필요가 있다. 최소한 어느 지점까지는 우리는 우리의 상태를 관용할 수 있는 능력을 키울 필요가 있다.

붓다는 거대한 형이상학적인 삶의 신비들을 해결한 척 하지 않는다. 그는 그런 틀 안에 집어넣으려고 애쓰는 제자들의 질문들을 피한다. 붓다는 경험에 머무르기 위해 최선을 다한다. 거기에는 또한 문화적인 편견들, 실제적인 위계들, 보편적 윤리, 그리고 불교가 발달하는 과정에서 만들어낸 제도적 규율들이 있다. 그러나 내가 강조하고 싶은 것은 경험을 향해 밀어붙이는 강한 추동력이다. 우리는 고통 받는다. 노화, 상실, 질병, 죽음, 가난, 심리적인 팽창, 그리고 불교 심리학의 핵심 선율인 우리의 욕망과 우리 자신에 대한 집착으로 인해 고통을 겪는다.

붓다는 그가 태어나고 자란 궁 밖으로 나갔을 때 미쳐 날뛰는 고통을 발견하고, 그 고통을 극복하는 일에 헌신했다는 이야기가 있다. 나는 그가 고통 받는 인류의 화신으로서 자신의 고통에 초점을 맞추고 있다고 상상한다. 타인들의 고통에 공감적으로 접촉하는 것이 그로 하여금 삶 자체 안에 내재된 고통을 직면하도록 이끌었을 것이라고 추측된다. 내적 고통에 맞추어진 초점은 점점 더 강렬해져서 마침내 정신이 폭발하고 또 다른 경험의 장이 열리게 되는 데 도달한다. 그 경험의 장은 열반, 지복의 경험, 공(空), 텅 빔, 자유가 있는 곳이다. 그곳에 자기로부터, 욕망으로부터, 상실과 소유로부터의 자유가 있고, 열림의 자유가 있다.

기본적인 차원에서, 이 움직임은 경험의 원초적인 호, 즉 기본적인 리듬이다. 그 이야기는 인간 존재의 모든 수준들에서 무한한 다양성들과 형태들을 갖는다. 붓다는 그가 가리키는 길에 윤리의 차원을 덧붙인다. 명상 또는 정신집중뿐만 아니라, 올바른 생각, 올바른 행동, 올바른 일을 해야 한다고 말한다. 우리는 우리 자신을 초월하고 진정으로 보살피는 태도를 가지고 우리의 존재를 재구조화할 수 있을 때까지 하나의 생명 형태에서 또 다른 생명 형태로 삶을 계속한다. 그 과정에서 많은 능력들과 차원들이 한데 얽혀 끊임없이 상호작용한다.

내가 여기에서 강조하고 싶은 것은 고통↔열반 사이의 기본적인 움직임이다. 욥의 고통↔열림은 이 리듬의 심오한 변형이다. 붓다의 "해결책"은 실용적인 것이다. 그것은 경험의 지평 위에서 발생하고 고통과 고통의 중단 사이에 내재된 움직임과 함께 작용한다. 이 기본적인 패턴은 유아기에 뿌리를 두고 있으며, 그것은 반복되는 경험의 순환으로서, 고통 및 고뇌와 쉼 사이의 변동, 고통과 평화, 지옥과 천국, 견딜 수 없는 긴장과 그저 존재하기 사이의 움직임들로 나타난다. 그러나 그것이 "유아기에 뿌리를 두고 있다"고 말할 때, 그것은 무엇을 의미할 수 있을까? 이런 종류의 존재는 왜 이런 뿌리들을 갖는가? 그리고 이런 종류의 존재는 어째서인가?

기본적 경험에 대한 붓다의 발견은, 모든 문화적 영역 안에 있는 기본적인 경험들이 그러하듯이, 점점 더 복잡한 인지내용들과 실천들로 확장되었다. 붓다와 융 사이의 차이점들이 어떤 것이든 간에, 그것들은 그것들 자체로서 주목할 만한 가치가 있으며, 그것들을 가두고 있는 이론적 틀을 제거한 후에도 가치 있는 것으로 남을 것이다. 그 둘 중 어느 것도 왜 삶이 이런 형태를 취하는지, 왜 다른 태어나지 않은 가능성들이 아니라 당신과 내가 여기에 있는지, 또는 어떻게 그리고 왜 누군가가 존재하게 되었는지 등의 문제를 해결하지 못한다. 붓다와 융은 우리가 가진 장비가 할 수 있는 것이 무엇인지를 우리에게 일깨워준다. 융과 붓다는 각각 자신이 처한 자리에서 우리를 열림의 지점들로 데려다준다. 우리가 이런 발견에 접촉할 때, 열림은 지속된다.

* * *

정체성에 대해 알지 못하는 것, 즉 내가 누구인지도 모르고, 알 필요도 없는 것은 얼마나 큰 자유인가! 그러나 공적 영역에서는 자신이 누구인지 모르는 것에 대한 불안이 널리 퍼져있다. 나는 부분적으로 가짜 정체성을 갖고 있는 사람들의 수를 정확히 통계낼 수 있다면, 그 수가 엄청날 거라고 생각한다. 우리의 사회 안에는 일종의 특별한 정체성을 가진 사람인척 해야 하는 커다란 압력이 있다. 나 자신의 삶에서, 내가 누구인지 몰라서는 안 된다는 금기가 느슨해지는 데는 오랜 세월이 걸렸다. 어떤 순간에는, 알지 못하는 것이 죄인 것처럼 보였다. "당신이 누구인지 모르세요?" 그 다음에는 그것을 알기 위한 방법들과 해야 할 것들에 대한 목록이 제시된다.

* * *

셰익스피어는 말한다. "당신 자신에게 진실하라." 그는 이 멋진 말을 비평가들이 아둔하고 광대와 같으며 진부하다고 비평한 폴로니우스(오필리어의 아버지)의 입을 빌려 전달했다. 폴로니우스는 가장 심오하고 가장 당당한 인물은 아닐 수 있지만, 그는 자신의 방식대로 좋은 아버지가 되려고 애썼고 돌보려고 노력했다. 그는 모범적인 인물은 아닐지라도, 나쁜 사람은 아니고, 악을 행하는 사람은 더더욱 아니다. 사람들은 그가 하는 말, 즉 고대의 신탁을 반향하는 "너 자신을 알라"는 말을 어떻게 받아들일지 궁금해 한다.

아마도 폴로니우스가 자기의 앎에 대한 최고의 기표(signifier)로 선택되는 일은 일어나지 않을 것이다. 그와 같은 추구에서 그가 인격의 기반을 흔들어 놓는 경험에 과감히 뛰어드는 모습을 연상하는 것은 불가능하다. 사람들은 그의 말에 감동을 받을 수는 있겠지만, 그의 말을 날것으로 받아들이기는 힘들다. 그가 충고를 해주었던 아들이, 그가 그렇듯이, 살해당했고, 그의 딸은 자살했다는 사실을 아는 것은 더욱 소름끼치는 일이 아닐 수 없다. 부모의 현명한 충고는 한계가 있었다.

신탁의 말을 명상하면서 평생을 살았던 소크라테스 자신도 생을 좋게 마감하지 못했다. 그럼에도 불구하고 플라톤이 묘사한,

그가 죽으면서 한 말은 오늘날에도 생생하게 살아 있고, 그의 삶은 그러한 앎의 추구에 대한 모범이 되고 있다. 신탁은 "너 자신을 알라"고 말하고, 소크라테스는 믿음, 견해, 사고들의 양파 껍질을 벗긴다. 때때로 나는 회기를 끝내면서 환자에게 "당신 자신을 사랑하세요"라고 말한다. 이것은 폴로니우스와 소크라테스와 신탁, 그리고 치료사의 목소리가 혼합된 말일까? 내가 하는 말이 얼마나 깊고 실제적이고 진부하고 수상하고 주의 깊은 것인지, 나는 확신할 수 있는가? 때로 사랑은 직접적이고 즉각적이고 확실하게 느껴지는 실재이다. 때로는 사랑이 현실을 창조하고, 불러낸다. 아마도 나 또는 누군가는, 또는 내 안의 어떤 것은, 희미하지만 긴박한 배경적 존재를 감지하고, 그것이 창조하는 것들에 이름을 붙여줌으로써 그것을 탄생시킨다. 그런 순간에 "당신 자신을 사랑하세요"라고 말하는 것은 신앙의 행위요, 일종의 탄생에 대한 신앙이다.

우리는 우리의 참자기, 우리의 진정한 자기를 찾으라고 격려받는다. 그것이 가능하다고 느껴지고, 정말로 일어날 것 같은 순간들이 있다. 우리는 엄청난 광맥을 발견하는데, 그 상태는 다음에 오는 더 많은 상태들에 영향을 미친다. 다른 때에는, 그런 순간들은 구성물들, 믿음들, 조건들을 알게 되고, 의심들을 경험하는 데 따른 비평, 의문들이 뒤따른다. 자기-질문(self-questioning)은 생산적이기는 하지만, 유일한 매개체는 아니다. 그것은 심리적 지우개로 지워버리면 순식간에 사라지고 만다. 그리고 그것은 철저한 열림의 순간들이기도 하다.

때로 우리는 정체성의 한 가운데서 물음표를 본다. 내가 젊었을 때 이 질문은 거짓된 것들을 잘라내는 도끼였다. 나는 자신이 스스로를 알지 못하는 무지한 사람이라는 것만을 안다고 말한 소크라테스에게 반했다. 나이가 들면서, 내가 누구인지 알지 못하는 것은 나를 받아주고 자유롭게 해주고 고요하게 해주는 나의 친구가 되었다. 비-자기의 행복한 시간, 혹은 최소한 나 자신을 덜 심각하게 받아들일 수 있는 가능성이 있다는 것을 알게 되었다. 그것은 비록 순간일 뿐이지만, 자기로부터 해방되는 순간들이었다. 그리고 그런 순간들은 퍼져나간다.

* * *

예수는 우리가 누구인지 모르는 것을 용서와 연결시킨다. "저들을 용서하소서. 저들은 스스로 무슨 일을 하고 있는지 모르고 있습니다." 그가 이 말을 한 것은 그가 십자가 위에서 죽음을 직면하고 있는 상황 그리고 어쩌면 절망적인 홀로 있음의 상태에 있을 때였다. "아버지, 아버지. 왜 저를 버리십니까?" 누구도 닿을 수 없는 깊은 곳에 버려진 상태의 경험, 즉 근본적인 홀로 있음(모두가 하나이면서 홀로인)의 경험과 용서 사이에는 어떤 연관성이 있을까? 철저한 버림받음의 고통은 자비심의 분출과 결합된다. 붓다는 자유를 상실할 정도로 우리가 강박적으로 붙들고 있는 모든 것과, 삶과 죽음에 대한 애착을 떠나보내는 것을 통해서, 정체성을 초월하는 텅 빔에 마음을 열게 하고, 모든 존재에 대한 자비 안에서 표현된 해방으로 가는 평행적 흐름을 중재한다.

예수는 말한다. "저들을 용서하소서." 그렇게 요청하는 근거는 모름이고, 붓다의 용어로 말하면 무지이다. 용서와 자비 사이에는 연구해볼 만한 가치가 있는 차이가 있다. 하지만 나는 여기서 둘 사이의 연관성을 강조하고 싶다. 자비의 일부로서의 용서, 그리고 용서의 일부로서의 자비를 말할 수 있을 것이다. 이것들은 모두 타자에게 주는 것이다. 붓다와 예수의 경우, 그들은 자신들의 가장 깊은 곳에서 발견한 것을 주었다. 그것은 무지의 어떤 형태와 연결된 자비와 용서이다.

그들은 자신들이 무엇을 하고 있는지 알지 못한다. 이 말은 신이 내린 임무에 대해 요나가 발끈했을 때 신이 그에게 했던 것과 같은 말이다. 요나는 신이 그에게 어리석은 행동을 하게 만들었다고 생각했다. "내가 사람들에게 가서 회개하라고 하면, 그들은 당신의 말씀을 들을 것이고, 그러면 당신께서는 그들의 성읍을 파괴하지 않겠지요. 그렇게 되면 나만 어리석게 보일 겁니다." 그러나 신은 요나로 하여금 별수 없이 예언자의 역할을 하게 만들었고, 요나는 명령받은 대로 전했다. "너희 도시 전체는 멸망할 것이다. 너희들이 삶의 방식을 바꾸지 않으면, 신께서 도시 전체와 그 안에 사는 모든 사람들을 쓸어버리실 것이다!"

요나가 우려했던 것처럼 사람들은 신의 말씀을 들었고, 신은 자신의 분노를 거두었으며, 요나는 그것이 못마땅했다. 예수와 달리 요나는 자신의 운명을 깊이 받아들이지 않았다. 그는 도시가 멸망하지 않으리라는 것을 알면서도 도시의 멸망을 지켜보기 위해 도시 밖 언덕에 가서 앉아 기다렸다. 그는 신에게 항의했고, 신은 그를 타일렀다. "너는 네 일을 했다. 그들은 네 말을 듣고 악한 행실을 바꿨다. 그런데 내가 앞뒤를 분간할 줄 모르는 이 소중한 존재들을 없애야 하겠느냐?" 그때 신은 자신이 창조한 것, 인간 존재와 인간이 이룩한 모든 것, 인간의 경작물과 가축들이 지닌 가치를 인정해 주었다. 그리고 화가 난 요나는 그 자신의 도전에 응해야 했고, 자기를 초월하기 위해 분투해야 했다. 그는 자신의 뜻은 아니었지만, 일을 잘 해냈다. 그러나 그것이 전부가 아니었다. 그는 그의 자존심에 상처를 입었고, 자신과의 문제를 어떻게 해야 할지 몰랐다. 그는 자신의 삐침을 해결하지는 못했지만, 삶은 계속되었을 것이고, 그는 이런저런 방식으로 자신의 문제를 안고 살아갔을 것이다. 요나는 자신 너머에 있는 더 큰 무언가를 얼핏 보았다. 그는 신과 대화를 나누는 과정에서 우리 자신에 대한 근시안적이고 자기중심적인 견해들과 씨름하는 것을 통해서 신으로부터 달아나고, 피하고, 논쟁하고, 신의 시험을 통과했다.

예수의 어법 역시 질문들을 남긴다. 저들은 알지 못한다. 예수는 거리를 둔 자비를 모범으로 제시한다. 내가 아니라 저기에 있는 저들인 것이다. 이것이 흔히 용서가 취하는 형태이다. 다른 사람이 용서받아야 하는 존재이다. 그러나 나도 용서받아야 하는가? 그렇다. 나도 여러 차원에서, 나와 같은 다른 사람들에게서, 신에게서, 그리고 나 자신에게서 용서받아야 하는 존재이다. 내가 하고 있는 것에 대한 나의 알지 못함은 용서를 받는 데 적합한 근거인가? 그렇다면, 최악의 나, 악의적인 나는 책임에서 빠져나갈 수 있을 것이다.

사람들은 이것을 다른 측면에서 바라보면서 이렇게 말할 수 있을 것이다. 단순히 무지 때문에 내가 용서받을 수 있다면, 내 안의 악은 그보다 더 큰 용서를 보증 받는 것이 아닌가? 모든 숨겨진 곳들과 구석진 곳들은 그곳들에 스며들 자비와 용서를 필요로 하며, 이것은 내가 찾을 수 없거나 도달할 수 없는 모든 곳들도 마찬가지이다.

우리가 만나게 되는 가장 큰 도전들 중의 하나는 저들에게서 나 또는 우리에게로 방향을 바꾸는 것이다. 우리를 용서하소서. 우리는 우리가 무엇을 하고 있는지 알지 못합니다. 저들에게서 나/우리로의 이동은 심오한 내적 재정비와, 자유, 추구, 돌봄의 새로운 지평들을 포함한다. 모르고 있는 사람은 저들이 아니라 나이고 우리이다.

나는 모른다에 대한 비온의 생각들

알지 못하는 것은 정신분석적 방법론의 중요한 부분이다. 프로이트는 그가 문장을 쓰기 시작할 때 그것이 어디에서 끝날 것인지 알지 못한다고 비공식적으로 말했다. 그의 글쓰기 스타일은 깨달음들로 가득하다. 플리쓰(Fliess)에게 보내는 편지에서, 그는 자신이 무언가를 발견하는 과정에서 말이 기수를 인도하도록 허용하면서 무의식의 안내를 따라간다고 썼다. 그러나 시간이 지나면서 그의 통찰들은 부동의 핵들을 중심으로 모아졌고, 개념적인 연결망으로 부호화되었다.

내가 정신분석학계에 입문했을 당시에 프로이트의 사고는 고정되고 공식화된 것처럼 보였다. 내가 그의 사고 안에 몰입했을 때에야, 나는 세심한 독서에서 그 모습을 드러내는 서로 들어맞기도 하고 적대적이기도 한, 비전과 사고와 가능성의 소용돌이와 뒤엉킴을 제대로 이해하기 시작했다. 고대인들이 생각했던 일차적 요소들 간의 전쟁이, 전쟁하는 능력들 사이의 깊은 공생적 감각과 함께, 프로이트의 작업에 지워지지 않는 영향을 남겼다는 것을 깨달았다. 동시에 거기에는 조여야 할 느슨한 끈들, 뛰어들어야 할 모호성들, 탐구해야 할 세계들 속의 세계들이 있었다. 나는 프로이트의 작업이 내면에서 나를 붙잡았을 때에야 비로소 그것을 읽는 것이 얼마나 짜릿한 것인지를 알게 되었다.

자유연상과 자유롭게 떠다니는 주의(free floating attention)에 대한 프로이트의 옹호는 정신분석 작업 안에서 알지 못함이 갖는 역할에 더 많은 역동성을 부여한다. 프로이트는 종종 자유연상과 자유롭게 떠다니는 주의가 어디에서 끝나는지 알고 있는 것처럼 말한다는 이유로 비판을 받았다. 그것은 보다 열린 정신분석을 보다 경직된 정신분석으로 대체할 수 있다는 우려 때문이었다. 일상적인 "통제들"을 내려놓고 마음이 원하는 곳으로 가도록 허용하는 것에 수반되는 어려움, 고통, 그리고 짜릿함은 평생 동안 풍부함으로 인도할 수 있는 일종의 중독성이 있는 훈련이다.

비온은 프로이트를 확장할 뿐만 아니라 더 멀리 나아간다. 그는 정신분석적 태도를 기억이나 기대나 욕망이나 이해를 내려놓는 것으로 묘사한다. 철저한 개방성을 그는 신앙이라고 부른다. 그는 이런 특별한 종류의 신앙을 O 안에서의 F로 표현하는데, 여기서 O는 알려지지 않은 궁극적 실재—이 맥락에서는 말로 표현할 수 없는, 무한한 심리적 실재를 강조하는 용어인—이다: "근본적인 현실은 '무한', 알려지지 않음이며, 그것을 서술하는 데 사용할 수 있는 언어—예술가나 종교인에게서 빌려올 수 있는 것조차도—는 없다"(1992, p. 372).

이 구절 앞 부분에서 비온은 신앙의 위기, '나' 와 '너' 혹은 '우리' 와 '그들' 의 위기, 즉 대립과 공생, 약탈자와 희생자를 넘어설 것을 요청받는 위기에 대해, 그리고 신의 사랑과 같은 용어에서 볼 수 있는 일반적인 애착 언어와, '절대적 사랑' 이라는 말이 단지 넌지시 암시해줄 수 있을 뿐인, 하부 및 상부 감각적인 것에 대한 언어를 요하는, 실재에 대한 사랑 사이의 간격을 뛰어넘는 것에 대해 이야기한다. 그것은 우리가 행간을 통해서만 암시할 수 있는 언어이다.

비온은 아무도 실제로 "본"적이 없는 현실을 보여주는 델프트(Delft)의 거리를 그린 예술가를 예로 든다. 사람들은 그 그림에서 "살아오면서 알았거나 본 적이 있는 어떤 벽돌담이나 작은 집과는 전혀 다른 특별한 어떤 것을 본다"(ibid.).

우리는 이제 말과 능력들의 책략들 안으로 들어간다. 지금까지 우리는 알지 못함에 대해 이야기해왔지만, 마치 "어떤 것"을 직접적으로 경험하기, 이해하기, 그리고 접촉하기 등을 통해서 현실에 대한 앎의 주제를 다루고 있는 것으로 보인다. 사람들은 그것에 대한 느낌 또는 감각을 갖는다. 그러나 이 감각 또는 느낌은 무엇인가? 일단 우리가 믿음들과 논쟁들과 대립들로 미끄러져 내려가면, 우리는 어딘가 다른 곳에 있게 된다.

만일 우리가 우리의 견해들이나 생각들을 실재 그 자체라고 믿지 않는다면, 그것에 대해 이야기하고 색깔과 말을 사용해서 의사소통하려고 시도하는 것은 가치 있는 일일 것이다. 또는 그 이상일 것이다. 그것과 씨름하고 그것을 표현하는 것은 그것의 좀 더 많은 것을 창조한다. 즉 더 많은 실재와 그것에 대한 접근 수단들이 창조된다. 동시에, 이런 우리의 습득에 직면해서, 과연 우리는 제로 광장으로 돌아갈 수 있고, 힘들게 얻은 지각들과 이해들을 문을 닫거나 더 심하게는 우리 자신들과 타자들을 맹렬히 비난하는 무기로 사용하지 않을 수 있는가?

비폭력은 어디에서 시작하는가? 그것이 가능한가? 그것을 찾기 위해 우리는 어디로 가야 하는가?

* * *

정신분석에서 "나는 모른다"는 종종 환자가 무언가에 대해 방어적이거나, 어쩌면 힘든 문제에 대해 더 많이 이야기하거나 건드리고 싶어 하지 않는다는 신호로 해석된다. 플리쓰(R. Fliess, 1971)는 그것을 개인의 정신 안에 있는 말할 수 없고 알 수 없는 외상들의 흔적과 연관시킨다. 사람들은 알고 싶지 않거나 알 수 없기 때문에 모른다. 정신분석가들은 종종 알지 못함이 어떤 동기를 갖고 있다고 보았다. 이것은 알지 못함이 언제나 동기를 갖고 있다는 의미가 아니다. 그것은 사실에 대한 희화화일 것이다. 그것은 알지 못함이 동기를 가질 수 있다는 의미, 즉 외상, 갈등, 방어욕구들과 연결되어 있을 수 있다는 뜻이다.

나는 위에서 비온이 알지 못함을 정신분석적 방법, 즉 알지 못함에 철저히 개방하는 것과 연결시킨다는 점을 지적했다. 그러나 그는 또한 알지 못함이 종종 동기를 갖고 있다고 본다. 한 구절에서(1994, pp. 222-224), 비온은 "내가 한 말이 무슨 뜻인지 모르겠어요"라고 말하는 환자가, 자신의 과거 인물들이 그랬듯이, 분석가가 자신을 공격할 것이라는 두려움 때문에 그 말을 방어적으로 사용하고 있다고 느꼈다.

비온은 환자의 두려움을 정서적인 경험에 대한 일반적인 두려움과 연관시키면서 더욱 깊이 들어간다. 우리의 정서적 경험은 상당한 정도로 모든 것을 생생하게 느끼도록 만들어준다. 이 경우에, 환자가 말하는 "나는 모른다"는 말은 감정이 얼어있다는 것을 보여주는 지표이다: " … 환자는 자신의 정서로부터 무언가를 알게 되면, 그가 살아있다는 것을 알게 될 거라는 사실을 두려워한다. …" 그리고 정서적인 살아있음과 함께 환자가 견디거나 지탱하거나 소화하기는커녕 인식조차 할 수 없는 온갖 감정들이 나타난다.

프로이트는 범람을 초기 외상(예컨대, 자극, 감각, 감정에 휩쓸리는)으로 이야기했다. 그는 고통스러운 상태들에 대한 증오와 그것들을 축출하거나 제거하거나 완화시키려는 시도에 대해 말한다(예컨대, 환각 속에서 그것들을 몰아냄으로써). 비온은 그의 환자가(정서의 잠재적인 파괴적 결과들 때문에) 정서를 증오하고 있고, 그것을 소화해내지 못하고 있다고 제안한다. 만일 환자가 자신에게서 그 정서를 제거할 수 없다면, 그는 만성적인 정서적 소화불량 상태에 처하게 될 것이다. 사실상 그는 그의 삶에서 살아있음을 제거하려고 애쓴다. 이 경우, 삶의 살아있음 그 자체가 삶을 소화될 수 없고, 견딜 수 없으며, 끔찍스런 것으로 만들고 있다.

"나는 모른다"는 말은 잠재적인 살아있음이 공허한 것으로 바뀌는 일련의 과정들을 감출 수 있다. 감정의 압력은 공허한 암호가 된다. "나는 모른다"는 말은 자신의 꿈 안에 있는 위험들을 덮고 있는 하나의 무(nothing)가 된다. 비온은 또한 이 상태를 광증에 대한 두려움과 연관시키고, 더 나아가 우리가 광증을 갖고 있는 존재라는 발견과 중요하게 연관시킨다.

"나는 모른다"는 말은 많은 죄들을 감추는 커다란 가방일 수도 있고, 분석 작업에서의 개방성을 위한 안내표시일 수도 있다. 하나의 정신적 상태가 다중적 측면들을 갖는 것은 당연한 것이다.

* * *

비온은 종종 이중적 경향을 하나의 과정의 일부로서 이야기한다. 1978년에 있었던 뉴욕 강연에서, 그는 포탄들이 떨어질 때 그 탱크 안에 있는 사람에게는 쇠로 된 탱크가 젤리처럼 느껴질 수 있다는 것과, 전쟁에서 두려움 때문에 적으로부터 도망칠 때 오히려 적을 향해 도망치는 바람에 죽는 경우가 많다는 것을 배웠다는 이야기를 한다. 비온은 여러 해가 지난 후에 정서적인 진실과 관련해서 이와 비슷한 이야기를 한다. 사람들은 정서적인 진실로부터 도망하려다가 오히려 그것을 향해 달려가는 경향이, 즉 자신들이 알게 될까봐 두려워하면서도 그것을 향해 달려가는 경향이 있다는 것이다. 알지 못함의 수준들과 깊은 앎은, 모호하기는 해도, 함께 묶여 있다. 한 손이 하는 일을 다른 손이 알지 못한다는 성서의 관찰은 이 문제를 건드린다. 우리는 많은 눈들을 가지고 있으면서도 보지 못하는 장님이라는 사실은 우리의 경험이 지닌 역설들 중의 하나이다.

우리는 활동 중인 정서적인 변형을 포착할 수는 없다. 우리는 O를 알 수 없다. 우리가 O이다. 의사소통을 위한 하나의 압축된 시도에서, 비온은 다음과 같이 말한다(1997, p. 46):

"비록 O(무한성)는 K에 의해 사용될 수 없다고 해도, K는 O 안에서 T(변형)에 의해 완전하게 사용될 수 있다. 분석가는 기억과 욕망과 이해를 중지시킴으로써 무한성이 되어야 한다. O 안에서 발생하는 변형의 정서적 상태는 불안에 가까운 것으로 공식화된다."

   인적 드문 길을
   두려움과 불안을 갖고 걷는 사람처럼;
   한번 모서리를 돌아서면
   다시는 돌아보지 않은 채 앞으로 간다;
   왜냐하면 무서운 악마가
   그의 뒤를 바짝 쫓아오는 것을 알기 때문에

입장에 따라 '무서운 악마'는 가혹한 진실의 추구를 나타내거나 그것에 대한 적극적인 방어를 나타낸다.

비온이 묘사하는 상황에서 알려진 것은 무엇이고 그렇지 않은 것은 무엇인가? 비온은 그가 말하는 벌거벗은 태도를 신앙이라고 부르면서, 우물의 깊은 곳에 도달한다. 그것은 마치 정신의 껍질을 벗겨내고, 원초적인 충격과 변형의 세계를 향해 자신을 개방하는 그런 종류의 신앙과도 같다. 그 세계는 변형을 추구하고 변형을 겪어내는 정서적 경험의 기층을 말한다. 우리가 K 상태로 깨어날 때, 우리는 그것이 꿈인지 아니면 실제인지 궁금해 한다.

* * *

비온이 좋아하는 또 다른 인용구는 소극적인 능력(negative capability)에 관한 키이츠의 글이다:

"나는 다양한 주제에 관해 딜케(Dilke)와 논쟁이 아니라 탐구를 했다; 내 마음 속에서는 몇몇 생각들이 잘 들어맞았다. 그리고 갑자기, 특별히 문학작품 안에서 '성취의 인간'(Man of Achievement)이 되기 위해 어떤 자질이 필요한지가 떠올랐다. 그리고 그 점이라면 셰익스피어에게서 두드러지게 나타났다—그는 엄청난 소극적 능력을 소유했다. 즉, 그는 사실들과 이유를 찾기 위해 조바심을 내지 않으면서 불확실성과 신비와 의심의 상태에 머물 수 있었다."[존 키이츠, 조지 & 토마스 키이츠에게 보내는 서신, 1817년 12월 21일, 비온에 의해 인용됨.]

여기에 어떤 앎을 배태하고 있는 "나는 모른다"가 있다. 이 모름은 "내가 존재하기를 멈출지도 모른다는 두려움을 느낄 때 (When I Have Thoughts That I May Cease To Be)"라는 시에서, 시인이 빠져든 그 무(無)와도 같은 것이다. 시간과 존재의 광대함에, 그리고 그가 "나의 펜이 나의 뇌에서 나오는 열매들을 거두어들이기 전에/ 내가 존재하기를 멈출 수도 있다"는 두려움에 할 말을 잃었을 때, 시인은 "사랑과 명성이 무로 되어 가라앉을 때까지/ 혼자 서서 생각하는" 상태 안으로 들어간다.

이 편지에서 말하는, 무언가를 배태하고 있는 알지 못함에 철저히 침잠하는 것과 궁극적 상실에 대한 그 시의 현기증 나는 숙고는 두 종류의 비어있음을 나타낸다. 비옥한 존재(teeming existence)와 그 존재의 알려지지 않은 과정들과, 흔적도 없이 사라지는 소멸과 연결된 생산력이 그것이다. 이 두 가닥 모두는 창조성을 풍요롭게 한다.

* * *

비온과 키이츠와 유사하게, 레비나스(Levinas, 2000; Eigen, 2005)는 알려지지 않은 그리고 알 수 없는 것과 함께 앉아 있는 것을 강조한다. 그는 다음과 같이 말한다:

"교환되는 생각들 너머에 있는 근접성(proximity), 즉 대화가 불가능해진 이후에도 지속되는 근접성을 추구하는 것은 … 하나의 새로운 태도이다. 대화 너머에는 새로운 성숙과 성실성, 새로운 중력과 새로운 인내, 그리고 이런 표현이 허용된다면, 해결될 수 없는 문제들을 위한 성숙과 인내가 있다 … 나는 불가능한 것이란 가능성이 잠을 자고 있는 것일 수도 있다는 생각을 갖고 있다."

레비나스의 말은 타자들, 자기, 해결할 수 없는 위기들, 장애들, 어려움들을 연결해주는 접촉의 언어이다. 차이를 넘어선 근접성이 있고, 차이 안의 근접성이 있다. 해결할 수 없는 문제들과 함께 앉아 있는 것은 뜻밖의 성장을 불러온다. 성장의 한 종류는 공유된 인간성에 대한 더 깊은 느낌, 즉 우리가 아는 것이나 우리가 안다고 생각하는 것에 대한 불일치를 넘어서는, 소유와 영토에 대한 의지를 넘어서는, 그리고 신앙으로 오인되는 믿음들을 넘어서는 근접성에 대한 더 깊은 느낌을 포함한다.

***

알지 못함의 측면들과 관련된 문화적 자원들은 끝이 없어 보인다. 알지 못함의 구름(cloud of unknowing), 감각의 어두운 밤, 신의 사랑(amor dei), 개념들을 초월하는 신성, 모든 곳에 중심을 둔 원, 어느 곳에도 없는 둘레, 아인 소프(Ain Soph: 유대교 신비전통인 카발라에 나오는 개념), 무한성, 신비에 대한 경외감 등이 그것이다.

히브리 아이들이 즐겨 부르는 동요 중에는 다음과 같은 것이 있다: "하셈은 여기에 있어요, 하셈은 저기에 있어요/ 하셈은 언제나 모든 곳에 있어요/ 위-아래, 사방에 있어요/ 그곳에서 그를 찾을 수 있어요."

거기에는 도달할 수 있는 바닥이 없다.

몸을 담그라. 그러면 알게 될 것이다.

***

이제 우리는 "우리가 어떻게 서로에게 상처를 줄 수 있는가?"를 묻는 자리에 도달한다. 우리는 우리가 생각하는 그런 사람이라고 확신할 수 있는가? 우리는 우리의 "옳음"을 확신할 수 있는가? 우리는 우리 자신이라고 부르는 수축과 박동에 관해 무엇을 알고 있는가?

우리가 누구이고 신이 어떤 존재인지 모르는 것은 해방감을 주는 것이 아닌가? 그것은 공간을 만들어낸다. 만약 신 역시도 모른다면? 그것은 사람들이 학교나 교회, 또는 공적 삶에서 배울 수 없는 자유를 줄 것이다. 신이 전지전능하다고 상상하는 것은 근시안적이다. 그런 좁은 생각이 신을 구속한다.

우리 자신의 편협한 생각에 공간을 마련하는 것은 손상을 끝내지는 않겠지만, 하나의 출발점일 것이다. 공간을 마련하는 것은 최종 목적지가 아니라, 그곳으로 가는 통로이다.

* * *

성서에서, 신에게 이름을 물었을 때 신은 말한다. "그들에게 내가 너를 보낸 자라고 말하라." 이 구절은 여러 가지로 번역될 수 있다: 나는 나이다, 나는 나일 것이다, 나는 거기에 있을 것이다, 나는 너희를 위해 거기에 있을 것이다, 나는 너희를 위해 여기에 있다 등.

나는 신이 이런 의사소통의 어려움을 알고 있었으리라고 생각한다. 신은 규정을, 계명을, 외적인 안내를, 신비로운 비전들을 인간에게 주었다. 그의 예언자들은 "너희는 가슴(heart)을 찾으라, 살과 피로 된 가슴의 껍질 속에 있는 가슴을 찾으라"고 말한다. 그것은 뛰는 가슴이요, 느끼는 가슴이다. 모든 선함의 법들이 거기에, 엄지손톱보다 크지 않은 지점에, 하나의 무한히 작은 지점에 새겨져 있다.

선이 무엇인가? 이것은 쉬운 문제가 아니다. 그 누구도 혼합된 현실들의 엉킴을 풀지 못한다. 그러나 얼굴 표정 안에, 느끼는 가슴 안에 하나의 형판 또는 끈이 존재한다. 기다리고, 듣고, 느끼라. 친밀감을 느껴보라.

나는 독신이었던 삼십대 시절에 때때로 한밤중에 이렇게 말하면서 잠을 깨곤 했다. "당신을 사랑합니다." 나는 누구에게 말하고 있었는가? 그 말은 어디에서 나왔는가? 이 물음은 쉽게 답을 추측하거나 만들어낼 수 있는 것이지만, 사실 나는 알지 못한다. 그 말은 나에게 깊은 곳을 열어주었다.

요즘 나는 종종 깨어있는 동안에도 "당신을 사랑합니다"의 현존을 느낀다. 밤의 깊은 곳이 퍼지고 있다.

* * *

우리의 처방은 시도하는 것이다. 일단 시도가 자리를 잡게 되면, 그것의 밑바닥에 도달하기는 쉽지 않다. 때로는 많은 것을 제로 상태에 둔 채, 자신에게 시간을 주는 것이 유용할 수도 있다. 가능한 한 모든 것을, 당신의 모든 구분들을 제로 안으로 집어넣으라. 온 힘을 다해 제로가 되라. 온 마음을 다하라. 그러면 무언가가 일어난다.

자신이 누구이고 무엇이라고 생각했던 것은 소라게가 버린 껍질보다도 더 의미 없는 것이 된다. 하나의 살아있는 순간이 우리에게 "고맙습니다"라고 말하게 한다. 이 말은 누구에게 하는 말인가?

"나는 그곳에 있을 것이다―나는 여기에 있다"라는 신의 모델은 우리에게도 적용된다. 그것은 내가 누구이든, 당신이 누구이든 상관이 없다.

* * *

신/비-신. 자기/비-자기. 어느 쪽이든, 그것은 무한한 생산력에 대해 열려 있다. 내가 여기에 있다고 말할 때, 또는 열려있음이 여기에 있다고 말할 때, 그렇게 말하는 나는 어떤 나인가? 열려있음으로서의 O, 이것은 우리 시대의 신/비-신의 이름인가? 신은 하나의 길로서의 열려있음인가?

만약 전 인류가 동시에 개방한다면, 또는 모든 곳에서 언제나 잠시 동안 개방한다면 어떻게 될까?

* * *

어떻게 사람들은 알지 못하는 상태에서 삶을 살아갈 수 있는가? 우리가 서로 "안녕하세요?"라고 인사할 때, "모릅니다"라는 대답을 듣는다면, 그 순간 삶은 정지될 것이다. 알지 못함이 너무 많은 영역에 스며들지 않게 하는 것이 더 나을 것이다.

그러나 비밀은 이미 누설되었다. "나는 모른다"는 우리의 본성의 일부이며, 우리의 자유의 일부이고, 우리의 돌봄의 일부이다. "나는 모른다"는 그것을 오용하고 그것에 대해 방어하는 것을 포함해서 우리를 구조화하는 데 역할을 한다. 우리는 그것을 차단하고, 퍼지는 것을 막고, 모든 구조들과 어렵게 얻은 지식을 전복시키지 않으려고 애를 쓴다.

그것은 우리의 전부는 아니지만, 우리 존재의 기둥이다. 제 자리를 잡는다면, 그것은 우리를 지탱해주고, 불일치 너머에 있는 근접성으로, 그리고 알지 못함 안에 있는 동반자로 우리를 한데 모아준다. 우리는 무지를 덮고 있는 둥근 천정을 받치기 위해 기둥을 세워서도 안 되고, 질문들을 회피해서도 안 된다. 본질적으로 "나는 모른다"의 요소들을 담고 있는 질문들을 위한 공간을 만드는 것은 하나의 도전이다.

나의 과거 수퍼바이저 중에는 "당신이 답을 알지 못하는 질문을 환자에게 결코 묻지 말라"고 말했던 사람이 있다. 비온처럼, 정신분석 자체가 하나의 질문이라고 믿고 있는 분석가를 발견하는 것은 얼마나 다행인가!

우리는 얼마나 개방적일 수 있고 얼마나 그래야만 하는가? 미리부터 아는 척 하지는 말자.

* * *

무한한 개방성을 가리키는 하나의 지표를, 우리는 유월절 만찬 이야기에서 질문을 하기에는 너무 단순한 아이에게서 찾을 수 있다. 그 만찬은 현명한 아이, 악한 아이, 수줍은 아이, 단순한 아이 등, 네 명의 아이들에 대해 말한다. 아이였을 때 나는 유월절 만찬 식탁에서 진행되는 모든 것에 관심이 있는 현명한 아이에 대해 알았다. 아이는 묻는다. "이게 다 뭐예요? 이것은 뭐고 저것은 뭐예요?" 모든 것이 그의 관심과 호기심을 자극한다. 그는 지혜에 대한 갈망을 갖고 있다. 그는 아이들이 그렇게 되고 싶어 하는 좋은 모델이다.

악한 아이도 묻는다. "이게 다 뭐예요?" 열린 마음으로가 아니라 거부하는 마음으로 묻는다. 그것은 이런 의미에 가깝다. "내가 여기서 뭐하는 거죠? 왜 여기서 이런 걸 하고 있냐고요? 이것들이 다 뭐냐고요?" 이 아이는 우리의 닫힌 정신, 즉 우리의 편협함을 상징한다. 오늘날 그는 악하다기보다는 반항적이라고 불린다. 그의 에너지는 인정할 만하다. 그러나 부정(negation)은 그것의 목적과 잠재력을 갖는다. 전통적으로 아이의 물음에 대한 아버지의 대답은 여전하다. "신께서 우리를 노예의 땅에서 데리고 나오셨을 때 네가 그곳에 있었더라면, 널 그곳에 남겨두었을 것이다." 이 말의 의미는 반항아가 내면의 속박으로부터 자신을 해방시키기 위해 갈 길이 있다는 것이다. 즉, 반항아는 제거된 적이 있는 노예이다. 반항아는 모든 것을 거꾸로 아는 아이이고, 열린 질문 없이, 일어나고 있는 것을 무시하는 아이이다.

수줍어하는 아이는 질문하는 것을 어려워한다. 그는 알고 싶어 할 수는 있지만, 그 과정을 시작하는 데 실패한다. 그는 감정이나 관심 없이, 진행되는 일을 보고 듣는 것을 통해서 알 수 있는 것을 안다. 그러나 그의 관심은 인격의 장애물들을 돌파하고 추구와 탐색을 시작할 정도로 크지는 않다. 그는 우리의 내성적인 측면으로서, 그 나름의 장점을 갖고 있다. 그러나 유월절 만찬에서 이 아이는 현명한 아이와는 달리, 열려있지도 능력도 없는 결함 있는 아이로 소개된다. 우리는 우리의 무지와 관심을 숨기지 말라고 격려 받는다. 모르면 묻고, 구하고, 모른다는 사실을 다른 사람들과 함께 나누라.

네 번째 아이는 단순하거나, 어쩌면 정신지체아이거나 지진아일 것이다. 이 아이에게는 나쁜 의도가 없다. 그곳에 있고 싶지 않은 것도 아니고 적대감이 있는 것도 아니다. 그 아이가 "여기서 무슨 일이 일어나는 거지?"라고 느낀다면, 그것은 그의 전존재(whole being)의 상태이다. 그의 전존재는 묻지 못하는 물음일 것이고, 어리둥절한 상태일 것이다.

이 네 가지 가능성은 모두 장점과 장애가 있는 우리 자신의 태도와 마음가짐을 상징한다. 언급되지 않은 다섯 번째 집단은 그 자리에 없는 사람들, 즉 나타나지 않은 사람들이다. 어떤 마음가짐으로든 그 자리에 참석한 사람들과는 대조적으로, 그 자리에 참석하지 않은 사람들은 유월절 축제에 신경 쓰지 않는다. 그들에게 유월절은 의미를 잃었고 관계없는 날이 되었다. 유월절 만찬의 자리에 없는 집단에 대해서는 할 말이 더 있지만, 다음 기회로 미루겠다.

여기에서 나의 초점은 자기의 신비한 측면으로 보이는 단순한 아이에게 있다. 현명한 아이는 모든 것을 다 아는 똑똑한 사람이다. 그는 알기 위해서 모르는 것에 대해 묻지만, 너무 착한 척 하는 사람이다. 그는 O(알려지지 않은 무한)와 K(지식)가 섞여 있을 때, O보다는 K에 더 헌신적이다. 내가 현명한 아이를 이런 식으로 이용하는 것은 공평한 것이 아니라는 것을 알면서도 그렇게 하는 것은 너무 압도돼서 지식게임을 할 수 없는 단순한 아이를 부각시키기 위해서이다. 단순한 아이는 직접적인 충격을 받은 상태로 살고 있고, 유월절의 신비차원을 나타내는 피뢰침 같은 존재요, 번개나 신의 충격 같은 존재이다. 욥처럼 그 아이는 침묵으로 내몰린다. 이 광대함에 직면한 그가 무슨 말을 할 수 있겠는가? 대단한 번개쇼가 펼쳐진다. 불꽃놀이는 사람들의 탄성을 자아내고 위대한 신비를 건드릴 수 있음에도 불구하고, 그는 번개쇼의 근처에도 가지 못한다.

사람들은 단순한 아이의 경험을 일종의 앎이라고 부를 수 있다. 그러나 그 앎을 알려지지 않은 무한에 대한 경외와 멍해지는 감각에 적용하는 데는 무리가 있다. 여기에서 앎은 존재 안에서 그리고 존재 너머에서 상실된다. 비온은 이러한 형태 없음의 상태를 끔찍스럽고 창조적인 것이라고 말한다. 그러나 나는 단순한 아이는 이원론 너머에 또는 이전에 존재한다고 생각한다. 하지만 이 말을 하는 순간에도 나는 이전—넘어서라는 한 쌍의 단어를 사용하고 있다.

단순한 아이는 인간의 본성 안에 있는 영원한 태아를 나타낸다는 느낌이 있다. 우리의 삶 전부가 출생과정이다. 이것은 우리가 또한 영원히 태어나지 않은 상태라는 것을 의미한다. 니콜라스 베르쟈예프는 그의 저서 어딘가에서 우리 존재의 질적 요소를 가리키는 신생아적 차원(neonic dimension)에 대해 서술한다. 그는 이 용어를 일종의 자유, 가능성의 현존이라는 의미로 사용한다. 또한 나는 미켈란젤로의 "포로들"이나 "노예들"이라는 명칭의 조각상들을 생각한다. 이 조각상들은 부분적으로는 형태를 갖추고 부분적으로는 형태를 갖추지 않은 채, 돌에서 출현하는 모습을 하고 있다. 이 자궁-돌(womb-stone)에서 출현하는 형상들은 영원히 형성되고 있는 생명 본성을 나타내는 것으로 보인다.

* * *

옴음-그름과 더하기-빼기가 뒤섞이면 붓다도 그것들을 분리할 수 없다는 말이 있다. 불교전통에는 마음과 이해를 잘라내는 것, 혹은 플로티너스가 말하듯이 "모든 것을 잘라내라"와 관련된 많은 가르침들이 있다. 모든 것을 잘라냈을 때 무엇이 남을까?

그렇다면 나는 여기에 있다, 당신은 여기에 있다고 말할 수 있는가? 우리가 여기에 있다! 여기가 여기이다! 이 지점에서 아시아의 예술가들은 종종 자연에 대한 시와 그림들에 의존한다. 그러나 우리들 역시 기적이 아닌가? 우리는 경치와 소리와 촉감의 기적 등 자연의 기적에 감동적인 표현을 주는 기적이다. 우리가 기적으로서의 우리 자신들을 보여줄 것인가! 우리가 만지는 모든 것은 우리가 남긴 인상을 갖는다. 그리고 우리는 우리가 만진 모든 것에 남겨진 인상을 간직한다.

우리가 시작했던 이야기로 돌아가 보자. 캇수키 세키다(Katsuki Sekida, 2005, p. 148)는 "나는 모른다"는 말은 우 황제의 물음에 대한 보리달마의 반응이 부정확하게 표현된 것이라고 말한다. 그는 보리달마의 응답이 "성스러움도, 앎도 없다"라는 의미로 해석되어야 했다고 느낀다. 그는 계속해서 말하기를, 황제에게는 그런 말들조차도 복잡성만을 더해 준다고 말한다. 인간의 업적이나 이해에 대한 부정이 그 순간에 혹은 마침내 황제를 도울 수 있다면, 성스러움이나 앎에 대해 이야기하는 것은 어째서인가? 세초(Setcho)는 그것은 피할 수 없는 가지와 들장미라고 쓴다(ibid., pp. 148-9). 한 순간이 반응을 부르고, 개인은 자신이 가진 능력을 사용한다.

알지 못함의 깊이와 힘을 극적으로 표현하기 위해서 세초는 고대의 붓다들조차 결코 도달하지 못한 영역이 있다고 말하면서, "나 역시도 모른다"라는 말을 덧붙인다(Cleary and Cleary, 2005, p. 251). 알지 못함 혹은 무지 혹은 "나는 모른다"의 경험은 당신을 어디로 데려가는가? 그 경험은 무엇을 열어주는가? 우리들 중 얼마나 많은 사람이 얼마나 자주, 얼마나 깊이 이런 손에 잡히지 않는 그러나 비옥한 감각과 함께 거주하는가? 아동기 동안에, 우리는 우리가 누구인지 알지 못하는 것 혹은 어떻게 여기에 도달했는지 알지 못하는 것 때문에 우리의 마음과 영혼이 평안을 얻지 못하는 것을 경험한다. 어떤 것, 모든 것, 전체 우주, 삶 자체가 왜 여기에, 이런 방식으로 있는지? 우리는 스스로 망각, 경이로움, 경외감 안으로 들어가도록 졸라대고, 우리가 아는 그 누구에 의해서도 언급되지 않은 스릴과 공포를 발견하면서 전율을 느낀다. 그것은 알려지지 않은, 이름 없는 소용돌이들, 웅덩이 속의 웅덩이 안으로 점점 더 깊이 들어가는 즐거움이요, 바닥없는, 현기증 나는, 끝 모르는 즐거움이다.

이 즐거움들은 더 많이 탐구될 수 있는 것이지만, 드물게만 탐구되고 있다. 우리는 이런 비밀스런 경계 없음을 이름과 학습과 질문으로, 그리고 우리가 양육과 교육이라고 부르는 것을 돕기 위한 과제로 도금하는 법을 배운다. 성인기에, 우리들 중의 일부는 얼마 동안 보잘것없는 수단들을 갖고 상실한 알지 못함을 찾고자 한다. 때로 우리는 그곳에 몸을 담그는 순간들을 갖게 되고, 그로 인해 위대한 열림을 시작한다. 우리의 시도에서 일단 그것을 맛보게 되면, 우리는 우리가 감히 감당할 수 있는 정도로 더 많은 것을 진지하게 찾게 된다.

모름을 찾아 나선다니, 이 얼마나 이상한 말인가. "나는 모른다"는 경험 자체를 우리가 갈망하는 차원들로 들어가는 문으로 사용하는 것, 그리고 우리가 누구이고 어디에 있는지 모르는 상태로 더 깊이 들어가는 것은 결코 평범한 일일 수 없다.

* * *

불교 전승 안에는 붓다가 미지의 끝, 더 이상 갈 곳이 없는 바닥에 이르렀다는 하나의 설과, 그가 결코 그곳에 도달하지 못했다는 다른 하나의 설이 있다. 나의 알지 못함에는 바닥도 없고 끝도 없다. 나는 나보다 더 가까이 있는 친밀한 현존, 친한 친구, 놀라운 이방인, 두려운 힘과 함께 알지 못함 속에 앉아있다. 어떤 이들은 친밀한 현존이 우리 자신, 우리 자신의 마음, 내적 대화의 일부, 브로카 영역(broca area: 역주. 언어를 관장하는 전두엽의 영역), 우리의 부모라고 말한다. 나는 그런 생각을 부정하지 않는다. 그러나 딱히 이것도 저것도 아닌 무언가가 나를 부추긴다. 그것에 대해 배운 것은 어떤 것도 만족스럽지 않다. 놀라운 현존은 가슴의 중심에 새겨져 있다. 그것은 무한이요, 친밀한 현존이다. "당신은 누구세요?" 나는 묻는다. 누구 또는 어떤 사람이냐고 묻는다. 나는 알지 못한다. 하지만, 무한히 친밀한 현존의 친밀함이 "앎"보다 더 낫다.

누군가 나에게 그것이 앎이 아니냐고 따진다면, 나는 부득불 그것도 일종의 앎이라고, 종종 비밀스런 특별한 앎이라고 말할 것이다. 그러나 내가 이 앎을 정말 안다고 꼬집어 말할 수 있을까? 어느 정도는 그럴 수 있겠지만, 그러는 동안 깊은 앎은 앎을 피해간다. 우리는 끝없이 묻고 추구할 수 있으며, 유용한 생각, 비전, 과학에 도달할 수 있다(어떤 사람들은 신비 경험, 기도, 명상 수행 등을 뇌의 특정 영역과 상태에 위치시킬 수 있다고 주장한다). 그럴 수도 있을 것이다. 그러나 나에게는 이런 "알려진 것"에 대한 깊은 모름의 경험을 대체할 수 있는 것은 아무것도 없다. 나는 실재 그 자체를 맛보기 위해서, 앎과 사실과 이유를 추구하는 조바심을 옆으로 제쳐 놓을 때, 커다란 안도감을 느낀다. 나는 더 이상 그것을 명확하게 규명하고 싶지 않다. 나는 그저 그것과 함께 있고 싶다. 어떤 사람들은 그것이 되라고 말하지만, 나에게 있어서 그것은 나 자신에 의해 다 소비될 수 있는 것이 아니다. 나는 차라리 그것 안으로 뛰어들고 그 안에 머물 것이다. 그 맛은 기적처럼 놀랍다. 그것은 우리의 삶의 맛과, 규정될 수 없는 것을 포함한다.

* * *

나는 앎, 호기심, 경이로움, 온갖 종류의 지식 등의 추구에 전혀 반대하지 않는다. 어느 지점까지는 지식 때문에 인류가 생존할 수 있었다. 그러나 현대 무기와 기술 지식의 독성 있는 후유증이 보여주듯이, 지식은 오늘날 양날을 가진 칼이 되고 있다. 우리가 우리의 능력들을, 우리가 가진 모든 능력을 어떻게 사용하느냐라는 문제는 인류의 진화에 커다란 도전이 되고 있다.

이 글은 앎에 반대하는 글이 아니다. 언어와 인지, 그리고 알고자 하는 깊은 욕구가 없다면, 어떻게 이런 말을 할 수 있겠는가? 만약 말이 "바닥"까지 도달하고, 스며들고, 그곳으로 가는 길을 찾지 못한다면, 그래서 알려지지 않은 변형들을 촉발하지 못한다면, 어떻게 내가 우리 존재의 토대와 의사소통하려고 시도할 수 있겠는가? 말은 가장 중요한 것을 건드릴 수 있고, 그것에 생명을 불어넣고 그것에 의해 살아날 수 있다. 너무 자주, 말은 모든 창조적 능력이 그럴 수 있듯이, 모호하게 하고, 상처 입히고, 속이고, 왜곡하고, 빗나가게 한다. 우리는 지옥이 창조성에 아무런 장애가 되지 않는다는 것을 안다.

내 말의 목적은 말이나 지식의 추구에 반대하자는 것이 아니다. 그보다는 자체의 권리를 지닌 경험으로서의 알지 못함과 함께 머물러 있는 것을 통해서, 그리고 "나는 모른다"를 아직 이루어지지 않은 경험을 위한 관문으로 받아들이는 것을 통해서, 얻을 수 있는 것이 더 많다는 사실을 분명히 하자는 것이다. 알지 못함은 상상할 수 없는 방식들로 우리를 열게 할 수 있는, 지극히 생산적이고 활기차며 강력한 상태이다. 내 말의 목적은 알지 못함의 의미를 생각해보라고, 그리고 모험해보고 그 모험을 계속해보라고 자극하는 것이다. 인류는 알지 못함이 능력이며, 그것이 우리의 여정에서 핵심적인 부분―핵심적인 중심―이라는 사실을 인식하고, 다룰 필요가 있다.

*　*　*

알지 못함에는 실용적인 측면들이 있다. 그 중 하나는, 이미 언급했듯이, 알지 못함이 배움을 자극할 수 있다는 것이다. 다른 하나는 알지 못함 안에서 사는 것은 다른 사람을 위한 공간을 남겨둔다는 것이다. 너무 자주, 우리는 다른 사람이 누구인지, 그 또는 그녀에 대해 모든 것을 안다고 가정하며, 그 결과 우리는 반동적이 된다. 우리의 부분적인 지식은 전체적인 지식이 되고, 다른 사람이 있을 공간은 우리 자신의 것으로 채워진다. 우리는 안다고 상상하는 것을 가지고 타자의 신비를 물들인다. 내가 상상적이라고 말하는 이유는, 부분적인 지식이 마치 전체적인 것이거나 실제 이상의 것 인양 행동하는 것이 부분적으로 실제이고 부분적으로 상상적인, 가공인물로서의 타자를 창조해내기 때문이다. 종종 우리는 우리가 가공해낸 타자를 우리가 만나는 사람에게서 구별해내지 못하는데, 그때 우리의 상상은 반동성(reactivity)에 기름을 붓게 된다.

이것을 말하는 또 하나의 방식은 우리가 부분적 전지성의 관점에서 다른 사람에게 접근한다고 말하는 것이다. 또는 우리가 모든 것을, 알고 싶어 하는 모든 것을 알고 있다고 느끼는 것이다. 여러 해 전 냉전시대 동안에 나는 전지적 관점으로 인한 오판의 위험성에 대해 글을 쓴 적이 있다(1986). 한쪽 편의 집단이나 개인들이 그들이 모르고 있는 것을 알고 있다는 생각 때문에 핵무기의 버튼을 누를 수도 있다는 것이다. "버튼을 누른다"는 말은 일반 회화에서 정서적인 신경을 건드린다는 의미로도 사용된다. 진실이 정서적 신경을 건드리지만, 거짓 또한 그러하다. 현재 우리는 전지적 관점에서 오는 오판이 재난에 가까운 경제위기를 가져오는 시대를 살고 있으며, 아마도 그 위기는 경제 분야에만 국한되지 않을 것이다. 경제적인 자기-예찬과 "스스로 의로운 전지성"은 세계의 신경을 건드리는 파괴적 경향성과 연결된다. 약간의 알지 못함, 또는 전지성을 완화시키는 일이 인류의 생존에 필수적일 것이다.

알지 못함은 타인들 및 사회와의 관계에서 유익한 효과를 발생시킬 뿐만 아니라, 자기 자신과의 관계에도 좋은 영향을 줄 것이다. 고대의 신탁은 "너 자신을 알라"고 명하지만, 그것은 종종 상상적인 앎으로 귀결된다. 파스칼은 우리가 우리 자신들을 과대평가하거나 과소평가한다고 보았는데, 이것이 정신분석이 발달시킨 견해이기도 하다. 우리는 과대성과 비천함 사이를 오가며, 그 두 상태가 깊이 연결되어 있다는 것을 발견한다. 한 사람이 다른 사람의 등을 긁어주면, 그 사람도 상대방의 등을 긁어주는 것이 일종의 심리적 법칙이다. 한쪽 측면을 살면, 다른 쪽 측면도 산다. 최근에, 정치-경제-군사적 과대주의는 그것이 지나간 자리에 황폐함을 남긴다. 이 두 극단은 인문학의 모든 분야에서도 나타난다. 개인들을 파괴하는 과정들은 사회에서도 나타나며, 사회를 파괴하는 문제들은 개인의 삶에서도 나타난다.

오늘날 자신이 누구인지 아는 것은 보상을 받는데, 그것이 종종, 비록 자기 정체성을 완전히 날조하지는 않는다고 해도, 자신이 누구인지 아는 척하는 경향을 만들어낸다. 우리는 마치 우리가 따라가야 할 꿈을 갖고 있어야 하듯이, "당신의 꿈을 따라 가세요"라는 말을 듣는다. 이런 말은 우리에게 특별한 과녁이 있어야 한다는 의미를 내포하고 있다. 내가 이 말에 대해 숙고해보았을 때 나는 그 말이 사람을 구속하고 옥죄는 느낌을 준다고 느꼈다. 그리고 그렇게 말하는 목적이 종종 지나치게 물질주의적이고 자기애적인 경우가 많았다. 이런 경우, 나는 "나의" 꿈에 의해 속박된다. 나는 내가 "정체성"이라는 깔때기를 거쳐 나 자신에게 판매되고 상품목록 중의 하나로 팔리고 있다는 느낌을 받았다. 만일 내가 "당신은 누굽니까?"라는 질문을 받는다면, 그리고 그들이 알아들을 수 있는 대답을 해준다면, 나는 그것이 맞는 말이 아니고, 진정으로 나에 대한 것이 아니라고 느낄 것이다. 내가 그렇게 말하고 있는 동안 나는 사라져버린 것이다.

꿈이라는 말조차도 정치-경제적인 실체로 변함으로써, 비록 그것의 가치가 저하된 것은 아닐지라도, 그것의 의미를 상당부분 상실하게 된다. 우리는 우리가 꾸는 꿈들의 총합 그 이상이다. 동시에 꿈들은 우리에게 우리가 다룰 수 있는 것 이상을 제공하고, 종종 우리는 그렇게 제공된 것을 다루려고 시도한다. 우리가 꿈과 갖는 관계 혹은 꿈이 우리와 갖는 관계 안에는 대칭(symmetry)과 비대칭(asymmetry), 두 가지가 모두 있을 수 있다.

즉, 거기에는 동일성(identity)과 공명(resonance)이 있다. 우리는 우리의 꿈들과 동일한 관심을 공유하고, 어느 정도는 같은 공간을 공유한다. 우리는 또한 서로 다르다. 꿈은 종종 우리가 안으로 들일 수 없는 것을 우리에게 직면시킨다. 어떨 때는 꿈이 우리보다 더 크고 어떨 때는 더 편협하다. 또한 꿈은 양분을 추구하고 우리에게 양분을 주는 경험적인 세균들을 포함할 수 있다.

정신분석은 우리가 우리 자신이 누구인지 잘 아는 편이 못 된다고 말한다. 우리는 종종 스스로 걸려 넘어지는 일을 하는 광대이다. 정신분석은 우리에게 우리가 우리 자신에 대해 알아야 한다고 주장하는 어떤 것들을 말해주려고 시도하지만, 여정은 계속된다. 특별한 "지식"체계가 중요한 만큼, 그것이 잠재적으로 중재하는 개방성의 방법론도 중요하다. 우리가 누구인지 알지 못함을 향해 마음을 여는 것은, 우리가 안다고 생각하는 것보다 더 중요하지는 않을지 몰라도, 우리가 안다고 생각하는 것만큼이나 중요하다. 비온은 기대, 이해, 욕망을 피하는 것으로 특징지어지는 O 안에 있는 F(신앙)가 우리가 필요로 하는 정신분석적 태도(자유롭게 떠다니는 주의, 자유연상)라고 재공식화했는데, 그러한 태도는, 정의상, 지금 그리고 아마도 영원히 다 알 수 없는, 변형적 삶의 가능성들을 열어준다. 우리가 변형적 삶의 가능성들을 이해하거나 생각할 수 없다는 것이 곧 그 가능성이 덜 가치 있고, 덜 현실적인 것으로 만드는 것은 아니다.

비온은 알지 못함에 대한 불안을 강조하면서도, 알지 않아도 되는 것이 또한 안도감을 준다는 것을 말한다. 신은 있는가, 없는가? 죽음 이후의 삶이 있는가, 아니면 이 생이 다인가? 나는 누구인가? 나는 이런 사람인가, 아니면 저런 사람인가? 당신은 누구인가? 당신은 내가 생각하는 당신인가? 그것은 얼마나 당신을 제한하는 것일까?

나는 이런 물음들에 대한 답을 알아야 하는 것이 아니라고 생각할 때 안도감을 느낀다. 그때 더 편하게 숨을 쉴 수 있다. 알려질 수 없는 것을 알 필요가 없다는 것, 매 순간은 아니더라도 가끔씩 할 수 있는 만큼 혹은 용기를 낼 수 있는 만큼 마음을 여는 것, 개방성을 가지고 있고 또 우리를 구성하고 있는 능력들의 역설적인 혼합물의 일부로서 받아들이는 것, 이 모든 것들은 우리를 안도하게 한다. 알 필요가 없을 뿐만 아니라 아는 척 할 필요가 없다는 것은 우리에게 얼마나 큰 해방감을 주는가! 우리는 어쩌면 음악가가 매일 음계를 연습하는 것처럼, 매일 실행하는 연습의 일부로서 "나는 모른다"를 느끼고 말해야 할지도 모른다. 그 연습은 아동기에 시작해야 하는 것인지도 모른다. 시간이 지나면서, 우리는 모른다는 말에 친숙해질 것이다. 차츰 우리는 "나는 모른다"와 친구가 될 수 있다. 깊은 알지 못함의 관점 안에서는 그 누구도 배제되지 않는다. 우리는 알지 못함 안에서 파트너들이며, 그것이 촉진하는 기다림과 돌봄과 나눔의 동반자들이다. 우리가 모두 함께 잘 살기 위해서, 그리고 우리 자신들과 친밀해지기 위해서, 우리는 알지 못함을 수용하는 데서 자라나는 인내심과 민감성을 필요로 한다. 어떻게 아직 알려지지 않은 것과 친해지는 것이, 더 깊은 알려지지 않음, 또는 더 깊은 친밀성과 친해지는 것이 가능할까? 알려지지 않은 친밀성의 장 안으로 들어가는 것은 놀라워하고 감사하다고 말하는 것 외에는 아무것도 요구하지 않는, 존재의 지평을 연다. 그리고 거기에는 더 많은 작업이 뒤따른다.

제 4 장

말없음

> "말이 없는 붓다의 나라가 있다. 어떤 붓다의 나라에서는 응시함으로써 생각을 알리며, 어떤 붓다의 나라에서는 몸짓으로, 어떤 붓다의 나라에서는 안면의 찡그림, 눈동자의 움직임, 웃음, 하품, 목청을 가다듬은 소리, 혹은 떨림으로 생각을 나타낸다."
>
> -- 랑카바타라 경전

말없는 현실(Wordless Reality)

이 아름다운 이야기는 말없음의 가능성을 다룬다. 말없는 현실, 과연 그런 것이 있을까? 개미나 사자, 뱀에게는 말이 없다. 자연적이고 생물학적인 대부분의 실재가 그러하듯이, 그들은 말이 없이도 잘 지낸다. 그러나 화학작용으로 인한 신호, 새의 노래, 벌의 윙윙거리는 소리, 사자의 "으르렁" 소리 등, 가지각색의 다른 형태의 언어를 생각해보자. 정확히 그것들을 말이라고 할 수 있는가? 말은 있지 않거나 존재하지 않는 것들에 대한 특별한 의미를 구성해서 표현할 수 있다. 랑카바타라 경전에는 "토끼의 뿔"이나 "임신할 수 없는 여인의 아이"를 예로 들면서 존재하지 않는 대상을 표현하는 말의 기능에 대해 말한다.(우리가 생각하기에) 동물의 신호는 있거나 있을 수 있는 것, 즉 고통, 기쁨, 영역, 짝짓기, 슬픔, 영양상태, 위험, 그리고 어쩌면 아름다움의 경이로운 솟구침을 표현하는 노래들[소리들]과 벅찬 숨소리까지를 포함해서 동물이 갖고 있는 관심에 제한되어 있는 것으로 보인다.

우리들 중 어떤 사람들은 말은 모든 것에 스며들어 있다고 주장한다. 태초에 말이 있었는데, 그것은 창조하는 말이었다는 것이다. 그 말은 우리가 갖고 있고 가질 수 있는 종류의 생명을 창조하는 말이다. 우리는 언어의 상태로 태어난 존재이다. 우리의 몸은 언어이며, 많은 언어들로 구성되어 있다. 말은 우리의 몸에 스며들어 있다. 말과 생명 사이에 친밀함을 형성하는 방식과 그 사이에 단절을 발생시키는 방식들은 수없이 많다. 그러나 말없는 경험의 가치는 말이 기록되기 시작한 이래로 계속 인정되어 왔다. 말없는 경험은 말하는 언어의 출현과 함께 가능해진 것일까? 그렇든 그렇지 않든 간에, 말없는 경험은 계속 그 가치를 인정받고 관심을 받으며 연구되고 다루어져왔다. 시의 놀라운 기능 중에는 말을 통해 말없음의 감동을 찾는(그리고 창조하는) 것이다.

* * *

위에 인용한 랑카바타라 경전의 구절(Goddard, 1932, p. 42)은 몸짓으로 "제시되는 생각들"에 대해 언급한다. 우리는 여기에서 그 구절(만약 이 구절이 그런대로 크게 오역된 것이 아니라면)의 의미가 무엇인지 심도 있게 연구하거나 해결하려고 시도하지는 않을 것이다. 우리는 이 구절을 갖고 약간의 놀이를 시도해볼 것이다. 우리가 이 구절을 표현된 그대로 받아들인다면, 신체적인 동작은 생각을 가리키는 것이 된다. 신체적인 동작은 의미가 있거나 없을 수 있다. 이것은 마음을 강조하는 불교의 가르침과 연관되어 있다. 우리의 마음은 우리가 사는 세상을 혹은 우리가 세상에서 사는 방식을 만들어내고, 우리의 마음은 초월할 수 있다. 더 작은 마음과 더 큰 마음이 있고, 심리-신체적이고 영적인 실재가 있다. 랑카바타라 경전은 바로 다음 구절에서 우리에게 "말과 생각을 초월한" 붓다 나라들이 있다고 더욱 극적으로 알려주면서, 그곳 사람들은 "태어나지 않은 모든 것들에 대한 인식"을 획득한다고 말한다.

인지주의 치료자는 생각과 태도, 특별히 정동적인 태도가 경험-행동을 형성하는 방식을 강조할 것이다. 생각들이 몸에 배어 있다. 정신분석가로서 나는 정동적 태도가 몸을 주조하고 그 역의 과정도 동시에 일어난다고 말하기를 좋아한다.

리드(Read, 1957)는 이미지는 약 200년 정도 생각보다 앞서 나타난다고 제안한다. 그렇다면 이미지를 앞서는 것은 무엇인가? 태어나기 위해 고통을 겪고 있는 암시된 의미들에 대한 느낌과 함께 발생하는, 신체의 더듬기, 내부로부터의 어떤 압력, 경험적인 압박들이 아닐까? 영구히 태어나지 않은, 산통을 겪고 있는, 다양한 형태의 탄생을 주는 어떤 것 말이다.

신체적인 것↔정신적인 것. 이 둘 중 어느 한 면이든 꿰뚫어 보면 다른 한 면을 발견한다. 신체와 정신은 서로 함께 짜여 있어서 하나이면서도 하나가 아니며 하나가 아니면서도 하나인 역설적인 일원론(Eigen, 2009)을 구성하고 있다. 우리는 이들 이름들이 무엇을 의미하는지 알지 못한 채로 마음과 몸을 구별하는 경향이 있다.

그것은 동굴 속으로 들어가 이상한 나라로 나오는 것과도 같다. 혹은 이상한 나라를 발견하고는 영원히 똥 무더기 위로 떨어지는 것과 같다. 연금술사들은 쓸모없는 것을 금으로 만들려는 노력을 통해서 근본적이고 목적론적인 충동을 표현한다. 언어의 우발적 사고들은 신(God)↔개(dog)처럼 역전이 가능한 구성으로 우리를 인도한다. 이원체(binary)는 그 과정을 설명하기에 충분하지는 않지만, 그것이 없다면 우리에게는 다른 언어도 능력도 없다. 우리는 그 자체의 삶을 지닌 놀랍고도 복잡한 패턴들을 표현하기 위해, 한편으로는 컴퓨터 프로그램을 사용하고, 다른 한편으로는 예술과 시를 사용한다.

우리는 과정 중에 있는 수없이 많은 알려지지 않은 패턴들이고, 우리의 마음은 그것들을 담아내기 위해 개념들을 국자로 사용한다. 서서히 우리는 마음이 현실을 조직화하는 방식들, 마음이 그것의 한계를 시험하는 방식들에 관해 개념의 국자들이 우리에게 말해주는 것을 배운다. 우리는 어떤가? 우리가 우리의 생각과 습관, 태도, 자기감에 의해 갇혀 있다고 느끼는 것은 흔히 있는 일이다. 더 오래된 표현을 쓰자면, 우리는 우리 자신이라는 감옥에서 벗어나려고 애쓴다. 우리는 우리 자신들과 우리의 마음으로부터 벗어나려고 애쓴다.

***

어떤 사람들은 말로 들어가려고, 또는 말에서 벗어나려고 분투한다. 감정을 말 속에 집어넣는다는 생각은 이상한 어법이다. 어떻게 말 속에 감정을 넣을 수 있는가? 그렇게 하는 것을 상상할 수 있는가? 때때로 나는 우물에서 감정들을 길어내 한 번에 조금씩 말의 양동이 안에 쏟아 붓는 것을 생각한다. 종종 우리는 그것과 반대되는 행동을 한다. 무한히 깊은 우물에서 말을 길어내는 대신 말로 우물을 채우려고 애쓴다. 우리는 무언가를 길어 올리기를 희망하면서 말의 두레박을 우물 속으로 내리지만, 종종 더 많은 말들만을 건져 올린다. 이 말들 중에 어떤 것은 충분히 물기를 먹고 있지만 어떤 것은 메말라있다. 우리는 우리가 길어 올리는 것이 생수가 아니라 우리가 집어넣은 말일까봐 두려워한다.

위니캇은 말의 세상에서 말없는 사람들이 겪는 어려움에 주의를 환기시킨다.

"어떤 아기들은 생각과 말의 발달을 특화하고, 어떤 아기들은 청각, 시각 혹은 다른 감각 경험의 발달을 통한 환각 형식의 창조적인 상상력과 기억의 영역을 특화한다. 후자의 아기들은 아마도 말을 획득하기 위해 전력을 다해 노력하지 않을 것이다. 이것은 한쪽 아기들은 정상이고 다른 쪽 아기들은 비정상이라는 것이 아니다. 한쪽은 사고하고 말을 사용하는 종류에 속하고 다른 쪽은 말로 자기를 표현하는 대신 시각과 청각 영역에서 환각을 일으키는 종류에 속한다는 식의 논쟁에서 오해가 발생할 수 있다. 말을 사용해서 설명하는 사람은 온전한 정신을 갖고 있다고 주장하는 경향이 있는데 반해, 비전을 보는 사람들은 정신이 온전하지 않다고 비난 받으면서도 자신들을 보호할 마땅한 방법이 없다. 논리적인 논쟁은 말을 사용하는 사람들의 영역에 속한다. 느낌 또는 확실성이나 진실 혹은 "현실"에 대한 느낌은 다른 영역에 속한다"(Winnicott, 1992, p. 155).

감수성의 차이는 무엇이 현실인가에 대한 견해와 정의를 포함해서 타자의 가치에 대한 판단으로 인도할 수 있다. 사람들 사이의 적대감의 한 원천은 경험을 처리하는 방식에 있을 수 있다. 사람들은 말, 비전, 행동을 과대평가하거나 과소평가할 수 있다. 오인(誤認)들로 구성된 미로는 믿음의 체계들로서 영속화된다. 위니캇의 글을 읽을 때 나는 그가 다양한 목소리들과 감수성들의 민주주의를 발달시키기 위해 분투하고 있다는 느낌을 받는다. 위니캇은 심리적 삶의 끈들이 서로를 지배하려고 하기라도 하듯이 종종 서로를 배제하고 싸운다고 느껴지는 경험 및 경험의 처리 양태들을 다룬다. 지배 모델이 지금까지 우세했다면, 앞으로는 서로에게 양분을 제공하는 능력을 강조하는 협력 모델에 더 많은 자리를 줄 필요가 있다. 여기에 갈등조차도 협력방식의 부분이 될 수 있는 길이 있다.

* * *

정동을 처리하는 데는 침묵이 필요하다는 말을 나는 들어왔다. 만일 누군가 항상 말만 한다면, 그는 많은 것을 발견할 수 있을지는 몰라도 그것들을 소화하는 데는 실패할 것이다. 그것들은 순간적인 깨달음으로 남을 것이다. 아마 반짝 깨달음은 또 하나의 반짝 깨달음으로, 그리고 다시 또 다른 깨달음의 순간으로 옮겨가는 것으로 충분할 것이다. 어쩌면 그런 반짝 깨달음을 가진 사람 중에는 결실을 맺는 사람도 있을 것이다. 그러나 그러기 위해서는, 그리고 그 번득임을 가라앉히기 위해서는 고요한 시간이 필요하다.

치료 회기에서 말을 너무 많이 하는 바람에 자신들이 무엇을 말하는지 듣지 못하는 사람들을 나는 보아왔다. 그들은 말하기만으로 충분하다는 듯이, 그들이 말하는 것의 정서적 깊이를 급히 지나쳐간다. 말을 하는 중에 아주 많은 일들이 일어난다. 사람들은 다른 사람들을 비난하고 상처들에 대해 말하며 죄책감을 털어놓는다. 그러나 말하기 양태에서는 말이 잠시 동안 고통을 희석시켜주고, 감소시켜주고, 제거해준다고 말하는 것으로 충분한 것처럼, 그 이상은 아무 것도 일어나지 않을 수 있다.

무언가가 가라앉고 자신의 일부가 되도록 허용하는 것은 말하기와는 다른 것이며, 그 이상의 것이다. 말은 하나의 길이요, 물이 흐르는 길이다. 그러나 어떤 지점에 이르면 말없는 처리과정이 이어진다. 사람들은 그 과정에 의해 철저히 영향 받는다. 하지만 거기에는 그렇게 영향을 받은 자기가 시야에서 사라지는 지점이 있다. 남는 것은 말없고 상(像)없는 존재이다. 처리과정과 소화과정은 인식 영역 밖에서 진행된다. 그리고 이원론/비이원론 사이의 구별이 사라지듯이, 존재와 비존재 사이의 이원론은 의미를 잃는다.

* * *

19세기 말과 20세기 초의 심리학자들은 여러 방식으로 의식에 대해 연구했다. 그들의 관심의 영역에는 판단과 문제해결이 포함되어 있었다. 일부 연구자들은 어떤 지점에서 보통의 의식 내용이 사라지는 것을 발견하기 시작했다. 사람들은 주저하고 당황하면서 누군가가 "감지할 수 없는 인식"(impalpable awareness)으로 묘사한, 고요한 지점으로 또는 텅 비고 내용 없는 상태로 다가갔을 수 있다는 것이다. 우리는 종종 이런 상태로부터 우리가 "느닷없이"라고 부를 수 있는 방식으로 문제의 해결책이 나왔다는 것을 발견한다.

이것은 드문 현상이 아니다. 게슈탈트 심리학은 막다른 골목(순간)에 대해 묘사하는데, 그곳에서 사람들은 갑자기 전에는 지각하지 못했던 관계들을 보고, 상황의 구조에 대한 통찰을 얻게 되기에 앞서, 이미지 없고 생각 없는 몰입과 침잠 속에서 상실되는 순간들을 갖는다고 말한다. 나의 책 「무의식으로부터의 불꽃: 외상, 광기, 믿음」(2009)에서, 나는 비트겐스타인과 붓다가 경험한, 우리를 새로운 곳으로 데려가거나 가치있는 경험으로 이끄는 일종의 심리적 웜홀을 열어주는, 깊은 몰입의 순간에 대해 이야기한 바 있다.「」

죄책감의 고통을 겪으면서 바다 밑바닥의 고요한 지점을 발견하는 것에 대한 비트겐스타인의 묘사는 삶의 고통과 깨달음에 대한 붓다의 묘사와 연결되어 있다. 내가 대학원 시절에 "감지할 수 없는 인식"에 대한 글을 읽었을 때, 나는 일반 심리학자들이, 범주화할 수 없는 상태, 즉 지각 내용, 판단, 생각, 이미지 혹은 의지에 의해서 서술될 수 없는 상태를 만났다는 사실에 안도감을 느꼈다. 1901년에, 메이어(Mayer)와 오스(Orth)는 그리고 그 다음에 마브(Marbe)는 알려진 범주를 벗어난 다양한 정신적인 사건들을 베부스트자인라게(Bewusstseinlage)라고 불렀는데, 그 용어는 인식, 앎, 의식 혹은 의식의 상태 등으로 다양하게 번역되었다(G. Humphrey, 1948). 그것은 세부사항에 대한 분명한 인식이 없는, 전체에 대한 직관적인 느낌의 일종일 수 있다. 또는 때로는 예감이나 압력처럼 느껴지고, 때로는 단순히 열려 있고 자유로운 상태로 느껴질 수 있는, 쉽게 파악될 수 없는 내용이 없는 인식이라고 부를 수 있는, 텅 빈 상태 또는 압축된 순간일 수 있다. 아마도 그것은 순수한 인식과 같은 것일 것이다.

이런 상태는 서술하기 어려운 것, 서술 범위를 넘어서는 것, 알려지지 않은 것이다. 마치 의식 혹은 인식이 일종의 알려지지 않은 핵을 갖고 있거나 그 핵들 중의 하나가 알 수 없음인 것처럼 말이다. 이런 서술할 수 없는 인식에 주의를 환기시켰던 주요 작업자들은 소위 뷔르츠부르크 학파에 속했다. 그들의 작업은 심리학이 발달하면서 심리학의 유행과 시류에서 거의 사라졌지만, 오늘날의 일부 작업에서 반향되고 있다.

흔히 텅 빈 의식(blank consciousness)은 심리적 고갈, 외상, 정신이상, 혹은 심리능력의 황폐함과 관련된다(Fliess, 1971). 그러나 생산적인 텅 빈 상태도 있다. 나는 「자기의 재구성」(Reshaping the Self, 1955)에서 매우 말이 많고 분노하고 불같은 환자였던 린에 관해 썼던 내용을 기억한다. 어떤 지점에서 그녀는 뚜렷한 이유 없이 감정이 분출되는 것을 경험했다. 그것은 생각이나 심상이나 내용이 없이 흐르는 감정이었다. 나는 그녀에게 그런 쏟아지는 감정을 있는 대로 계속 느끼면서, 이유나 정체를 파악하려고도 하지 말고, 일체의 판단이나 해석을 내려놓고, 감정들 자체에만 집중하라고 제안했다.

감정 자체에만 머물러있는 것은 마치 안장도 고삐도 없이 말을 타는 것과 같은 것이다. 그녀와 그 말은 서로를 신뢰해야만 했다. 우리는 이 일이 생기기 전에 얼마간 작업을 했고, 그래서 어느 정도의 치료적 신뢰를 발달시킬 수 있었다. 그렇게 하지 않았다면, 그녀는 이런 식의 심리적 도움의 손길을 붙잡지 않았을 것이다. 이 경우는 일종의 은총이었다. 자동적으로 조절되는 라디오의 다양한 볼륨처럼, 그녀는 감정들이 차오르고 가고 싶은 곳으로 흐르게 허용하면서, 한순간 더 강해졌다가 다시 더 약해져서 되돌아오며, 조수처럼 밀려왔다 밀려가는 감정과 함께 머물렀다.

「자기의 재구성」에서 나는 "말없는 자기"에 대해 언급했다. 자기는 오기도 하고 가기도 한다. "자기-감정"은 차고 이지러진다. 감각(sensation)이라는 용어는 대개 색깔, 쾌감, 고통, 어조, 무감각,

간지러움 등의 경험을 지칭하는 데 사용된다. 감각은 흔히 정서나 감정과는 구별된다. 그러나 나는 정서와 감정도 최소한 부분적으로는 일종의 감각처럼 느껴질 수 있다는 것을 발견한다. 즉, 감각에 대한 느낌(a feeling of sensation)이 있다. 이것은 그와 같은 텅 비고-가득한(삶, 감정, 감정의 결핍과 관련된) 정서들과 차원들의 전음계에 대한 감각뿐만 아니라, 자기 혹은 비자기의 감각들, 신 혹은 신이 아닌 감각을 포함한다. 프로이트는 그가 의식을, 정신의 질적 요소들에 대한 지각을 가능하게 하는 "감각 기관"이라고 불렀을 때 이 문제를 다루었다. 어떤 종류의 감각들이 감정이고, 어떤 종류의 감각 기관이 의식인가?

린이 텅 빈 상태가 되는 것을 처음으로 감지한 것은 그녀가 자신의 어머니와 가졌던 격렬한 싸움에 대해 이야기한 후였다. 그 싸움은 그녀로 하여금 여러 해 동안 어머니가 되고 싶지 않다고 느끼게 했다. 텅 빈 상태는 견딜 수 없는 것 앞에서 마음을 닫는, 외상에 대한 반응이나 방어로 해석되기 쉽다. 그러나 그것은 고요한 방의 느낌이 아니었다. 많은 종류의 침묵이 있고, 우리는 그 차이를 감지한다. 평상시처럼 해석하는 대신에, 나는 유보 상태에 머물렀는데 그러자 그 텅 빔은, 그것이 비록 말없는 불안의 상태와 교차하기는 했어도, 일종의 바다나 저수지처럼 그 자체로서 긍정적인 평화롭고 신선한 것이 되었다(1995, p. 73).

"린은 그녀가 성장하면서 겪었던 것에 대해 더욱 가득 찬 느낌을 경험했고, 어떤 순간에는 깊은 이완을 경험할 수 있었다. 그녀가 다시 붕괴되기 전 그녀의 텅 빔은 생생하게 공명하는 것이었다. 잠시 동안 통제된 상태로 있어야 하는 그녀의 필요가 포기되었다. [그 회기가 끝난 다음] 방을 나가면서 린은 자신이 덜 '빈약하게' 느껴진다고 말했다."

린은 평범하게 살려고 애쓰는 평범한 사람이었다. 창조적 고요함의 순간들은 창조적인 엘리트들만의 특권이 아니다. 그런 순간들은 존재의 일부이고, 많은 사람들이 지니고 있기는 하지만, 충분히 사용되지는 못하고 있는 능력이다. 사람들이 기회만 있으면 언제나 고요한 순간의 가치에 대해 말하는 것은 특이한 일도 아니다. 가장 아름다운 삶의 경험들 중의 일부는 고요함을 포함하고 있다. 한번은 명상 중에 "알려지지 않은 친밀감"이라는 말이 마음속에 떠올랐다. 그것은 서술할 수 없고 값으로 따질 수 없는, 그러면서도 나 자신에게만 국한되지 않은 친밀감을 의미했다. 비온은 정신분석을 환자를 환자 자신에게 소개하는 것이라고 말한다. 그런 소개는 역사 및 인지를 포함하지만, 역사와 인지는 알려지지 않은 무한에 대한 심오한 차원을 다루지는 못한다. 비온에게 있어서 무한은 심리적 우선성(a psychic primacy)을 갖는다.

창조적인 많은 천재들은 침묵, 고요함, 그리고 관련된 상태들을 종종 집중, 발효(brewing), 직관, 영감, 혹은 긴 치료적 난관의 일부로서 이야기한다. 아인슈타인은 자신이 자주 이미지들의 파편들과 모호한 신체 상태들 안에서 사고한다고 말했고, 나중에는 그의 신체 "느낌들"을 수학과 과학의 용어로 바꾸었다. 모차르트는 음식을 잘 먹고 난 후에, 세부 사항에 대한 인식 없이, 갑자기 작품이 "들리고" "보이는" 것을 경험했으며, 그 섬광처럼 빛나는 순간에 그것들을 기록했다고 말했다. 모차르트가 말하는 그 '순간'은 일종의 감지할 수 없는 느낌을 갖고 있었다. 창조적인 순간과 과정에 대한 이런 이야기들이 지닌 풍부함과 다양성은 기셀린(Ghiselin)의 글(1952)에서 찾아볼 수 있다.

모차르트가 묘사한 섬광은 유대신비주의 전통인 카발라에 나오는 생명나무(Sephirot)에 속한 지혜(Cochma)의 백색 섬광을 생각나게 한다. 카발라의 생명나무에는 일련의 영적 에너지 지점들 또는 심리적 조직자들이 있는데, 그것들은 알려지지 않은 무한으로부터, 지혜를 거쳐 아래의 다른 통로들(이해, 자비, 판단 … 행동)을 따라 흐른다. 이 흐름은 위-아래와 아래-위, 양방향으로 흐른다. 지혜는 종종 우리를 구성하고 있고 우리의 동반자인 모든 심리영적인 색깔들로 굴절되는 백색섬광으로 묘사된다. 아담이 맡은 일이 에덴동산을 돌보는 것이었다면, 우리가 맡은 일은 영혼의 동산, 우리 존재들, 우리가 살면서 발견하는 모든 놀라운 능력들을 돌보는 것이다. 마리온 밀너(1957, 1987)는 그녀가 의식이 신체 안으로 들어오고 신체가 의식 안으로 들어오는 것으로 설명한, 위에서 아래로 그리고 아래에서 위로 움직이는 에너지의 흐름을 탐구하는 것을 통해서 영적인 것을 심리학적인 것으로 번역했다. 아마도 그녀는 심리학과 영적세계, 의식과 신체와 같은 이원론 사이의 인위적인 분리를 용해시키는 경향이 있다고 말하는 것이 더 정확할 것이다. 과정들의 세부사항에 도달할 때 이원론들은 무너진다. 어떤 지점에 도달하면, 신체와 의식은 구별할 수 없게 된다. 그녀는 기능의 객관화 양태를 통해서는 포착되지 않는, 형태 없음의 영역 안에 있는 말없고 이해할 수 없는 작업과 창조성을 연결시키는 많은 구절들을 썼다. 그런 상태들 안에서 신체적, 심리적, 영적 인식은 함께 짜여지는 방식으로 작용한다. 나는 여러 곳에서 감각(sensation)은 말로 표현할 수 없는 것이라는 말을 했는데, 아마도 밀너는 이러한 인식에 동의했을 것이다. 그녀는 지각은 상상의 한 형태라고 말한 토마스 트러헌(Thomas Traherne)을, 그리고 지각은 무한하다고 말한 윌리엄 블레이크(William Blake) 등의 시인들을 인용함으로써 자신의 견해를 밝혔다.

비온의 생각

"근본적인 실재는 '무한성,' 알려지지 않은 것, 언어로 표현할 수 없는 상황이다—예술가나 종교가에게서 빌려온 언어조차도 그것 근처에는 도달하지 못한다."(Bion, Cogitations, p. 372)

근본적인 실재, 말없는 알려지지 않은 무한성은 어디에나 가까이 있으며 어떤 언어도 그 상태를 표현하지 못한다는 대단하고 강력한 주장이다. 그것은 주장일까, 고백일까, 비온 자신의 근본적인 경험인, 정서적 경험의 표현일까? 나는 그가 삶에 대한 자신의 근본적인 경험의 진실을 우리에게 알려주고 있다고 생각한다. 그의 말은 의미가 무엇이든 간에, 나에게는 확신뿐만 아니라 현실을 담고 있는 것으로 느껴진다. 나는 이 진술을, 비록 내가 그의 사고의 다른 가닥들 안으로 옮겨가기는 하지만, 비온과 관련된 나의 모든 저술 활동을 위한 배경으로 삼고 있다.

비온은 그의 작업에서 핵심적인 역할을 하는 알파기능이라는 용어를 만들었는데, 그것은 정서적인 경험을 저장하고 소화하는 (혹은 소화하려고 애쓰는) 처리과정을 의미한다. 미처 저장되지 않고 소화되지 않은 경험의 충격들을 그는 베타요소라고 부른다. 때때로 나는 베타요소들을 심리적 신진대사가 되기를 기다리는 충격 덩어리들이라고 묘사한다. 그는 이런 충격 덩어리들을 감각들(sensations)이라고 부르지만, 이 감각들은 붉은 색이나 시끄러운 소리나 몸의 긴장들 같은 감각들과 겹칠 수는 있어도 정확히 같은 것이 아니다. 충격 덩어리들은 흔히 파국적 감각들이거나 파국의 조각들, 혹은 파국의 암시들이다. 비온이 생각하는 핵심적인 파국은 인격의 죽음, 개인적인 파국이다. 개인의 사람됨 자체가 타격을 받고, 외상적으로 도전받는다. 비온이 지적하는 것을 나는 파국적 감각, 파국에 대한 느낌이라고 부를 것이다.

말할 필요도 없이, 파국적 감각은 우리가 살아가는 세상에서 발생하는 물리적 및 사회적인 파국들에 기초해 있다. 물리적인 황폐함, 전쟁, 경제적 격변, 물리적, 사회적, 개인적인 상처들, 기능의 실패와 죽음이라는 사실, 이 모든 것들이 우리의 재앙에 대한 감각을 키운다(Eigen, 1998, Chapter 16, Disaster anxiety). 그것은 사랑하는 누군가에 의해 버림받는 위협, 또는 잘 살기 위해 애쓰는 과정에 이용되고 남용되는 경험이나 학대당하고 질식되는 경험에 뿌리를 두고 있고, 그것에서 옮겨 온 것이다.

비온에게 있어서, 의식 즉 우리가 가진 정신의 출현 그 자체가 파국적 요소를 갖고 있다. 마치 우리의 신체-심리적 존재가 그것이 출산하는 정신을 지원하도록 도전을 받기라도 하듯이 말이다. 마치 경험 그 자체가 우리가 지닌 체계들로서는 감당할 수 없을 정도로 강렬하고, 고통스럽고, 광대하고, 빠르기라도 한 것처럼, 그것은 우리에게 파국의 감각으로 다가온다. 진화는 고르게 진행되는 것이 아니며, 경험들을 낳지만, 우리가 가진 체계들은 그 경험들을 소화할 수 있는 적절한 능력들을 갖고 있지 않다. 이것은 동화할 수 있는 범위를 넘어서는 생산에 대한 또 하나의 예로서, 파스칼이 주목했던, 항상 우리를 앞서 가거나 뒤처지는 현상의 한 변형이다.

우리의 경험이 기본적으로 파국적이라고 생각하는 것은 상식과 맞지 않는다. 삶에서 만나는 너무 많은 경험들이 좋은 것이다. 성서의 첫 번째 책에서, 신은 자신이 만든 것을 즐거워했고 그것이 기본적으로 선하다고 느꼈다. 나의 삶에서도 좋은 경험의 순간들이 있었고, 심지어 지옥 같은 상황에서조차도 선함이 있었다. 쥬이상스(희열)는 삶을 관통해 흐른다, 심지어 그것이 죽음의 쥬이상스일지라도 말이다. 그러나 비온의 작업은 편재한 파국적 감각에 주목할 것을 요청하면서, 그것이 인격을 구성하는 요소들 중의 하나임을 보여주는 표시로서 기능한다. 파국감에 대한 우리의 감각이 있다는 주장을 간과하는 것이야말로 파국적인 것이다.

현실은 우리의 방어의 문을 두드리고 있고, 필요하다면, 현실을 강요함으로써 방어의 문을 부순다. 우리는 비교적 성공적으로 상당 기간 동안 현실을 차단하고 상당 기간 동안에 걸쳐 그것을 조금씩 받아들일 수 있게 한다. 차단과 들임은 함께 작업하며, 우리가 잘 할 수 있는 범위의 것을 하도록 균형을 유지한다. 그러나 차단과 들임이라는 두 경향 중 하나가 고장이 날 수도 있다. 만일 차단이 너무 오랫동안 우위에 있게 되면, 현실은 주목받거나 이해받기 위해 더욱 열심히 일해야 한다. 이렇게 되면 사회적 및 개인적인 뒤틀림들을 포함하여 일정 범위의 파국적 사건들이 발생할 수 있다. 외상이 인격과 마음과 사회를 뒤흔든다. 그 혼합물(인격과 정신과 사회)의 어느 부분으로 들어가는 길도 유익한 출발점이 될 수 있다.

비온의 알파 기능은 침입(inroad)이라는 의미를 갖고 있다. 나는 1978년에 뉴욕에서 열린 그의 세미나에 참석했었는데, 누군가가 그에게 "당신은 왜 알파기능이라는 용어를 만들었습니까? 우리에게는 당신이 말하고자 하는 것을 묘사하는 다른 용어들—일차 과정이나 이차 과정과 같은—이 있지 않습니까?"라고 물었다. 비온은 "나는 일부러 의미가 없는 용어를 만들었습니다. 의미의 새들이 내려앉을 수 있는 일종의 둥지를 만든 것이지요"라고 대답했다. 그는 신선한 출발, 새로운 시작, 또는 최소한 우리가 누구이며 삶이 무엇인지를 바라보는 새로운 관점의 가능성을 원했다. 여기에는 다음과 같은 질문들이 내포되어 있다. "우리는 우리를 사로잡고 있는 것이 무엇이며 그것이 어떻게 사로잡는지를 정말로 아는가? 우리는 어떻게 사물들을 안으로 들이는가? 우리는 어떻게 우리 자신의 삶을 안으로 들이는가? 어떻게 우리 자신의 존재의 현실을 처리하고 그것을 우리 자신의 일부로 만드는가? 여기에서 '어떻게'라는 말은 기계적인 의미가 아니라, 우리의 현실, 우리의 조건에 대한, 그리고 특별히 우리 자신들과 삶에 대한 기본적인 반응들인, 정서적인 핵들의 구성물과 조직과 움직임에 대한 인식을 자극하고자 하는 의미를 담고 있다. 처리를 요하는 일차적 감각들은 정서적인 느낌들이다.

알파는 신체적인 방식을 포함해 여러 방식으로 작용한다. 신체적인 방식의 예는 야구선수가 멋지게 공을 잡거나 무용수가 스스로도 놀랄 정도로 멋진 동작을 해내는 순간에서 찾을 수 있다. 나는 이런 것을 마치 알파 몸(alpha body)의 한 채널이 열리듯이, 힘의 흐름과 솟구침이라고 부르고 싶다. 다른 날은 또는 몇 분 후에는 동일한 선수가 그 공을 놓칠 것이고, 동일한 무용수는 그런 멋진 동작을 해낼 수 없을 것이다. 다시 말해서, 그들의 몸은 그 순간에 베타 몸(beta body)이 되는 것이다. 비온은 몸의 경험과 의사소통에 관해 많은 글을 남겼는데, 그것들은 종종 다양한 신체기관들은 그것들 자체의 마음을 갖고 있으며(창자의 마음, 호흡의 마음, 성의 마음), 몸/정신의 지나친 이원론적 사고가 현실을 보지 못하도록 방해한다는 의미를 내포하는 것이었다.

비온은 분석적 사고(예컨대, 유클리드 기하학)와 이야기적 사고(예컨대, 꿈, 신화)가 알파작업의 일부일 수 있음을 주목했지만, 그는 그가 이름 붙이지 않은 제3의 종류의 알파에 더 관심이 있었던 것 같다. 그는 그것을 거꾸로 보는 관점과, 꿈 기억들이 나타남—사라짐에 비유했다(1992, pp. 223-4). 방금 이것이었다가 지금은 다른 것, 방금 여기에 있었는데 지금은 사라지고 없는 상태가 바로 그것이다. 비온은 또한 이 알파 형태를 편집분열적 자리와 우울적 자리의 상호작용에 연결시킨다: "알파-요소들은 응집되었다가 분리되며, 다시 응집되었다가 다시 분리되고, 모였다가 흩어지는 것을 반복한다. 그것은 응집성과 분리가 결코 관찰되지 않는 경험이다: 한 순간 알파-요소들은 응집력을 갖지만 다음 순간 그것들은 응집력이 없다"(ibid.). 이런 변동이 관찰되지 않는다고 말하는 것은, 식별할 수 있는 인식의 관점에서 볼 때 변동으로 보이는 것이 하나의 근저의 구조나 움직임의 일부일 수 있다는 일종의 신앙과 제안들을 내포하고 있다.

이전 작업(1986, chapter 4; 1992, 1995, 2009)에서 나는 구별-연합(distinction-union) 구조를 가정했다. 이 이중 경향성은 구별을 향한 심리적 움직임과 연합을 향한 심리적 움직임이 하나의 구조의 측면들을, 모든 경험의 단위 안에 있는 일종의 DNA/RNA를 구성하고 있다. 이것은 비온이 이중적 또는 역전이 가능한 관점과 비교한 알파 작업의 종류와 관련되어 있다. 몇몇 책들에서 (1986, 1992, 2009) 나는 임상작업에서 만나는 구별-연합 경향성들의 기능을 추적했다. 이 경향성들이 함께 모였다가 흩어지는 현상을 더 깊은 구조의 흐름들로 바라보는 것은 매 순간의 인식에 풍부함과 지혜의 정도를 더해준다.

비온은 우리가 여기에서 말하는 종류의 알파에 이름을 붙이지 않았지만, 그것이 매우 중요하다고 생각했다는 점에서 나는 그것을 일종의 작업상의 명칭으로서 "온-오프(on-off) 알파"라고 부르겠다. 그것은 지금 우리가 보지만 곧 보지 못하는 것을, 그리고 한 순간 이런 경험의 질이었던 것이 다음 한 순간 또 다른 경험의 질이 되는 것을 포함한다. 나는 현상학적인 이중성은 관찰되지 않는 미묘한 상호 엮임들을, 심지어 하나됨(거기에는 많은 하나됨의 특질들이 있을 수 있다)을 지니고 있다고 가정한다. 이 "구조"나 "움직임" 또는 "상태"는 광범위한 적용 가능성을 갖는다. 예컨대, 자기/비-자기, 신/비-신(no-God), 정신/비-정신, 존재/비존재, 가득함/비어있음, 구별/연합, 윤회/열반, 주의/비-주의, 말/말 없음 등이 그것이다.

비온은 창조적인 작업의 일부인 처리 양태를 다루고 있는데, 그것을 위한 공간을 만들지 못하는 실패는 능력들 사이의 전쟁으로 퇴화할 수 있는, 거짓된 선택들과 분단들에 갇히는 결과를 가져온다. 문화의 역사는 사고와 감정, 감정과 감각, 우위성을 다투는 하나의 능력과 다른 능력 사이의 싸움들로 가득하다. 서열의 맨 윗자리를 차지하려는 편향된 투쟁들은 공생적인 상호작용에 대한 인식을, 즉 서로 지원해주고 영양을 공급해주는 상황에 대한 인식을 저당잡는다. 그것은 한 인격의 내부와 집단들 사이에 있는 능력들, 그리고 더 큰 세계 안에 있는 기질과 관심을 특징적으로 보여주는 상황이다. 거의 모든 능력이 알파 혹은 베타 방식으로 기능할 수 있고, 알파를 손상시키는 반-알파 방식으로 기능할 수도 있다. 같은 능력이라도 주어진 상황 안에서 그것이 어떻게 사용되고, 어떤 가치를 지니고, 어떻게 작용하는지에 따라 달라진다.

알파 작업은 어려울 수 있으며, 비온의 용어로 말해서, 경험의 비극적 특질들과 구조들을 포함하는 고통의 경험을 요구할 수 있다. 그러나 필요에 의해서든, 관성에 의해서든, 비열함에 의해서든, 알파가 지나치게 폐쇄되는 것은 존재를 위해 필수적이고 핵심적인 특질들로부터 유리될 수 있는 위험이 있다. 지배를 통한 생존 투쟁은 역효과를 낳을 수 있다. 맨 꼭대기에 있으려는 의지는 근시안적이 되고, 보살핌과 친화적인 경향성을 평가절하함으로써 더 큰 맥락적 현실에 대한 인식을 왜곡하게 된다. 온-오프 알파는 두 가지 경향성 모두를 처리하려고 시도한다. 왜냐하면 지배와 협력적인 돌봄이 더 큰 현실의 부분들이기 때문이다. 하나를 바라보고 다른 하나를 이해하는 것은 사회생활을 특징짓는 두 가지 태도이다.

　알파는 어떻게 작용하는가? 이것은 비온이 알파와 같은 용어를 만드는 것을 통해서 계속 열려 있는 물음이다. 비온은 방법론에 대해 몇 가지 암시를 제공한다. 그는 정신분석적 태도를 신앙(Faith)으로 보고, 그것을 기억, 이해, 예상, 욕망이 없는 상태로 묘사한다. 기다림, 고요함과 동맹관계에 있는, 열려있는 태도는 인내를 요한다. 그는 그것을 하나의 진화적 도전으로, 경제적, 군사적, 가족적, 사회적인 분투에서 우리가 우리 자신에게 행하는 것에 직면해서 우리가 필요로 하는 능력으로 자리매김한다.

　종교적 신화들이나 초기 역사 기록들은 우리가 우리 자신을 위협하는 존재라고 말해준다. 다른 많은 현자들처럼, 성서에 나오는 예언자들은 사자가 양과 함께 눕고, 창칼을 녹여 쟁기를 만드는 세상을 노래하며, 예언자 미가가 언급하듯이, "정의를 행하고, 자비를 사랑하며, 겸손히 신과 함께 걸어가라"고 훈계한다. 그들의 목소리는 공격적인 자기중심적 경향성들이 더 넓은 협력의 필요들과 경쟁하고 있는 사회체계 안으로 돌봄의 강물을 흘려보낸다. 이 두 경향성 모두가 필요하다는 인식은 오랜 역사를 갖고 있다.

　살해는 사회적 삶의 필수적인 부분이어왔고, 지금까지도 우리는 우리들의 살인적 측면에 대해 어찌해야 할 바를 모르고 있다. 예언자들은 일인자가 되고자 하는 우리의 기질을 다스리지 못하는 데 따르는 파괴적 결과들을 두려워한다. 나는 강한 자들이 스스로를 죽이고 나면 온유한 자들이 땅을 차지할 거라는 농담을 말하곤 했다. 그러나 상황은 결코 그렇게 단순하지 않다. 과거의 학살에도 불구하고, 세계의 모든 것들이 서로에게 영향을 미치는 오늘만큼 우리 자신들에게 엄청난 손상을 가할 수 있었던 때는 없다. 정보와 상품의 교류를 위해 우리가 구축한 놀라운 체계들은 우리 모두를 서로의 계획, 비전, 행위에 노출시킨다. 어떤 이들은 지배를 생존의 주요 동기라고 보고 있고, 다른 이들은 협력에 기회를 주고자 한다. 우리가 협력의 능력을 사용하지 않는다면, 우리는 그 능력의 성장을 자극할 수 없을 것이다. 우리의 근육처럼, 심리적 능력들은 그것들을 사용하는 질을 통해 발달한다.

비슷하게, 비온이 기억도 기대도 이해도 욕망도 없는 상태라고 말한 정신분석적 태도, 또는 그가 신앙이라고 부르는 것도 마찬가지다. 그것은 불가능한 일일까? 필수적인 것일까? 탈무드의 말처럼, 우리는 그 일을 완수하지 못할 수도 있지만, 시작할 수는 있다. 비온이 서술한 것과 같은 태도가 존재하는 것인가? 그것은 개발할 만한 가치가 있는 것인가? 실제로 그렇게 해보라. 만일 햄릿이 진정으로 기다렸다면, 그리고 단순히 우유부단한 척하지 않았다면, 그는 복수의 윤리를 깨뜨릴 수 있었을지도 모른다. 어쩌면 그는 세대에서 세대로 이어지는 살해의 사슬을 끊어버릴 수 있었을지도 모른다. 우리는 그렇게 할 수 있을까?

비온의 작업 안에 있는 또 다른 가닥은 O 안에서의 변형이다. 그가 말하는 O는 궁극적 현실, 또는 어쩌면 단순히 현실을 가리킨다. 현실은 거대한 단어이고 하나의 더 큰 실재이다. 우리가 바라보는 모든 곳이 현실이다. 우리가 현실이다. 현실 밖의 존재를 생각할 수 있다는 것이 인간의 마음이 지닌 놀라운 재능이다. 마음은 현실을 무화시킬 수 있고, 비현실적인 것으로 느낄 수 있다. 우리는 비현실적이라고 느낄 수 있고, 그런 비현실적인 삶을 사는 것에 의해 고통 받을 수 있다. 비현실이 되거나 현실을 벗어날 길이 없기 때문에, 우리의 비현실적 삶과 그것의 고통 또한 현실이다. 우리는 현실적-비현실적일 수 있는 존재이고 실제로 그 둘 모두일 수 있는 놀라운 피조물이다.

한 환자가 내게 와서 함께 시간을 보낸 후 자신이 비현실감에 시달린다고 고백했다. 그것은 전적으로 비현실적인 것은 아니지만, 그녀의 가슴에서 복부에 이르는 부분에 한 조각의 빛 같은 것이 있다는 느낌, 또는 그녀의 존재 안에 일종의 비현실적인 틈새가 있다는 느낌이었다. 그녀는 그런 느낌이 언제 생겼는지 혹은 언제 그것을 인식했는지 기억하지 못한다. 그녀는 삶이 현실적이어야 한다고 느꼈기 때문에, 즉 가정을 이루고, 사랑하는 남자와 함께 살면서, 그녀 자신의 일을 가져야 한다고 생각했기 때문에, 결혼생활에서 그런 느낌은 더 심해졌다. 그녀는 내가 그녀에게 비현실감에서 벗어나라고 말해주고, 그것이 사라지게 해주기를 기대했다. 그녀는 치료를, 우리 두 사람이 힘을 합쳐서 그녀의 비현실감에 맞서고, 그것의 원인을 발견하고 상황을 호전시켜서 그녀를 현실적인 사람으로 변화시키는 일이라고 알고 있었다.

 그녀는 자신의 비현실감이 현실적이 아니라는 말을 듣고 싶어 했고, 우리가 그것에 대해 무언가를 할 수 있다는 말을 듣기를 원했다. 그녀의 소망이 결국에 실현될 수 있건 없건 간에, 우선은 내 안에 있는 무언가가 그녀의 비현실감의 현실성을 인정해주는 형태를 취했고, 나는 그녀에게 이런 말을 하게 되었다. "그 느낌을 그냥 느껴보면 어떨까요? 그 느낌과 그냥 함께 있어 보세요. 그것을 맛보고, 살펴보고, 그것이 무슨 말을 하는지, 어디로 향하는지 알아보는 겁니다. 그 느낌과 머물고, 그것을 돌보고 그것에 공간을 주는 시간이 필요할 것 같아요."

 지금까지 누구도 그녀에게 그런 말을 해준 적이 없었다. 그녀는 그것으로부터 도망치는 데 익숙해 있었고, 그것을 쇼핑, 아이와 집안 돌보기, 사소한 일들, 남편에게 분노 터뜨리기 등의 많은 활동으로 분산시키곤 했다. 비현실감을 느끼기 위한 시간을 갖는 것은 직관에 맞지 않는 것이었다. 나는 그녀에게 그녀가 두려워하는 것을 하라고, 그리고 그녀가 할 수 없는 것을 하라고 말하고 있었다. 그러나 그 생각은 그녀를 떠나지 않았고, 그녀의 방어를 내려놓게 했으며, 그녀의 마음을 끌었다. 아마도 하나의 시작이 그리 멀지 않았던 것 같다. 그리고 그 시작은 그녀가 마음속에 그려보았던 것이 아니었다.

내가 그녀에게 한 말은 온-오프 알파의 일부였을까? 그녀가 위치시키고 제시한 것을 무화시키는 반응이었을까? 나는 시작할 때 무언가를 위치시키고는 종당에는 그것을 무화시키는 베케트(고도를 기다리며)의 문장들을 떠올렸다. 위치시키기-무화하기는 사고, 말, 역사의 모든 수준에서 광범위하게 퍼져 있는 활동이다. 힌두교는 아트만이 브라만이라고 말한다(신과 나는 하나이다). 불교는 왜 나이고, 왜 신인가라고 말한다. 경험의 또 다른 영역이 열린다. 무화하는 것은 창조적이다. 위치시키기와 무화하기를 넘어가는 것은 창조적이다.

나의 환자는 말과 관련을 맺고 있었다. 말을 사용하는 치료가 내가 하는 종류의 치료이다. 그러나 거기에는 말없이 전달되는 것이 있다. 환자에게 새로운 하나의 정동적 태도가 즉각적으로 전달되고, 공간을 만들고, 머물며, 지속되는 느낌이 공허감에 대한 금기를 통과해서 흐른다. 말의 구성요소들이 중요했지만, 내면의 장애물이 걷힐 때 말이 없이 느끼는 것은 더욱 중요했다.

내적인 느낌은 "암시들", "넌지시 내비침들", "느낌들", "알려지지 않은 친밀함들과 겹치는 것들" 등과 비교될 수 있을 것이다. 그러나 무화 기능은 이런 것들조차도 지워버릴 수 있으며, 모든 것이 지워질 때 생겨나는 해방감조차도 지워버릴 수 있다. 그것은 얼마나 큰 행복인가! 그리고 그것조차도 …

우리는 얼마나 먼 곳까지 도달할 수 있을까? 우리는 O 안에서의 변형에 대해 무엇을 말할 수 있을까? 비온은 많은 것을 말하고 썼으며, 따라서 말의 가치를 끌어내리지 않았다. 그러나 말은—그것이 무엇이든 간에—말없음으로 들어가는 문이다. 비온은 의식적 경험을 꿈으로 변환시킬 필요를 포함해서, 우리 안에서 느껴지는 무의식적 처리과정에 대한 필요를 말한다. 의식적 경험을 꿈으로 변환시킬 필요는 종종 꿈 해석에 대한 분석가의 주장에 의해 모호해진다는 것이다(1994, p. 184). 이것은 아직 이미지 없는 변형은 아니지만, 그곳으로 가는 길에 있다. 힌두교에서는 지금 깨어 있는 삶에서 일어나고 있는 것은 과거이고, 꿈에서 일어나는 것은 현재이며, 이미지 없는 공허가 미래라고 말한다. 심지어 꿈들 안에도 구멍들, 열림들, 텅 빈 지점들, 공허의 전율이 있다.

엄청나게 많은 변형 작업이 꿈보다 더 깊은 현실에서 진행된다. 이따금씩 우리는 두려움, 인식, 또는 질문으로서 의식 안으로 떠오르는 이러한 변형적 작업에 대한 예감 또는 암시들을 갖는다. 어떤 점에서 비온은 언어적 사고와 진술들을 질문들로 간주한다(1994, pp. 190-191, 192-197). 말은 실존적 질문이다. 그 질문은 어떤 형태이건 우리 존재의 모든 수준들에서 반향되는 경험들을 나타낸다. 즉, 그것은 침묵, 기다림, 고요함 속에서 신의 소리를 듣기, 숨겨진 혹은 덜 숨겨진 방식으로 우리 자신의 현실성을 맛보기, 시에서 수학에 이르기까지의 다양한 차원들에서 만나는 경외감, 너그러움, 또는 사려 깊은 관찰 등의 다양한 형태를 띤다. 우리의 삶은 삶에 대한 하나의 질문이다. 그리고 하나의 감탄 지점이다.

비온은 특별한 시간으로서의 분석회기에 대해 말하며, 심지어 "내가 알지 못하는 것에 접촉할 수 있는 유일한 시간"이라고 말한다(1994, p. 214). 알려지지 않은 것과의 접촉이 회기의 토대이고, 말해진 것을 지원해주는, 회기를 통과해 흐르는 느낌이다. 아마도 현실 양태를 따르는 회기에서 알려지지 않은 것과 접촉하는 문제가 정신분석에 대한 두려움의 한 원천일 것이다. 공적 삶의 영역에서 우리는 마치 다른 사람보다 더 많이 알고 있는 것처럼, 심지어 잘 모르는 것을 아는 것처럼 행동해야 해야 하는 압력을 받으면서 살아간다. 알지 못하는 것에 토대를 둔, 정신분석과 같은 모험은 정말로 이상한 야수처럼 보이기 쉽다.

정신분석은 알려지지 않은 것에 토대를 둠으로써, 그리고 확실성이나 자신이 실제로 아는 것보다 더 많이 안다고 상상하는 것이 주는 매력에 저항함으로써, 모든 것을 뒤집어 놓는다. 비온은 소크라테스적 무지, 알 수 없는 것을 향한 몸짓으로서의 신앙, 그리고 다양한 동양과 서양의 열림의 순간들을 연결시킨다. O 안에서의 F(신앙)는 O 안에서의 T(변형)와 연결된다. 알 수 없는 현실 안에서의 말없고 이미지 없는 신앙은 현실 안에서 계속되는 말없고 이미지 없는 변형과 연결된다. 사고, 사회적 삶, 지향들, 그리고 믿음의 다양한 체계들은, 우리가 그것의 일부를 알고 있거나 알고 있다고 추측하거나 상상하는 창조적인 과정들로부터 생겨나는 화려한 색깔의 동물들과 꽃들처럼 자란다. 카발라의 알려지지 않은 무한한 신인 아인 소프(Ayin Soph)에 대한 번역 중의 하나는 무한한 무일 것이다. 유대교의 많은 예배의식들은 "신 이외에는 아무것도 없으며, 오로지 신만이 존재한다"는 내용의 노래로 끝을 맺는다. 때때로 우리가 창조성 자체(창조와 파괴를 구별하는 지점에 도달하지 않은 채)라고 생각하는 이 아무것도 없음은 하나의 신비로 남는다. 우리는 현실을 다룰 수 있는 것으로 만들기 위해 그 현실을 희석시키려고 노력한다. 그러나 우리들 중의 일부는 일정 시간 동안 그리고 어떤 사람들은 더 많은 시간 동안 알지 못하는 상태로 신비 자체와 현실이 행하는 모든 것에 대한 미각을 발달시킨다. 우리는 알 수 있는 능력도 없이 어떻게 신비를 맛보는가? 그것은 그 누구도 아직 고갈되지 않은 특별한 감각에 의해서, 그리고 다양한 형태 안에서 공유하고 앞으로 나아가기 위한 증언과 파트너로서 존재하도록 부름 받는 것에 의해서이다.

　신앙에 뿌리가 있다면, 신앙은 알지 못하는 것에 뿌리를 두고 있을 것이다. 그것이 알 수 없는 신이건, 앎에 대한 추구에서 끝없이 물러서는 상황이건 말이다. 불교는 궁극적 현실에 대한 경험을, 즉 지혜와 연합한 일종의 지식에 대해 말한다. 정신분석에서도, 경험을 넘어서는 이 경험은 진정한 것이다. 신앙은 그것이 수행자를 아직 발견해야 하고 충분히 살아내야 하는 도상에 머무르게 하는 방법론적인 신앙이든지, 아니면 신실한 태도, 자비, 충성된 삶을 연결시키는 목표 영역 자체 안에 있는 것이든 간에, 불교 경전의 한 주제이다. K(앎)와 F(신앙)가 구별되지 않는, 상호 양육적이고 상호 일치적인 상태가 있다. 비록 해리된 극단들은 사회적 및 개인적인 파괴를 발생시킬 수 있지만, 일상의 삶에서 K와 F는 서로 균형을 이루고 질문하고 자극한다. 거기에는 또한 서술할 것이 아무것도 없는 상태들, 즉 신앙과 앎이 접촉하고, 스치며, 맛보고, 그러고 나서 손을 들고, 고문당하는 것과 고문하는 것을 그만두고, 말없는 작업이 저절로 진행되도록 허용하는 상태들이 있다.

제 5 장

따르릉-찰깍, 출발-정지, 온-오프

    한 동료가 자신의 환자 P가 전화를 걸었다가 끊기를 반복한다고 내게 말했다. 따르릉-찰깍을 반복한다는 것이다. 이 일은 시도 때도 없이 일어났고, 잠을 깨울 정도로 늦은 시간은 아니지만, 거의 잠을 자야할 시간에도 종종 일어났다.

    나의 동료(C)는 당연히 화가 났다. 그녀는 거의 놀라움조차도 느끼지 못한다. 그녀는 도대체 그게 무슨 의미인지 아무런 생각이 없거나, 많은 생각들이 있지만 그것들은 단지 생각일 뿐이기 때문에 사실상 아무런 생각이 없는 것과 같다. 좌절의 순간에 그녀는 그 환자가 적대적이거나 늦은 밤의 활동을 방해하는 음란한 사람이라고 상상한다(얼마나 많은 아이들이 그들 부모의 늦은 밤놀이에 참여하고 싶어 하는가?).

    그녀에게는 그 따르릉-찰깍이 하나의 리듬, 일종의 출발-정지, 다가오고-멀어지는 리듬이요, 그녀의 환자의 삶을 특징짓는 더 깊은 리듬의 일부일지도 모른다는 생각이 떠오르지 않는다. 좌절이 그녀의 상상력을 물들인다.

    "hang"이라는 영어 단어는(hanging up에서처럼) 누군가를 로프

나 끈(위협)에 매달린 채 흔들리는 상태에 남겨둘 것 같은, 약간 불길하고 성가신 느낌을 준다. P는 C가 무엇에 매달려 있기를 원하고 있고, P는 무엇에 매달려 있기를 원하는가? 나는 어린 시절에 감정들이 자극된 바로 그 순간에 버림받았던 사람들을 생각한다. 또는 아기나 아이를 흥분시켜놓고는 갑자기 관심을 꺼버리는 부모를 생각한다. 자극이 고조된 직후에 절벽에서 떨어지는 패턴이 발생한 것이다. 정서적으로, 그 아이는 매달린 상태에 남게 된다. 그의 뜨거운 정서 위에 찬물이 끼얹어지고 그의 불꽃은 꺼진다. 출발-정지, 온-오프. 이 시나리오는 심리치료에서도 발생한다. 치료자는 환자의 의존을 발달시켜놓고는 정서적으로 사라져버릴 수 있다. 심리치료는 종종 가족 외상을 통과하는 것을 통해 얼마의 유익을 얻기를 희망하면서 그 외상을 재구성한다.

  P의 따르릉-찰칵 리듬은 접촉을 성취하고-깨뜨리는 능력에서 무언가가 잘못되었음을 강조하는, 그녀의 삶의 이야기의 압축판일 수 있다. 까꿍 놀이나 술래잡기는 상실되는 것과 발견되는 것, 있는 것과 없는 것, 보이는 것과 보이지 않는 것을 연습하는 활동이며, 정동이 떠오르고 지는 것, 채워지고 비워지는 것과 관련되어 있다. 어쩌면 P는 감정-감정 없음, 거기에 있음-없음과 유사한 어떤 것을 연습하고 있었을지도 모른다. 환자는 어디에 있는가? 치료사는 어디에 있는가? 감정은 어디에 있는가?

  우리가 이 문제에 관해 논의한지 삼 개월이 되었을 때, 전화는 더 이상 걸려오지 않았다. 왜 그랬는지는 모른다. 우리의 논의가 C의 무력감의 일부를 완화해주고 그녀가 보다 흥미로워하는 수용적인 공간에 마음을 여는 데 도움이 되었을까? 그녀는 P가 거의 영원처럼 느껴지는 반복되는 빗나간 만남의 느낌을 형성해낼 필요를 갖고 있다는 사실을 좀 더 이해하게 되었을까? 나는 C가 상황에 사로잡혀 있다는 느낌에서 좀 더 벗어났고 환자의 그런 행동이 전달하는 메시지와 소통을 좀 더 흡수할 수 있게 되었을 거라고 추측한다.

외국에 살고 있는 한 동료가 내게 한 환자를 의뢰했다. 그 환자는 내게 전화를 했지만 알아들을 수 없는 메시지를 남겨놓았다. 나는 그가 남긴 번호를 해독해서 전화를 시도했지만, 그 번호는 없는 번호였다. 나는 그가 하는 영어는 알아들을 수 있었지만, 그가 남긴 숫자는 잘못된 것이었다. 내가 계속해서 잘못 듣는 걸까? 나는 가능한 번호의 조합들을 시도해보았지만 소용이 없었다. 그가 계속해서 틀린 번호를 남기는 걸까? 이것은 거의 두세 달 동안 지속되었고, 나는 거의 포기 상태였다. 그때 그 환자를 의뢰한 동료가 내게 연락을 해왔고, 나는 그에게 나의 좌절감을 이야기했다. 나는 이 사례를 단념하려고 한다고 말했다. 그때 그 동료는 내게 "만약 그가 의사소통에 문제가 없었다면, 도움을 요청하지도 않았을 거예요"라고 말했다.

그 동료의 말은 내 마음을 풀어주었고, 나는 다시금 좀 더 개방적이 되었다. 실제로 의사소통의 어려움이 그 환자가 도움을 요청한 이유 중의 일부였다! 나의 동료는 내게 그의 전화번호를 알려주었고, 나는 그와 접촉할 수 있었는데, 그와의 작업은 그가 그의 고국으로 돌아갈 때까지 여러 해 동안 지속되었다.

나는 오십년 전 정신분열증 아동들과 작업하던 젊은 치료자 시절에, 점증하는 좌절과 분노에 관해 내 수퍼바이저에게 말했던 일을 기억한다. 그 중 한 아이는 특별히 나를 미치게 만들었는데, 나는 거의 폭발 직전이었다. 내 마음은 더욱 굳게 닫혔다. 당시의 "심리치료 언어"를 사용해서, 나는 내 도움을 거절하는 것을 의미하는 아이의 "저항"에 대해 말했다. 내 수퍼바이저는 눈도 깜박이지 않고 즉각적으로 말했다. "당신은 그 아이에 대한 당신 자신의 저항에 대해 말하고 있어요. 그것은 그의 감정에 대한 당신의 저항이에요." 나는 한 순간 분개심을 느꼈고, 그 다음에는 폭발했다. 하지만, 그게 정말일까? 그것은 알아볼 만한 가치가 있는 일이었다. 그때 치료에서의 과제는 나의 태도에 대해 작업하는 것이 되었다. 그리고 그 작업은 지금 이 순간까지 계속되고 있다.

내가 함께 나누고자 하는 최근의 전화 소통은 두 명의 동료가 "치료가 불가능하다"면서 내게 의뢰한 여성에 관한 내용이다. 그녀를 처음 본 순간, 나는 그녀를 좋아했다. 그녀는 마치 한 밤중에 조명에 노출된 작은 동물처럼 숨을 곳 없이 개방된 상태에 있었다. 그것은 그녀의 얇고 가볍고 투명한 피부에 관한 것이었다. 희미하게 흔들리는 나뭇잎의 떨림처럼 알아차리기 힘든 작은 떨림들 만이 있는, 거의 피부가 없는 반투명체의 그 모습은 "엷은 피부"라는 단어에 새로운 의미를 주는 것이었다. 그녀는 매우 민감했고, 지성적이고, 탁월하고, 예리한 사람 그 이상이었다. 나는 그녀가 그녀 자신의 우울증을 제외하고는 모든 것을 꿰뚫어 볼 수 있을 거라고 느꼈다.

그녀는 여러 해 동안, 성인으로서의 삶 내내 다량의 약물을 복용하고 있는 심하게 우울한 여성이었다. 그 당시 그녀의 정신과 의사들은 가끔씩 약물의 양을 조절하거나 종류를 바꾸는 것 외에는 별로 하는 일이 없었다. 대부분의 경우, 그녀는 자신이 필요하다고 생각되는 것을 사용했고, 간신히 그녀 자신을 돌보고 있었다. 그녀는 항상 무언가의 끝자락에 서 있었지만, 나는 그것이 무엇인지 말할 수 없었다. 그것은 죽음일까? 사라지는 것? 망각으로 가라앉는 것? 잠이 든 후에 다시 일어나지 않는 것일까? 살아 있는 동안에 의식이 없는 상태가 되는 걸까?

그러나 그녀는 기능했다. 대부분의 시간 동안 그녀는 일을 했고, 그 일을 잘 해냈다. 그녀는 판단력과 두뇌를 필요로 하는 책임 있는 지위를 갖고 있었다. 일이 끝나고 나면, 그녀는 집으로 돌아와 수면으로, 삶과 죽음 사이에 있는 오지(奧地)로 사라졌다. 나는 그녀가 어째서 겁이 많은 환자가 되었는지 알 수 있었고, 나 자신도 그것에 면역력이 없다는 것을 알고 있었다. 자신의 환자가 자살을 했을 때 행복해하는 치료자는 아무도 없다는 것을 나는 알고 있다. 나는 나의 마음이 이미 만약 그녀가 나의 돌봄을 받고 있는 와중에 자살을 한다면, 어떻게 할 것인가를 생각하면서, 그것은 어떤 치료사에게도 일어날 수 있는 일이고, 단지 운이 없었을 뿐이라는 등의 합리화를 위한 구실을 찾고 있다는 것을 느낄 수 있었다. 하지만 내가 그녀를 본 순간, 나는 그녀가 살 거라고 느꼈다. 그녀는 살아남는 사람이었다. 그녀는 헤밍웨이나 실비아 플래스의 뒤를 따르지 않을 것이다. 그녀는 우울증에 익숙해 있었고, 그곳에서 살고 있었다. 그러나 그녀는 결국 그 모든 것을 꿰뚫고 삶을 볼 수 있을 것이다.

우리는 2년간 계속해서 절벽 끝에 머물러 있었다. 나는 최선을 다했지만, 그것이 충분치 않다는 것을 알고 있었다. 그녀를 치료하는 것은 불가능한 일이라는 나의 동료의 생각이 옳다고 인정하기도 어려웠다. 나는 종당에 어떤 일이 일어날지 확신할 수 없었다. 그녀는 나와 말하는 것을 좋아했고, 나는 그녀와 말하는 것을 좋아했다. 많은 시간을 혼자 침대에서 보낸 사람치고는, 그녀는 많은 것들에 대해서 많은 것을 알고 있었다. 그녀가 우리의 만남에서 지원을 받고 있다고 느꼈을 때, 그녀는 내게 오는 것을 그만 두었다. 그녀는 얼마동안 그녀를 힘들게 했던 문제를 통과하고 나서 그녀가 알고 있고 살아왔던 혼자만의 삶으로 되돌아갔다.

약 한달 후에 나는 그녀의 이전 치료자들 중의 한 사람에게서 그녀가 지불하지 않은 치료비가 있다고 화를 내는 전화를 받았다. 그녀가 밀린 돈을 지불하지 않았고, 그의 전화들과 청구서들을 무시했다는 것이었다. 나는 개인적으로 그 치료사를 좋아했지만, 그가 청구서 문제로 내게 전화한 것은 의외라고 느꼈다. 나와의 관계에서 그녀는 항상 제때에 치료비를 지불했고, 그 일로 문제가 된 적이 없었다. 나는 묘한 위치로 내몰리고 있다고 느꼈고, 그에게 동정심을 느꼈지만, 내가 그를 도울 수 있는 것이 없는 것 같다고 말했다. 나는 우리가 이 여성에게 다른 종류의 감정을 갖고 있다는 것을 알 수 있었다. 어째서 나는 그녀를 좋아했고 즐거워했는지, 그리고 그가 왜 그렇게 화가 났는지에 대해서 나는 알지 못했다. 어쩌면 그가 더 정직했던 것일까? 아니면 우리가 그녀의 인격의 다른 측면들에 조율하고 있었던 것일까?

　이 전화를 받고 나서 몇 개월 후에 나는 그 동료 치료사에게서 또 한 번의 전화를 받았는데, 그는 이번에 미안하다는 말로 이야기를 시작했다. 그는 내 환자가 자살했다는 것을 알았고, 이 끔찍한 결과에 대해 연민의 감정을 갖는다고 말했다. 나는 멍해졌고 가슴이 철렁했다. 나는 끔찍스런 감정에 휘말렸지만, 내 안에서 그 말을 믿을 수 없다는 느낌이 자라났다. 그는 그가 최근에 보낸 청구서가 "사망"이라는 글자가 찍힌 채 되돌아온 것을 발견했다고 말했다. 전화를 끊은 다음에, 당황스런 느낌이 점증했지만, 어쨌든 끔찍스러웠다. 그 주간 끝 무렵에 나는 "그녀가 살아있다"는 빛처럼 명료하고 필연적인 느낌과 함께 잠에서 깨었다. 그 일은 안개가 걷히듯, 순식간에 일어났다.

　내가 이 일을 그동안 억압되어 있던, 그의 첫 번째 전화에 대한 나의 첫 반응들 중의 하나, 즉 "나는 그 말을 믿지 않아"라는 생각과 연결시키는 데는 며칠이 걸렸다. 나는 마침내 복도를 지나가는 동안 끔찍스런 느낌이었고, 불신의 느낌이 떠올랐으며 그래서 그의 말을 제쳐버렸다고 기억할 수 있었다. 그때 나는 안도의 미소를 억누를 수 없었고, 또한 그녀가 나의 동료에게 "장난"을 쳤다는 것을 깨닫고는 웃음을 금할 수 없었다.

아침이 되어 나는 그녀의 아파트로 전화를 걸었다. 누군가가 수화기를 들었고, 내가 "여보세요"라고 말하자 전화를 끊었다. 몇 분 후에 내 전화기가 울렸고 내가 응답하자 다시 끊겼다. 그녀는 자신이 잘 지내고 있고 내 동료를 속였다는 사실을 내가 알 수 있게 해주었다.

나는 편히 앉아서 삶의 우여곡절에 대해, 그리고 그런 의사소통의 형태가 가능하다는 사실에 대해, 내면의 미소를 보냈다. 나는 그녀가 괜찮다는 사실을 알고는 안도했다. 하지만 내 안에 있는 어떤 것은 그 사실을 이미 알고 있었다. 나는 이 따르릉-찰깍 소통을 통해 우리 사이에 존재하는 무언가를 느꼈다. 우리가 함께 보낸 시간은 가치 있는 것이었다. 우리는 일종의 접촉을 이루었고, 서로를 돌보았으며, 깊이 비극적인 장소들 안에서 우주에 대한 희극적인 관점을 공유했다. 그 순간의 여파를 나는 지금도 느끼고 있다.

출발과 시작: 비온의 사례

비온의 임상적 묘사들은 종종 내가 출발-정지(따르릉-찰깍)라고 부르는 경향성을 예시하고 있다. 여기에서 다루는 사례는 비온의 저서 「숙고」(Cogitations, 1994, pp. 218-221)에 실린 "분석가의 오디세이"라는 글에서 가져왔다.

비온은 다음과 같이 시작한다: "환자는 문으로 와서는 다른 데를 바라본다 …" 이것이 그의 임상적 서술의 첫 마디이다. 그것은 이미 정신증 환자와, 많은 환자들을 위한 하나의 성취이다(비온의 작업은 정신증, 정신증적 상태, 그리고 개인들과 사회 안에 있는 정신증적 태도에 깊은 관심을 갖고 있다). 실제로 치료에 오기, 치료를 추구하기, 치료자를 찾고, 치료에 계속해서 오기, 이런 일은 많은 사람들에게서 일어나지 않는다. 자신들이 필요로 하는 것을 추구하지 않는 사람들, 또는 그것을 사용할 수 없는 사람들, 또는 도움을 받기도 전에 떠나가는 사람들이 세상에는 많이 있다. 환자가 치료에 오고 계속해서 온다면, 우리는 그 환자와의 게임에서 이미 우위를 차지하고 있는 것이다.

그는 와서 다른 데를 바라본다. 그는 오지만 접촉을 끊어버리고, 접촉이 형성되도록 허용하지 않는다. 그에게는 오는 것이 그 순간에 할 수 있는 전부이다. 더 많은 접촉을 하는 것은 감당할 수 없다. 그/그의 몸은 너무 많은 부담 없이 거기에 있을 수 있는 길을 찾는다. 그곳에 나타난 다음, 이어서 시선 접촉을 하는 것은 그가 감당할 수 있는 것을 넘어선다. 환자는 과도한 스트레스를 받지 않기 위해 접촉하고 가까이-멀리 가는 그의 감수성을 조절하는 방법을 발견한다. 그는 "의도를 갖고서" 다른 데를 바라볼 수도, 그렇지 않을 수도 있다. 그것은 너무 많은 일이 발생하지 않도록 자동적으로 물러서는 반사반응 같은 것일 수 있다. 즉, 일종의 안전장치일 수 있다.

나는 그가 다음 발걸음을 옮기고 실제로 치료실로 들어서기 위해서는 자극을 완화시킬 필요가 있었을 거라고 추측한다. 다른 데를 바라보는 것은 너무 많은 것을 기대해서는 안 된다는, 너무 많은 요구를 해서는 안 된다는 메시지를 전달한다. 그것은 부분적으로 분석가를 지워버리는 것이요, 마치 분석가가 거기에 있지 않은 것처럼 취급하는 것이라고 혹자는 말할 수도 있다. 그 말은 부분적으로 진실일 수 있다. 하지만 그 자신이 거기에 있는 것을 지탱하기 위해서 부분적으로 분석가를 지워버리는 것일 수도 있다. 이 경우, 접촉을 끊는 것은 감당할 수 있는 한 조각의 접촉을 허용하는 방식이다.

많은 것들이 처음 순간들에 발생하는 것이 사실이지만, 우리는 이미 출발-정지, 전진과 후퇴의 패턴이 작동하고 있음을 알 수 있다. 비온의 환자는 손을 내밀어 악수를 청하지만 그 손에는 아무 힘도 들어있지 않다. 그는 말하기를 시작하지만, 할 말이 별로 없다고 말한다. 그의 장갑들은 서로 짝이 맞지 않는다. 그는 단정치 못하고 더러운데, 그것은 함께 있는 것이 가능하도록 충분한 거리를 보장해주는 일종의 자기-돌봄의 결핍과도 같은 것이다. 긴장이 발생하고 불안을 느끼면, 그는 자신의 한쪽 손을 바라보면서 마치 그것이 다른 사람의 손이라도 되는 것처럼, 또는 하나의 환각인 것처럼 그것의 움직임을 좇는다. 긴장이 가라앉고, 그는 편한 자세로 가슴에 손을 포갠 채, 잠들 준비를 마친다.

비온은 어느 정도 신빙성을 갖고 함께 출현하는 이미지들 또는 행동들을 일컫는 데 항구적 결합(constant conjunction)이라는 용어를 사용한다. 그것은 마치 초인종을 누르고는 다른 데를 바라보는 행동, 말하기-조용해지기, 긴장과 고통의 느낌이 떠오르고는 다시 사라지고 없어지기 등과도 같다. 긴장(tension)과 초연함(detachment)의 결합은 사람을 상황에서 추상화시키고, 그가 느낄 수 있는 감정으로부터 분리시킴으로써 마치 고통이나 잠재적 고통이 거기에 존재하지 않는다고 암시하는 것으로 보인다. 이 경향성들—느끼고 느끼지 않는, 또는 거의 느끼고 느끼지 않는—의 연합은 제2의 본성, 만성적 상태, 스스로 굴러가는 "습관"의 연쇄와 같은 것이 된다.

비온은 그의 환자들의 "안색이 신체적 고통을 표현한다"는 사실을 주목한다(p. 218). 그리고는 환자가 환각을 통해 사라지게 하는, 신체적 긴장을 서술한다. 잠시 후에 비온은 의자에 앉은 상태에서 조금 움직이고, 그의 환자는 마치 비온이 그를 견딜 수 없을 정도로 두렵게 했거나 또는 심지어 그를 가격하기라도 한 것처럼, 격렬해지기 시작한다. 그의 태도는 극심한 고통을 표현한다.

예리한 감수성은 무디어지기와 짝을 이룬다. 순간적으로 고조된 자극은 잦아드는 성향과 함께 간다. 그것은 마치 그의 환자의 심리-신체가 만성적인 경련 상태에 있다고 말해주는 것 같다. 스스로를 움켜쥐고, 매듭을 만들고, 자기 목을 조르는 행위가 축 처지고, 자신을 놓아버리는 행위와 짝을 이룬다. 깜짝 놀라는 반응—거의 예리한 고통을 흉내 내는—은 방어나 자원이 없이 예리한 고통과 부딪치는 충격의 순간들을 가리키며, 그것들은 시간과 함께 죽는다. 신체는 끊임없는 정서적-신체적 고통을 만성적으로 지워버리는, 해소될 수 없는 고통, 갑옷을 입은 그것의 긴장, 경고를 위한 묘지가 된다.

다시금, 환자는 말하려고 시도한다. "내가 말하려고 하는 것이 있어요." 그리고는 말이 없다. 나는 그의 존재에 대한 무엇, 그의 정신이 말할 필요가 있는 것, 그의 삶의 진실에 관한 것, 그 자신으로 존재한다는 것이 어떤 것인지에 대해 그가 말하고 싶은 것이 있다는 것을 느낀다. 그러나 존재의 외상은 말로 표현될 수 없다. 그것의 조각들이 파편적으로, 앞부분과 뒷부분이 잘린 채, 드러날 수 있을 뿐이다. 우리는 그의 존재가 질식 상태에 있다는 것을 느낀다.

정신신체적 긴장이 몸짓과, 목표와 타이밍이 빗나간 산만한 말의 파편들에 의해 간접적으로 표현되는, 고통의 핵을 둘러싸고 고조되고 가라앉는 하나의 그림이 출현한다. 그 회기의 삶 또는 진실은 빗나간 정신, 빗나간 신체, 빗나간 탄생이었다.

또 다른 회기에서, 환자는 "잔디를 자르는" 사람들에 관해 말하면서, "차 맛이 정말로 끔찍스러워요," "나는 집도 없이, 차밭이 사방에 널려 있는 것을 용납하지 않겠어요"라고 말한다. 비온은 "그 환자의 마지막 말이, 자신을 표현하지 못하는 무능력에 의해 형성된 제한장벽을 깨뜨리려고 시도하기라도 하듯이, 일종의 절박함을 담고 있다"고 말한다(p. 219). 그가 자신을 표현하는 능력은 그를 다른 사람과 연결시켜주는 고리의 역할을 하고 있었다.

잘라내기(cutting)는 외상적 고통을 언급한다. 일상 회화에서 사용되는 말 중에는 잘린다, 자르다, 쳐내다 등이 있는데, 이것들은 상처의 언어의 일부이다. 프로이트는 말이나 표정이 "안면에 강타를 날리거나" "심장을 찌르는" 것처럼 느껴질 수 있다고 말하는 맥락에서, 이 언어적 흐름에 대해 주의를 환기시킨다. 그는 이것은 단지 은유적인 것이 아니라, 신체에 영향을 미치는 진정한 정서적 고통을 말한다고 언급했다.

비온의 환자는 자르다, 끔찍스런 맛, 집이 없음 등과 같은, 정서적 고통과 정서적 양육의 실패에 대해 말해주는 발작적인 상처의 언어를 사용한다. "나는 용납하지 않겠어요"라는 말은 또한 그가 그것을 견딜 수 없다는 것을 암시한다. 그는 의지의 이미지로 무능력을 포장하려고 시도한다. 그는 존재의 고통, 잘린 것, 정서적인 집의 결핍, 그의 삶의 끔찍스런 맛을 견딜 수 없다. 비온은 그것이 단순히 상처의 고통을 견디지 못하는 무능력뿐만 아니라, 다른 사람에게 자신의 고통을 의사소통하는 방법을 발견하지 못하는 어려움, 즉 의사소통 과정 안에 있는 희망 없는 허망감에 의해 형성된 장벽을 깨뜨리지 못하는 무능력 때문이라고 덧붙임으로써 무능에 대한 우리의 감각을 심화시킨다. 개인의 의사소통 시도들은 그의 벗어나고 싶어 하는 상처를 악화시킨다.

절망, 헛된 분노, 잘라내기와 돌아서기는 자신의 감정들, 자기 자신, 다른 사람과 온전하게 연결하는 능력이 빗나가거나 손상된 데 따른 결과이다. 어쩌면 그것을 용납할 수 없다는 감각이 하나의 연결고리로서 기능하는 것일 수도 있다. 나는 그것의 연결을 용납할 수 없다는 말은 여러 번 제거된 적이 있는 견딜 수 없는 고통을 표현하고 완화시키는 것을 간접적으로 표현하는 것일 수도 있다.

또 하나의 회기에서, 비온의 환자는 웨이트리스가 자신을 기다리게 하는 바람에 격노하게 되는 한 사건(실제의, 상상 속의, 환각적인?)에 대해 보고한다. "나는 단순히 그곳을 박살냈어요. … 오, 닥쳐. 닥쳐, 이렇게 말해요. 닥쳐 … 나는 무언가 잘못한 게 분명해요." 환자는 그 회기를 낭비했고, 말해야 할 중요한 것이 있다고 하면서 질질 끌었고, "닥쳐, 닥쳐"라는 말로 이야기를 끝냈다.

회기 안에는 격노-닥쳐, 중요한 것-낭비된 것, 최대-최소의 정서 등과 같은 얼마의 항구적 결합들이 있다. 우리는 우리의 정신, 신체, 존재를 통해서 입 닥치라는 말을 느낀다. 그것은 "저리 가! 저리 가!"라고 비명을 지르는 것과도 같다. 프로이트는 너무 많은 감정, 강도, 그리고 자극이 범람하는 것으로서의 일차적 외상을 말한다. 소리의 볼륨을 낮추고, 필요하다면, 아예 끌 필요가 있다. 문제는 우리가 감정들을 닫을 때 우리 자신들도 닫힌다는 데 있다.

이 닥치라는 포괄적인 말은 누구 또는 무엇을 향해 있는가? 웨이트리스(돌봄과 양분의 원천인 어머니)인가? 분석가인가? 아니면 좀 더 깊은 차원에서, 환자 자신인가? 그것은 존재의 격노를 관통해 흐르고 있다. 우리는 우리의 신체를 옥조이고, 단단히 움켜쥐고, 삶을 경직시키는 벨소리를 느낀다.

그 중심에 무언가 잘못된 것이 있다. 무언가 잘못되었다는 느낌이 환자의 삶을 관통해 흐르고 있다. 비온은 가슴에 무언가 잘못되었다는 말없는 감각, 만성적인 얼어붙은 비명에 대해 묘사한다. 그 회기는 소리 없는 비명이었다(Bion, 1970).

비온은 그 자신의 좌절에 관해 말한다. 그가 말하는 어떤 것도 차이를 만드는 것 같지 않다. 우리는 좌절 자체가 환자가 의사소통하고 있는 정서의 일부이며, 비온이 그것을 전달하고 있다고 결론을 내릴 수밖에 없다. 여기에서 좌절은 연결고리로서 작용한다. 비온이 말하듯이, 환자는 자신이 이해할 수 없고, 그것에서 배울 수 없는 정서적 경험을 강요받는다. 그 경험의 일부는 정확히 변화와 배우기가 명백하게 결핍된 것이다. 비록 그런 경험과 함께 머무는 것을 배우는 것은 이미 배우기의 끝자락을 붙든 것처럼 보이지만 말이다. 우리는 배우기가 가능해보이지 않는 경험들과 머무는 것을 배우고 있다.

비온은 그의 뉴욕 세미나(1978)의 끝부분에서, "여러분은 최소한 나와 같은 환자를 갖는 것이 어떤 느낌인지를 알 겁니다"라고 말했다. 그는 어렵다는 느낌에 머무는 것이 얼마나 중요한지를 말한다. 위에서 소개한 환자의 경우, 아무 데도 도달하고 있지 못한다는 느낌과 정서적 벽이 있다는 느낌에 머무르는 것이 중요했다. 뉴욕 세미나를 끝내면서, 비온은 이런 말을 했다. "이처럼 우리의 시간을 함께 보내는 게 즐겁다는 사실이 흥미롭습니다." 그리고 여기에서 다룬 임상사례의 끝부분에서, 그는 이렇게 말했다. "사실 우리를 연결시켜주는 것은 견뎌내기, 공고함, 인내심, 분노, 동정심, 사랑입니다"(p. 220). 나는 이 말이 환자와 분석가가 함께 겪어나가는 모든 것을 의미한다고 추측한다. 그 중심에 좌절이 있다면, 그것은 많은 색깔들을 지닌, 여러 해 동안 환자를 지배해온 좌절일 것이다. 그리고 비온은 그 좌절의 중심에 사랑이 있다고 고백한다.

비온은 환자가 말하는 것의 많은 부분이 그들을 연결시켜주는 것, 함께 벽에 머리를 부딪치게 해주는 연결에 대한 언급으로 들을 수 있다고 말한다. "무언가 잘못된 것," 그것은 그들의 관계, 그들이 함께 창조하는 워크숍의 일부요, 그들이 함께 삶의 고통을 응시하고, 계속해서 응시하고, 함께 살고, 살아내는 페트리 접시(세균 배양용)이다. 비온은 무언가가 존재를 질식시키고 있다는 것을 말하고 있고, 그것의 이름을 붙이거나 그것을 질식시키지 않은 채, 우리를 질식케 하는 것을 위한 공간을 열고 있다.

다른 한 환자의 경우, 그는 연결되지 않는 구절들, 이름들이 범람하는 바람에 말을 멈출 수 없다. 비온은 "본질적인 느낌은 그가 그것으로 아무 것도 만들 수 없다는 것"(p. 221)이라고 말한다. 하지만 비온은 그것으로 무언가를 만들어냈다. 그는 그 환자의 연결되지 않은 범람을에 대해 "사람 살려! 물에 빠졌어요. 인사하려고 손을 흔드는 게 아니에요"라는 외침이라고 요약했다.

"사람 살려! 물에 빠졌어요. 인사하려고 손을 흔드는 게 아니에요." 이것이 본질적으로 말하는 것은 많은 변형, 우회, 위장을 거쳤지만 여전히 경련으로서의 언어로 환자의 신체 안에 살아있는, 고통에 관해서이다. 그는 마치 홍수에 떠내려가는 사람이 통나무를 붙들고 있듯이 자신의 말을 붙들고 있다. 말들이 홍수의 일부라는 점에서, 그 말은 침체되어 있다. 정서적 고통이 신체 안에, 언어 안에 얼어붙어 있다. 그것은 화석화된 상처로서의 신체와 말이다. 정신증적 의사소통은 깊은 의미의 단서들을 담고 있을 수 있지만, 그것은 또한 SOS요, 주체가 더 이상 접근할 수 없는, 오히려 그것이 그에게 접근해오는 고갈된 비명이다. 환자와 분석가는 침체 상태의 칼날 위에 서 있다. 그것을 함께 견뎌낼 때 새로운 역량의 작동을 불러온다.

온-오프 경험

비온은 경험을 기록하고 처리하기 위해 사람들이 시도하는 몇 가지 방식들을 말한다. 두 가지는 우리에게 친숙한 것들이다. 꿈들과 논리적 연결들에서 볼 수 있는 이야기적 연쇄들(narrative sequences)과 유클리드 기하학에서 볼 수 있는 분석이 그것이다 (p. 224). 그밖에도 그는 경험을 경험하고 처리하는 세 번째 양태를 서술하는데, 우리에게 친숙하지 않은 이것을 나는 온-오프 양태의 생각하기 또는 느끼기, 또는 경험하기라고 부른다. 그는 그것을 역전 가능한 관점, 즉, 관점에 따라 하나의 그림 안에서 아름다운 여인이 다음 순간에 해골처럼 보이는 현상과 비교함으로써 설명한다. 우리가 바라보는 동안, 우리가 보는 것은 변하고, 다시 변한다. 이것으로 보였던 것이 저것으로 보인다. 그는 이것을 한 순간에 기억했던 꿈이 다음 순간에 사라지는 것과 비교한다. 또는 다시금, 이것은 경험의 요소들을 연결시키고, 분리시키는 일이 계속되는 것이라고 말한다. 지금 X가 여기에 있지만, 다음 순간의 지금은 Y가, 다른 조직 패턴들이, 다른 경험의 가능성들이 여기에 있다.

그것은 광범위하게 적용되는 처리 양태이다. 예컨대, 자기-비자기, 텅 빔-가득함, 형태-형태 없음, 열반-윤회, 있다-없다, 묶기-풀기, 신-신 없음 등이 그것이다. 마음 또는 정신은 마치 눈을 깜박이는 활동이라도 하는 것처럼, 열고-닫고, 한 순간 보고 다음 순간 보지 않는다. 출현하는 것의 경험 안에는 사라짐이 내포되어 있고, 그 역으로도 마찬가지이다. 이것은 창조적 리듬의 일부이다.

이 과정에서 무언가가 느닷없이, 번개가 치듯이, 섬광, 직관이 출현할 수 있다. 그런 말들은 그런 순간 자체에 비하면, 답답하게 느껴진다. 우리는 경험의 온-오프 리듬 안으로 들어가기 위해 성장하고, 그것을 위한 공간을 만들 필요가 있다.

우리 자신의 존재는 한 순간 더 많은 존재의 느낌으로, 다음 순간 더 적은 존재의 느낌으로, 다가갔다가 멀어지면서 깜박거릴 수 있다. 때로 이 깜박임이 매우 느리고, 지각이 불가능하기도 하지만, 그 때에도 그것에 대한 암시들은 나타날 수 있다. 많은 정신증적 개인들은 치료가 특정한 지점에 도달할 때, 시체들이 되살아나는 꿈을 꾼다. 시체들이 생명의 신호를 보일 때, 뼈들 또는 관절들이 삐거덕거리며 서서히 움직이기 시작한다. 꿈속에서 삐거덕거리는 소리가 들리고, 꿈 이야기를 들으면서 그런 소리가 들린다. 부식된 뼈들이 움직이기 시작하는 것이다. 환자가 그런 이야기를 할 때, 우리는 그것을 느낀다. 온-오프, 삶-죽음의 리듬이 출현하기 시작한 것이다.

이 생각하기, 느끼기, 경험하기, 존재하기의 형태를 탐구하는 것은 그 자체로서 가치 있는 일이다. 여기에서 나는 단지 그것이 존재한다는 것과, 내가 여기에서 다룬 사례들의 경우에 그것이 중요성을 갖는다는 사실을 지적하고 있다. 모든 사례들은 출발-정지 경향성을 보여준다. 종종 출발-정지, 온-오프 리듬은 정체되고, 얼어붙고, 경직된다. 그러나 시간이 지나면서 움직임이 발생할 수 있다는 점에서, 완전히 죽은 것은 아니다.

나는 접촉을 위해 손을 뻗지만 그러한 손 뻗기를 지탱할 수 없는 사람에 대한 생생한 이미지를 보여주기 위해 따르릉-찰칵의 예를 골랐다. 안녕하세요-안녕히 가세요, 따르릉-찰칵은 안녕이라는 말조차도 할 수 없는 사람에 대해 말해주는데, 그것은 우리가 상상하는 것보다 널리 퍼져있는 과정이다. 무언가가 시작되고 (느낌, 사고, 감각, 직관, 계획, 관계), 중단되고, 꺼지며, 정신적으로 사라진다. 정지-출발, 있다-없다의 리듬은 창조적 삶의 일부이다.

정지-출발/온-오프 과정들을 여러 번 반복하면서 경험의 전체 호 (arc)를 가로질러 그것을 꿰뚫어보는 것은 무엇을 의미하는 걸까? 그것은 그 경험 안으로 들어가기 위해 성장하고, 그것과 함께 성장하며, 그것과 자신을 위한 자리를 만드는 일을 요구할 것이다. 다시 말해, 경험적 움직임이 지닌 출발-정지/온-오프 특질에 대한 감각의 성장을 필요로 한다. 그것은 마치 가족의 성장이 그러하듯이, 성장에 성공/실패하거나, 여는 것-닫는 것, 온-오프 사이에서 깜박거리면서, 예술작업이나 관계에 머무른다. 여기에서 필요한 유일한 작업은 온-오프 사이에서 깜박거리는 자기 자신의 전개과정(unfolding)과 함께 머무는 것이다.

비온의 사례들은 마치 인격이 자체의 생명을 벗어버리면서 겨우 살아있는 화석화된 패턴이 된 것처럼, 온-오프 리듬이 빗나가고, 무언가에 끼어 꼼짝 못하고 있고, 어떤 점에서 사산된 생명들에 대한 예리한 묘사들이다. 그들 안에서 어떤 느낌이라도 출현할 경우, 그것은 곧 거대한 "입 닥쳐"를 만나게 된다. 삶의 소리가 조금이라도 커지면, 그것은 그 소리를 끄라는 신호를 촉발한다. 삶에 대한 온과 오프, 삶이 켜졌다는 암시들과 삶이 꺼졌다는 암시들이 있다. 그러나 여전히 하나의 삶의 핵 요소가 치료의 사산을 뚫고 나와 "살려주세요! 물에 빠졌어요 …"라는 비명을 지른다.

"살려주세요! 물에 빠졌어요 …" 이것은 크고 명료한 소리들을 꿰뚫고 들려오는, 얼어붙은 회오리바람으로부터 오는 작고 조용한 소리다. 그것은 치료에 대한 SOS요, 아무리 질식당하고 죽은 상태에 처했다고 해도, 살아야겠다는 원초적인 투쟁이다. 비온은 그것을 포착해서 우리와 함께 나눈다. 그것은 그 또는 우리가 해답을 갖고 있어서가 아니다. 각각의 문제들은 각기 다른 해답을 요한다. 그러나 최소한 우리는 우리가 무엇과 맞서고 있는지에 대한 더 나은 감각을 갖고 있고, 어쩌면 우리 자신들의 온-오프 경험이 제 역할을 하도록 허용할 수 있을지도 모른다. 모든 치료에서 매 순간 그리고 얼마 동안 사라지는 것을 살아내고 그것에 관해 더 많은 것을 배울 수 있는가에 우리 자신의 탄생이 달려 있다.

제 6 장

고통과 아름다움의 눈물: 혼합된 목소리

커트(Kurt)는 내 사무실에 들어오는 것에 대해 양가감정을 갖고 있었다. 그의 머뭇거림은 그가 첫 약속을 정할 때 나타났다. 수개월 동안 그는 전화를 걸었다가 끊기를 반복했고, 이해하기 어려운 음성메시지와, 연결이 되지 않는 전화번호를 남겨놓았다. 마침내 어떤 은혜의 작용 혹은 마음의 다행한 움직임에 의해서 우리는 접촉했다.

약속시간이 10분 지나서 우편함을 확인하려고 나갔을 때, 나는 그가 문밖에 서 있는 것을 발견했다. 스스로 걸어 들어오거나 벨을 누를 수 없었던 것이다. 그는 나와의 전화통화에서 바깥쪽 문을 잠그지 않는다는 것과, 대기실로 들어올 수 있다는 것을 알고 있었다. 그는 왜 자신이 거기 서 있었는지, 마비되어 있었는지, 거기 서 있기를 원했는지 그리고 원하지 않았는지, 도망치고 싶었는지, 건물에서 나와 안도감을 느낄 수 있는 길거리로 가려고 했는지 등에 대해 말할 수 없었다. 그에게 있어서 길을 걷는 것은 자유를 뜻했다.

사무실에 들어왔을 때 그는 나를 엄숙하게 쳐다보면서 반복해서 말했다. "가장 단순한 종류의 명제, 즉 기본적인 명제는 현 상태의 존재를 주장하는 것입니다."

"당신은 여기 있군요"라고 내가 말했다. 나는 비록 확신이 서지는 않았지만, 현 상태의 존재를 주장하는 것이 그의 기본적인 명제일지도 모른다고 생각했다.

나는 그가 한 말이 「Tractatus」에 나오는 비트겐슈타인(Wittgenstein)의 말이라는 것과, 내 안에 있는 무언가가 그것을 그의 존재에 대한 탐구라는 의미로 해석하고 있다는 것을 알았다. 나의 마음은 그가 어떤 기본적인 접촉을 갈구하고 있고, 그러한 접촉에 대한 두려움과 허기를 갖고 있다고 추측했고, 바로 그 접촉을 중재하기 위해 내가 여기 있다는 것을 생각해냈다. 또한 나는 이러한 나의 사고가 정신분석적 환상이라는 것을 알고 있었다.

나는 "당신은 여기 있군요"라는 나의 말이 그에게는 위협인 동시에 해방이었음을 나중에 알았다. 여기 있다는 것은 거리에 있지 않다는 것을 의미했다. 여기 누군가와 함께 있다는 것은 잠재적으로 숨 막히는 것이다. 그는 치료를 자신을 훔쳐가는 침범으로 상상하고 있음이 분명했다. 그는 창문의 블라인드 틈새를 통해 걸어가는 사람들의 단편들, 거리의 소음, 자동차들, 목소리들, 아이들과 부모들, 휴대폰으로 말하는 소리, 햇살과 그림자들과 같은 길거리 삶의 편린들을 엿볼 수 있었다. 창문 밖의 삶은 그를 편안하게 했다.

"내가 여기 있다는 것이 나에게 어떤 의미인지 아시지요?" 그는 조용히 말했다. 우리는 서서 서로를 바라보았다. 그의 시선은 나에게 초점을 맞추고 있는 것 같았다. 그의 눈빛은 마치 나를 과녁의 표적인 것처럼 주시하고 있었다. 어떤 함정에도 빠지지 않기 위해, 여전히 날카롭지만 정착하지는 않은 채 눈에 비치는 모든 것을 주시하고 있었다.

"당신은 내가 여기 있을 수 없다는 것을 아시죠?" 그는 울음을 터뜨릴 것 같은 목소리로 말하고는 돌아서서 문을 바라보았다. 그는 밖으로 뛰쳐나가려고 했을까? 내 사무실로 들어와 자리에 앉는 것은 철창에 갇힌 사자가 되는 느낌이었을 것이다. 나는 가만히 있었다.

그는 안쪽 방인 상담실 문을 바라보았고, 안쪽을 향해 몸을 약간 돌렸다. 나도 그와 함께 돌아섰다. "감사합니다"라고 그가 말했다.

***

한 달 후에 그는 이렇게 말했다(우리의 첫 만남의 순간에 대해서). "선생님이 비트겐슈타인의 인용문을 알고 있으면서 그것에 대해 아무런 말을 하지 않았다는 것이 인상적이었습니다. 선생님은 내가 여기 있다고 지적했고, 명제를 넘어서는, 행동 안에 있는 명제를 지적했지요. 선생님은 나를 곤경에서 벗어나게 했습니다. 선생님은 나를 전혀 방해하지 않았습니다. 그 첫 번째 순간들을 방해하지 않았어요. 선생님은 나를 도망치도록 허용해 주었습니다. 그것이 나를 이곳으로 들어올 수 있게 했습니다. 나는 밖으로 나갈 수 있다고 느꼈고, 내가 밖으로 나갈 수도 있다고 선생님이 느끼고 있는 것을 내가 느꼈지요. 그것이 내가 보여지도록 여기에 남아있을 수 있는 이유에요. 선생님도 자기 자신에 대해 그렇게 느끼고 있다는 생각이 듭니다."

나는 모든 것을 끊어버리고 도망치는 경향이 있다. 나 역시 커트처럼 질식당하는 것에 민감하다. 그러나 나는 또한 꽤 끈질길 수도 있다. 일단 도망을 치고 나면, 난 돌아오고, 그것을 고수한다. 일분 후, 한 시간 또는 일주일 후, 얼마가 걸리든지 나는 다시 회복하고 다시 추스린다. 커트와의 치료는 오늘 혹은 내일 끝날 수도 있고 수년 동안 계속될 수도 있다. 상반된 경향들이 함께 간다. 우리가 어떻게 항해를 할지는 알 길이 없다.

다른 사람과 함께 있는 것이나 홀로 있는 것은 어느 것도 쉬운 일이 아니다. 자신으로부터의 많은 도망침은 그들 자신의 까다로움을 두려워하고, 자신들에 의해 찔리는 것을 두려워하기 때문이다. 생각 속에서 길을 잃은 채, 만화책의 제목과 같은 단어들이 내 입에서 튀어나왔다. 그것은 배역들의 비극적인 창자들이 페이지를 더럽힌 그런 종류의 것이다: "같은 방안에 함께 있는 것은 도전이고, 같은 방 안에 나 자신과 함께 있는 것 역시 도전이다."

그는 내가 의미하는, 끝없이 갇히는 느낌이 무엇을 뜻하는지 알고 있었다. 그가 어디에 있든지, 내가 어디에 있든지, 우리는 갇혀 있다. 우리 자신들 안에, 우리 자신들의 해결될 수 없는 문제 안에 갇혀 있다. 거리에는 그런 갇힘이 없다. 우리는 걷고 또 걸으며 보고 또 본다. 우리는 그 누구와 함께 그 어떤 곳에 있을 필요도 없다. 우리는 그 어떤 것으로 있을 필요가 전혀 없다. 그저 걷고 본다. 우리는 스스로 걸어 나간다. 스스로 걸어 다니고, 우리 자신에게로 걸어가고, 우리 자신을 통과해서 걸어간다. 그것은 자유의 영역이다. 그러나 갇힘은 또 다시 다가온다.

"누군가와 어떤 곳에 있는 것이 저에게는 너무 힘들어요." 그는 말을 계속했다. 그는 자기 자신과 어떤 곳에 있는 것 역시 힘들다는 말을 덧붙일 수 있을 것이다. "내 안에 지옥이 있어요. 그리고 걷는 것은 불 위에서 끓는 물과 같습니다. 불은 꺼지지 않지만, 물은 불 위에 있는 동안 기분이 좋습니다."

나는 우리가 말을 나누고 있고, 서로를 알도록 허용하면서 우리의 내면과 접촉하고 있다는 사실을 그에게 직면시키지 않았다.

우리의 만남이 깨지기 쉬운 것이었지만, 심리적 말(psyche talk)의 필요성은 커다란 것이었다. 그것은 "진전"이라는 작은 표시들에 집착하는 것보다 더 중요했다.

* * *

커트는 삼십대 초반에 이를 때까지 세 차례 병원에 입원했다. 그는 사람들의 얼굴표정에서 악령을 보았는데, 그것은 공포스러웠다. 모든 사람이 그런 것은 아니었지만, 그와 가까운 대부분의 사람들이 그랬다. 그에게 도망치라는 소리가, 그리고 어디로 가야할지 생각하지 말라는 소리가 들렸다. 때가 되면 어디로 가야할지 들려줄 것이다. 중요한 것은 도망치는 것이었다.

이것은 신앙에 대한 시험이었다. 만일 그가 이것을 행할 수 없다면, 그것은 신앙이 없는 것이고, 운명적으로 영원한 저주 아래 놓여있음을 의미했다. 구원은 그 목소리를 듣고 도망칠 때에만 그에게 주어질 수 있었다. 그런 용기가 있어야만 했다.

때로 이런 충동들은 소돔을 탈출하는 롯, 또는 오르퍼스 하데스(Orpheus Hades)의 모호한 중얼거림으로 치장되어 있다. 돌아보지 마라. 앞으로만 가라. 속삭이듯 명령하는 목소리는 진실한 것이었고 유일한 길이었다. 그것은 생존을 위한 눈먼 공포였다. 그는 만약 그 모든 명령을 따라간다면, 차나 기차에 치어 혹은 경찰이 쏜 총에 맞아 죽게 될 거라고 상상했다. 그는 자신의 죽음을 향해 절벽이나, 지하철 선로, 창밖으로 뛰어들 수도 있다. 살아있다는 것은 그가 겁쟁이라는 것을 의미했다. 그러나 그는 감히 진실의 길로 뛰어들 수 없었다.

내 마음은 말로 표현하기에는 너무 이른 거대한 혼란을 감지했다. 아마도 우리는 그것들에 대해 결코 말하지 않을 것이다. 어쩌면 그것들은 지적인 연습이고, 현실은 다른 것일 수 있다. 내 마음은 앞서 나가면서 매듭을 지었다가 풀고, 스위치를 바꾸는 등, 일종의 정신증에 대한 조직인 공격을 감행했다. 하나의 광증이 또 다른 광증을 이었다.

나는 그에게 있어서 진실의 길로 뛰어드는 것은 일종의 심리적-영적 "죽음", 변형과정의 일부, 하나의 "재탄생"의 과정일 수 있다고 생각했다. 정신증에서의 문제는 명령들이 "문자적으로" 받아들여진다는 점이다. 이것을 해야만 한다거나 저것을 하지 말아야 한다는 식이다. 그것들은 변화를 위한 초청, 메시지 혹은 예고로 받아들여질 수 없다. 그것들은 더 많은 것이 존재하고, 많은 것이 진행 중에 있다는 것을 모른다. 당신이 알고 있는 것보다 더 많은 것이 당신에게 있고, 당신이 살고 있는 것보다 더 많은 삶이 있다는 것을 말이다. 다음 순서가 불가능하면, 중력의 중심을 옮기는 것, 끄는 힘의 방향을 바꾸는 것이 어렵다. 그 명령들은 탄핵이 불가능한 권위를 지닌 채 유지되고, 사람은 그것들에 의해 판단된다. 만일 그것들을 따르지 않는다면, 그는 죽을 수밖에 없고, 용기가 없고, 믿음이 없으며, 자신의 믿음에 대한 용기가 없는 것으로 판명날 것이다. 거기에는 그늘이 없고, 연속 범위가 없으며, 다양한 형태로 바뀌는 것을 통한 변화가 없다. 사람들은 판단에 고착되고, 생존을 위한 필요에 의해 마비된다. 생각이 아무리 빠르게 움직인다고 해도, 사람들은 근본적으로 움직일 수 없는 존재가 된다.

엉킨 실타래를 풀 수 있는 또 하나의 가닥은 그들이 두려워하는 죽음이 이미 발생한 것이라는 사실이다. 사람들은 명령을 따르지 않을 때 발생하게 될 재난과, 명령을 따를 때 발생하게 될 재난 사이에 사로잡힌다. 나의 정신분석적 비전 혹은 환상 안에서, 나는 커트의 삶 안에 아마도 생애 초기에 시작해서 지금까지 계속되는, 그리고 미래에 점점 더 세력을 끌어 모으게 될, 재앙적인 과정이 있다는 것을 감지한다. 재앙적 차원에 정박해 있는 그의 삶과 인격은 그를 습격하는 파국적 공포 안에서 표현된다.

정신증은 하나의 파국적 과정이다. 그리고 감지된 재난은 사고와 이미지로 표현된다(망상, 환각).

파국의 뿌리는 신체적인 것이든, 정서적인 것이든, 환경적인 것이든, 혹은 이 모든 것이 결합된 것이든, 알려져 있지 않다. 그러나 그것의 결과는 거대한 정서적 재난이다. 나(I), 자기의 감각, 우리가 서있는 토대가 대변동을 겪고, 열리고, 사람들을 삼킨다. 그러나 사람들은 다시 회복된다. 어떻게 그 회복을 성장하는 경험, 또는 창조적인 사건으로 열매 맺게 할 수 있을까? 그것이 가능한가? 아마도 모든 사람에게 그렇지는 않을 것이다. 그러나 어떤 사람은 회복되어, 정신병 이후의 삶이 있다고 증언한다. 죽음으로부터 돌아와 삶의 더 큰 영역으로 진입하는 것이 가능하다. 그러므로 결국 많은 작업과 도움이 필요하기는 하지만, 정신증적인 파국은 그렇게 치명적인 것일 필요가 없으며, 그 파국적 과정은 혼합된 형태로 더 큰 삶의 일부가 될 수 있다.

그 얽힘의 세 번째 부분은 혼합된 목소리들이다. 신의 목소리라고 주장하는 목소리가 악마의 목소리가 될 수 있고 또 역으로도 마찬가지이다. 차이점을 말해주는 길이 없음으로 인한 목소리들의 깊은 혼동이 있다. 사람들은 자신이 모든 것을 버리라는 신의 명령을 받았다고 생각한다. 그러나 그 안에는 사탄의 소리가 섞여 있을 수 있다. 또한 생존에 대한 공포는 몸에 대한 축복일 수 있고, 온전한 정신과 만나는 접촉점일 수 있다. 생존을 위한 충동은 악마 신, 또는 신-악마 융합에 의해 평가절하된다. 삶의 감각은 권위자(악마적 신, 신적 악마)를 따르지 않을 경우 정죄를 받게 된다. 커트의 경우, 그의 걷기와 느끼기가 그랬다. 걷는 동안 그는 색깔들을 보았고, 향기를 맡았고, 피부에 와 닿는 산들바람을 느꼈으며, 세포와, 근육조직과, 피부의 숨구멍들 안에서 몸의 움직임에 따른 좋은 느낌과, 살아있음을 느꼈다. 그리고 "진실"(The Truth)로 가장한 악마적, 신적 명령에 의해 공격당하는 표적은 바로 살아있다는 느낌이 주는 선함 그 자체였다. 즉, 그에게는 "진실"의 폭군이 있었다.

네 번째 엉킴은 더 불길하고 무익한 것일 수 있는데, 그것은 생존의 충동과 진리를 따르는 것 사이에 사로잡히는 것이다. 사람들은 폭군적이거나 살인적이 될 수 있다. 생존을 위한 두려움은 사람으로 하여금 거짓말하고, 사기치고, 상처 입히고, 살인할 수 있게 만든다. 어떤 대가를 치르더라도, 즉 어떤 왜곡된 변형을 거치더라도 또는 자신과 다른 사람들에게 어떤 상처를 입히더라도, 살아남기 위해 해야 할 일을 하는 것이 바로 그것이다. 생존을 위한 두려움은 사람을 최종적인 극단으로 몰아붙이는 것을 필요로 하지 않음에도 불구하고, 그것은 국가들 사이의 전쟁이나, 거리에서의 범죄 그리고 높고 낮은 수준의 비지니스 "죽이기"에서 볼 수 있듯이, 그럴 수도 있다. 우리는 죽음으로 몰아가는 미친 명령 구조와 인간의 존재를 기형화하는 생존을 향한 공포의 틈바구니에 사로잡혀 있다. 이 난제에 대한 해답은 무엇인가? 그것은 그 순간에 그것을 위한 공간을 만들고, 그것을 보고, 맛보는 것이다. 문제를 해결하거나 그것으로부터 도망치려는 우리들의 시도들은 종종 그 올가미를 더 조이게 만든다.

"엉킨 것들"에 대한 나의 숙고가 어떤 기여를 하는지는 불분명하다. 왜냐하면 나의 생각하기-마음 속에 그리기(thinking-envisioning)는 그 어떤 것도 "해결"하지 못하고, 문제 혹은 고통을 사라지게 만들지 못하기 때문이다. 하지만, 옳건 그르건, 명시적으로 사용되건 아니건, 정신적 되새김질은 내가 그 공간 안으로 가져오는 것에 대한 배경적 느낌의 일부를 형성한다. 나의 말은 세부사항들에서 맞을 수도 있고 틀릴 수도 있다. 그러나 그러한 꿈꾸기들은 커트가 살아가고 있는 파국적인 난관에 대한 관심을 구체화한다는 점에서, 정서적인 비중을 갖고 있다. 그것들은 공감적인 배경, 어려움에 대한 인식, 고통과 곤경에 대한 공유된 감각의 조각, 우리가 사로잡혀 있는 것을 지속적으로 탐구하는 데 기여한다.

* * *

3년 후

"저는 크레그 직업소개소(Craig's list)를 통해서 일자리를 찾았는데, 그 일은 작은 영화제작사에서 세트를 만드는 작업을 돕는 일이었어요. 저는 대부분 지시사항들을 따랐지만, 집짓기, 보수하기, 재배치하기 등 작은 문제들을 해결하는 역할도 했어요. 저는 그런 일들을 즐겼어요. 우리는 하나의 팀이었고, 모두가 제 몫을 했죠. 우리는 할 수 있는 일을 했고, 해야 할 일을 했어요. 내가 특히 좋아하는 것은 의견의 불일치를 해결하거나 견뎌내는 방식이었습니다. 격렬한 논쟁이 있은 다음에, 팀원들은 문제를 다른 관점에서 새롭게 생각하고, 이런저런 방식으로 어떤 것이 효과적인지를 찾곤 했습니다. 이 모든 것은 어떤 것이 효과적인지를 알아내기 위한 것이죠. 우리의 생각들을 다 같이 냄비에 쏟아 붓고는 요리를 하는 거예요."

"저는 선생님처럼 하루 종일 한 곳에 앉아서 하는 일을 못해요. 저는 움직이는 것을 좋아해요. "무비"(movie)라는 단어가 암시하듯이, 영화는 움직여요. 시간은 움직이지요. 영화는 변화에 관한 것이에요. 무엇이 변하고 무엇이 변하지 않는지에 관한 것 말이에요. 등장인물들은 삶에 의해 움직이고, 우리를 삶을 향해 움직이게 하죠. 우리는 삶을 느껴요. 우리는 등장인물들과 함께 움직여요. 저는 조용히 앉아서 영화를 볼 수 있어요. 영화는 저를 매혹시킵니다. 우리는 화면을 정지시키고, 표현들을 자세히 볼 수 있는데, 이것은 실제 삶에서는 할 수 없는 것이죠. 우리는 한 사람에게 우리가 원하는 만큼 가까이 갈 수도 없고 또 보고 싶은 만큼 볼 수도 없죠. 얼굴은 잔물결이 있고 파도가 있는 바다에요. 표현들은 매 순간 조금씩 변화를 계속합니다."

"그것은 정지된 틀 안에서 움직임을 정지시킴으로써 그들을 고정시키는 문제가 아닙니다. 그것은 얼굴을 여는 문제이고, 속도를 늦춤으로써 거기에 있는 것을 보는 문제입니다. 응시하고 또 응시하죠. 마치 낙조가 천천히 변화하는 것처럼 결코 중단하지 않아요. 영화는 무엇이 있고, 무엇이 있을 수 있는지 우리의 의식을 고양시키고 일깨워요."

"언젠가 저는 영화를 제작하고 싶어요. 적어도 한 편 이상, 가능한 한 많은 작품을 만들고 싶어요. 제가 할 수 있을지 모르겠어요. 왜냐하면 저는 작은 화면 안에, 아주 작은 조각에, 입술의 굴곡에, 찡그린 표정에, 입가의 희미한 빛에 사로잡히거든요. 저는 그런 상태를 깨뜨려야 하고, 한 순간 속으로 빠지지 말아야 할 거예요. 아니면 결코 다음 순간에 도달할 수 없을 것이고, 저는 처음부터 다시 시작해야 할 거예요. 다음 순간들이 계속해서 다가오는 것은 우스운 일이죠. 우리는 현재 일어나고 있는 일에 초점을 맞추지만, 미래가 오고 있고, 우리는 실제로 미래를 바라보고 있는 거예요.

"과거와 미래 사이의 간극은 너무나 슬프게 느껴집니다. 감상적인 슬픔이죠. 슬픔은 우리의 기분을 괜찮다고 느끼게 하죠. 슬품은 괜찮지 않아요. 그것은 우리의 목과 가슴에 달라붙어 있죠. 우리는 시간이 흐르는 동안 그것을 삼키고, 그것은 우리를 삼키죠. 삼키는 일에 탐닉합니다. 저는 뭔가 쉽게 넘길 수 없는 것, 그리고 시간을 꿰뚫는 뭔가에 대해 더 말하고 싶어요."

우리는 삼년 동안 먼 길을 걸어왔다. 커트는 상담을 종결하지 않았고, 입원하지 않았으며, 더 이상 약을 먹고 있지도 않다. 확신을 갖기에는 아직 이르지만, 우리는 그런 확신을 향해 가고 있다. 그의 정신증적 상태의 측면들은 창조적인 작업과, 그 자신과 그의 비전, 사물에 대한 그의 느낌 등을 표현하는 능력으로 재배열되고 있는 것으로 보인다. 정상과 광증 사이의 도랑은 없어졌다. 존재의 다른 수준들 사이의 흐름이 그의 살아있음의 일부를 이루고 있다.

퇴원 후 첫 3년 차

처음에 커트는 대부분의 시간을 혼자 보냈다. 그는 시내와 공원들을 가로질러 그리고 강을 따라 걸었다. 가끔 그는 공원의 한 장소에 몇 시간이고 앉아 있으면서 바라보고 듣고 눈을 감았다 떴다 했고, 때로는 몇 시간동안 책을 읽기도 했다. 나무, 하늘, 대지, 몸으로 느끼는 색깔, 숨구멍, 신경조직, 세포들의 느낌 등을 음미했다. 공원 안의 사람들이 더 행복해 보이는 경향이 있었지만, 항상 그런 것은 아니었다: 그는 궁핍하고, 위험해 보이는 사람들도 만났다. 그러나 공원 안에 있는 대부분의 사람들은 공원 밖의 사람들보다 더 행복해 보였다. 그는 그곳에서 잠을 잘 수도 있고 행복하게 머물 수 있다고 느꼈지만, 결국 저녁노을을 느끼면서 자신의 집으로 돌아갔다.

퇴원 후 여덟 달 혹은 아홉 달이 되자 커트는 영화를 보러갔다. 만약 그가 그 영화를 무척 좋아했거나, 그 영화가 그를 사로잡았다면, 그는 하루 종일 그리고 저녁까지 그 영화를 보고 또 보았을 것이다. 나는 자신의 어린 아들이 끊임없이 영화를 보지 못하게 하기 위해서 텔레비전의 부속품을 떼어낸 아버지를 치료에서 만난 적이 있다. 치료과정에서, 그는 여러 해가 지난 지금, 자신이 그때 자신의 아들의 중요한 무언가를, 그의 본질의 한 부분을 떼어냈다고 느꼈다. 그는 자신이 아버지로서 아들에게 한계를 그어준다는 명분하에 행한 유사 폭력적인 행동들을 후회했다. 그의 아들은 영화감독으로 성장했는데, 그가 만든 영화 중 걸작품은 광증과 상실에 관한 것이었다.

　나는 커트에게 있어서, 영화감상은 아동기 동화들과 연결되어 있다고 생각했다. 그 동화들은 잠자리에 들 때 부모가 그에게 읽어준 일종의 창작물 또는 재창작물이었다. 이 시간만이 유일하게 부모에 의해 방해받지 않은 시간이었다. "영화감상은 생명의 주사를 맞는 것이에요." 한번은 커트가 말했다. "저는 생명 보조장치에 의존하고 있어요. 저는 영화라는 정맥주사를 맞고 있어요. 삶에 대한 느낌이 영화 속의 사람들을 통해 나를 먹여줍니다."

　"느낌이 그들로부터 나에게로 와요"라는 말은 그의 또 다른 표현법이었다. 나는 마음 한편으로 커트가 묘사한 것이 실제 수유가 아니라 감정의 수유에 관한 것임을 알고 있었지만, 젖가슴 수유를 생각했다. 나는 감정의 공급은 영양분을 주든지 독을 주든지 간에, 언제나 수유의 일부라는 것을 알고 있다(Eigen, 1999, 2004). 우리는 커트가 주고 있는 것이 아니라, 받고 있는 것임을 지적할 수 있을 것이다. 그는 살아있는 실제 타인들과 상호작용하지 못하고 있다. 그는 영화 속에 깊이 침잠해 있다. 아니, 오히려 영화가 그의 내면 깊은 데까지 펴져 있다. 그러나 그것이 살아있는 주고받음일까?

　나는 살아있는 주고받음을 강조하면서, 오랜 시간동안 자폐 상태처럼 보이는 것을 견뎌주는 것에 대해 회의적인 치료사들이 있다는 것을 알고 있다. 그들은 혼자 있지 말고 상호작용을 하라고 환자를 설득한다. 나는 다른 치료사들이 어떤 방법이 효과가 있다고 생각하는지 알지 못하고, 내가 치료에서 늘 같은 방식으로 환자를 대한다고도 말할 수 없다. 그러나 나는 커트의 걷기, 공원에 앉아있기, 독서하기, 영화보기 안에 뭔가 치유적인 요소가 있다고 느꼈다. 그는 그것을 "삶, 영, 느낌의 융합"이라고 불렀다. 그것은 깊은 수준의 수동적인 자양분이요, 하나의 "삶의 융합"이었다.

　비록 내가 내 방식에서 벗어나 그를 자극하지 않았음에도 불구하고, 나와 함께 있는 것 자체가 그에게는 충분한 도전이었다. 내가 존재하는 방식만으로도 나는 충분히 자극적이었다. 커트가 회기에 빠지지 않고 왔고, 말을 했고, 나와 함께 머물렀으며, 나 자신과 나의 괴팍스러움과 말과 침묵과 세뇌를 견뎌냈다는 사실은 충분한 것이었고, 아마도 그가 받아낼 수 있는 한계점이었을 것이다. 아무 일도 일어나지 않는 것에 대해 비판하고 싶은 유혹을 느낄 수도 있었지만, 나는 있는 그대로를 지지해주는 것이 좋겠다고 느꼈다. 아마도 나는 스크린 위에 펼쳐지는 또 다른 영상물이었을 것이다. 만약 그것이 사실이라면, 그것은 좋은 영화가 되거나, 아니면 최소한 그를 어딘가로 데려가는 나쁜 영화가 되어야 했을 것이다.

　치료를 시작한지 일 년 반이 되었을 때, 그는 커피하우스에서 일하기 시작했다. 그는 첫 번째 직장을 스스로 떠났거나 해고를 당했지만, 어쨌든 그의 환상을 사로잡은 카페로 자리를 옮겼다.

그는 오후 네 시까지는 일을 시작하지 않아도 되었고, 빈둥거리며 보낼 수 있는 충분한 시간이 있었다. 그는 몇몇 사람들을 정기적으로 보기 시작했고, 매일 그리고 매주 만날 것을 기대하게 되었다. 커트가 실제로 그들의 삶의 일부가 되거나 그들이 커트의 삶의 일부가 된 것은 아니었다. 그러나 어떤 점에서 그들은 그들이 알 수 있는 것 이상으로 그의 삶의 깊은 부분이 되어 있었다. 커트는 그들에 관해 그리고 카페를 드나드는 사람들에 관해 환상하는 것을 즐겼다. 약간은 그들 역시 삶의 융합물로서의 영화 속의 배우들과 같은 역할을 했다. 그들은 실제적이고 삼차원의 삶을 살고 있는 사람들이었다. 물론 영화 속의 배우들이 그런 사람들이다. 그러나 카페에서 그는 뭔가를 제공해야 했고, 지금 여기에서 실제로 살아가고 있는 사람들과 함께, 즉 자기 자신들로 존재하는 것 외에 다른 역할을 하고 있지 않는 사람들과 함께 삼차원의 현실 안에서 자신의 뭔가를 주어야만 했다. 그는 주문을 받고 커피를 날라야 했다. 그는 자양분을 주어야만 했다. 그리고 그렇게 하는 것은 비밀스런 즐거움이었다. 나는 그의 세계가 자라고 있다는 사실에 대해 주의를 환기시키지 않았다. 나는 그의 성장을 그에게 직면시키지 않았다.

위니캇(1988; Eigen, 2009)은 유아의 홀로 있음의 질이 유아가 받는 지원의 질에 의존하는 시기에 대해 말한다. 돌보는 사람은 유아가 평화롭게 혼자 있을 때, 예를 들어 유아가 조용히 휴식을 취하거나 무한한 지평선을 바라보고 있을 때, 그런 유아를 지원할 수도 있고 침범할 수도 있다. 좋은 홀로 있는 상태는 유아가 그런 사실을 의식하지 않도록 배경에서 지원해주는 돌보는 사람의 감수성에 의존한다. 나는 이런 종류의 배경적 현존을 알려지지 않은 무한한 타자(unknown boundless other)라고 부른다.

이러한 필수적인 홀로 있음에 둔감한 상처주기는 아이에게 오래 지속되는 영향을 미칠 수 있다. 어떤 사람들은 약물을 무한한 지원으로서 사용하는 것을 통해서 상처 입은 홀로 있음을 치유하려고 시도한다. 역설적으로, 혼자 사는 삶과 혼자 있지 못하는 강박적인 무능은 상처 입은 홀로 있음의 결과일 수 있다. 우리는 상처 입은 홀로 있음의 아픔 또는 그것을 통한 붕괴를 방어하고 있고, 극단적인 경우, 살인적이 되거나 미치기도 한다.

우리가 성장하면서 지원받았던 홀로 있음은 우리를 지원해준다. 모호하기도 하고 신랄하기도 한, 배경적 홀로 있음은 우리의 존재를 어루만져준다. 우리는 삶 전체를 통해서 서로의 홀로 있음을 지원해주는 일을 하며, 그것이 우리의 삶의 일부를 구성한다.

나는 커트가 시도했던 것들 중에서, 최소한 부분적으로는 성공한 한 가지는 그가 살 수 있고 질적으로 더 나은 홀로 있음을 체험할 수 있는 상황을 구성한 것이라고 생각한다. 그는 삶의 가지를 뻗칠 수 있는 지점을, 즉 일종의 본루(home base)를 만들어 냈다. 일단 자신 안에 있는 홀로 있음을 존중한다는 것은 다른 사람 안에 있는 홀로 있음도 마찬가지로 존중할 수 있다는 것을 의미한다. 우리는 홀로 있음이 홀로 있음을 반향해주는, 거의 무의식적인 조율장치를 갖고 있다. 많은 것들이 이 반향의 질, 곧 깊은 홀로 있음이 받고 있고 지금 접촉하고 있는 지원의 질에 달려 있다. 일단 우리의 존재의 중심에 홀로 있음이 충분히 발달하도록 허용되면, 우리는 그것에서 평생 동안 지원을 이끌어낸다. 홀로 있음의 질은 계속 이어지는 그것 자체의 성장 곡선을 갖는다. 여기에서 우리는 부분적으로 우리 자신들을 위한 산파가 된다. 그러나 우리는 그렇게 하는 과정에서 도움을 필요로 한다.

커트 안에 있는 어떤 것은 그가 필요로 하는 것을 알고 있었다. 그 "느낌"이 그를 공원들과, 강들과, 영화들과, 카페들로 이끌었다. 이것은 의지에 의한 것도 의식적인 계획에 의한 것도 아니었다. 그것은 자발적으로 한 걸음씩 자라났고, 그런 과정을 의식하지 못한 채로 이루어졌다. 돌이켜보건대, 우리는 더 큰 과정의 일부를 살아냈다는 것을 알게 된다. 하지만, 당시에는 모든 것이 은총처럼 주어진 것으로 느껴졌다. 그것은 아마도 항상 그럴 것이다.

치료는 배경적 지원과 현존을 제공해주는 것을 통해서 알지 못하는 무한한 타자의 역할을 수행하는 것이다. 그 타자는 치료자에게도 알려지지 않은 존재이다. 불가피하게 우리에게는 믿음, 인내, 관용이 부족하다. 실수하는 것 역시 그 과정의 일부이다. 배경적인, 알려지지 않은 무한성은 실수를 통해서도 작업한다. 실수는 존재의 일부이며, 어쩌면 필요한 부분인지도 모른다. 치료에는 여러 가닥들이 포함되어 있다. 홀로 있음에 대한 지원과 나란히, 홀로 있음의 상처가 더 온전하게 회복되는 일이 일어났고, 커트를 심하게 파괴했던 독이 든 막다른 골목이 아니라 보다 생산적인 방식으로 실수들을 헤쳐 나가는 능력이 자라났다.

우리가 이년 조금 넘게 함께 했을 때, 커트는 보트를 타고 허드슨 강을 건너가, 경치 좋은 곳들에 머무르면서 오후를 즐기거나 베어 마운튼(Bear mountain)과 같은 곳에서 하룻밤을 지내기 시작했다. 그는 도보 여행도 하고, 카누를 빌려 노를 젓기도 하며, 목적이나 목표 없이 그냥 존재를 즐기곤 했다. 그는 어떤 압력도 받지 않은 채 심리적 자양분에 흠뻑 취하곤 했다. 차츰 그가 카페에서 만난 여성 친구인 케이트(Kate)가 이 여행들에 동행하기 시작했고, 그것과 함께 삶의 또 다른 차원이 열리기 시작했다. 거기에는 어떤 묶임도 약속도 없었고, 서로 함께 있는 것을 좋아하는 두 사람은 삶이 그들에게 줄 수 있는 것들을 공유하면서 그들이 할 수 있는 것을 탐험했다. 커트는 윌리엄 블레이크(Willam Blake)가 한 말을 주문처럼 반복해서 말했다. "하늘을 날면서 매 순간 기쁨에 키스하는 사람은 영원성(eternity)의 일출 안에서 살아간다." 그가 확신할 수 없었고 비틀거린 다른 부분이 있었는데, 그것은 "자기 자신을 즐거움에 묶는 사람은 파멸을 향해 날아가는 삶을 산다"는 것이었다. 그는 자신의 가능성을 파괴하지 않는 것을 실천했는데, 이것은 단순한 도전이 아니었다. 커트는 삶을 살고 있었고, 일종의 지고의 영원한 지금, 즉 천상의 순간들을 맛보면서, 지옥으로부터의 휴가를 살았다. 그것은 시간 위에 뿌려진 점들과 같은 순간들이었다. 우리는 영원성을 발견하기 위해 시간 밖으로 갈 필요가 없다.

* * *

치료 5년 차

커트는 주중에 꾸었던 꿈에 대해서 말한다.

"저는 문을 열고 복도를 따라 서재로 걸어갔습니다. 그 방은 환한 오렌지 빛이었고, 복도에는 종이들과 책들로 어지러웠지요. 그곳은 오랜 시간동안 잊고 가보지 않았던 제 아파트였습니다. 저는 그곳이 전에는 알지 못했던, 처음으로 발견한 장소 같다고 느꼈습니다. 내가 혼자였던가? 그 건물 안에는 누군가 다른 사람이 있었나? 누군가가 침입했던가? 내가 위험에 빠졌었나? 저는 혼자 있다고 느꼈고, 안락함과 따뜻함, 그리고 즐거움을 그곳에서 느꼈습니다."
"저는 위를 쳐다보았고 거미 혹은 전갈을 보았는데, 그것은 둘 모두의 모습을 하고 있는 생물이었어요. 그 순간 공포를 느꼈죠. 그것은 독으로 저를 죽이려고 했어요. 저는 그것을 계속해서 바라봤고, '그것이 제 마음'이라는 생각이 들었습니다. 그리고 안도했죠. 저는 평생 동안 제가 갖고 있는 공포를 보았어요. 제가 본 공포는 사람들의 마음속 어디에나 있는 기본적인 공포였어요. 저는 거미-전갈을 응시하면서 생각했지요. 그것은 내가 두려워하는 나 자신의 마음이라고요. 이 독, 죽임을 당하는 것에 대한 공포, 거미-전갈, 이 모든 것이 제 마음이 만든 것이에요. 저는 저 자신의 망상을 만들었어요. 제 마음이 그것을 만들어요. 저는 울고 싶고, 웃고 싶어요. 뭔가가 벗겨져요. 호흡이 돌아와요."

커트는 거미와 전갈을 보았을 때 숨을 쉴 수가 없었다. 마치 그의 삶 전체 동안 숨을 쉬지 않고 있던 것처럼 느껴졌다. 오래 전에 멈추었던 숨쉬기가 이제 다시 시작된 것이다. 물론, 그러한 진술은 은유적인 화법이지만, 단지 은유적인 것만은 아니다. 그것은 진정한 옥조임(constriction)과 깨달음의 순간, 그리고 마음이 열리는 순간과 접촉하고 있다. 그것은 거듭 발생하는 순간이요, 옥조임과 해방의 기본적인 리듬이었다.

이 사례에서, 우리는 자신으로부터 그리고 편집증적 마음으로부터 해방되는 순간을 본다. 그는 정서적 과잉을 깨닫는 순간, 즉 히스테리의 순간을 경험했다. 한 순간 확대된 두려움을 보았다: 그는 거미-전갈의 독침에 무기력하게 당하고 있었다. 거미-전갈 이미지가 많은 형태를 취하면서 모든 나쁜 것들을 나타내고 있다: 부모에게서 물려받은 독의 잔여물, 학교생활에서 받은 상처, 관계의 상흔, 거리에서의 위험, 문화 안의 독 그리고 치료에서 받은 상처들 등이 그것이다. 이 모든 것들이 하나로 응결되었고, 그는 갑자기 모든 것을 깨달았다. "저는 이제 변명하지 않아요."

"저는 제가 그렇다고 생각해서 두려워했던 모든 것을 이제는 믿을 수가 없습니다. 저는 이제 제가 두려워했던 것을 덜 두려워하고, 제가 두려워한다는 사실 자체도 덜 두렵습니다."

* * *

한 주 후에 그는 물었다. "제 마음 속에 있던 곤충이 진짜였을까요? 제가 그것을 만들었나요? 제 마음이 그것을 만든 걸까요? 실제인 동시에 만들어진 것일까요? 진짜 공포가 있죠. 나쁜 일들이 발생합니다. 죽음도 발생해요. 병도 나고요. 이 모든 것이 현실이에요. 제 아동기에 일어났죠. 그것은 현실이었어요. 그런데 마음은 그것을 굴려서 소설을 만들지요. 사람들을 사로잡는 영향력 있는 단편으로 만들어요. 마음이 곤충이에요. 그것은 마음이 사물을 어떻게 받아들이는가에 달려 있어요. 그것은 거미와 전갈에 대한 경험 안으로 흘러들어갔고, 그 결과 저는 히스테리 상태가 된 거예요. 사람들은 비난하고, 박살내고, 탓을 하죠. 전적으로 편집증적 시각에 사로잡혀요. 편집증은 진짜예요. 의심과 공포는 현실이에요. 매 순간 땅이 갈라지고 우리는 삼킴을 당해요. 우리가 아무리 조심스럽게 걸어간다고 해도 그것과 상관없이 독이 기다리고 있어요."

"우리는 항상 위험 속에 있어요. 그러나 마음이 위험을 만들어 내는 것을 깨닫는 것만으로는 그것을 돌이킬 수 없어요. 저는 그것을 보았어요. 제 마음을 꿰뚫어 보았어요. 저는 제가 보지 않았다고 말할 수 없어요. 저는 제가 행한 것을 잊을 수는 있어요. 마치 제가 행하지 않은 것처럼 행동할 수도 있어요. 그러나 이제부터 진실은 이것이에요: 제가 꿈속에서 이 순간을 경험했는데, 꿈속에서 제 안의 어떤 것들이 저를 일깨워 주었어요. 그 순간은 제가 느끼는 위험이 비록 생생한 것이었다고 해도 제 상상력이 만들어낸 허구였음을 깨닫는 명료한 순간이었어요."

나는 "꿈 작업, 곧 마음의 작용이 참으로 놀랍네요"라고 말했다. 이 깨달음의 순간은 모래바람에 덮일 수도 있다. 그리고 우리는 한 주 혹은 한 달 후에 다시 처음부터 시작해야 할 수도 있다. 그러나 커트가 자기 자신에게 말한 것은 내게도 진실이었다. 우리는 우리가 항구적으로 취소할 수 없는 어떤 것을 보았다. 그가 자신의 꿈에 대해 이야기할 때, 그는 그와 내가 함께 마음의 눈으로 본 한 장소, 즉 마음의 감옥으로 나를 데려다 주었다. 그가 숨을 쉰다고 느끼는 것은 얼마나 멋진 일인가?

***

편집증은 숨쉬기를 방해한다. 편집증적 숨쉬기가 있다. 우리는 편집증적 마음을 갖고 있는가? 마음은 편집적일 수밖에 없는가? 커트는 마음이 편집증이라고 생각하는가? 아니면 그의 마음에 대해 편집증적인가? 그는 이 두 가지 모두를 말하고 있는 것처럼 보인다. 그리고 나는 그와 함께 길을 가야만 한다고 느낀다. 또는 적어도, 어떤 점에서, 세상, 그의 세상의 일부, 그가 바라보는 세상은 편집증적인 렌즈(때때로 꽤 오랫동안, 평생 지속되는)로 축소된 것이다.

대조적으로, 거미와 전갈이 천장에서 떨어지고 그의 내부로 들어가 그를 황폐하게 만드는 것을 보는 것은, 그리고 거미와 전갈이 그의 마음이 만들어낸 정신적 이미지요, 그의 꿈 이미지의 한 측면이라는 것을 보는 것은 얼마나 명쾌한 해방을 주는 것인가? 거기에는 무기력한 상태로 마비되는 현실이 있었지만, 그것은 한 줄기 빛이 들어오는 순간 풀려났다.

이러한 순간을 거치고 나면, 나는 매번 숨쉬기로 돌아온다. 거미와 전갈은 마음을 옥죈다. 동시에 그것이 나오는 것을 보는 것이 마음을 느슨하게 만든다. 다른 감각 또는 감성의 사용과 함께 몸에 대한 느낌이 돌아오고, 신체가 돌아온다. 그것은 단순히 독에 대한 감성이 아니라, 살아있는 숨쉬기와 몸, 곧 존재의 쥬이상스(jouissance)이다. 그러한 순간들을 사는 삶이 커트에게 안도감을 가져다주고, 또 그 못지않게 나에게도 안도감을 준다.

* * *

치료 5년 차—연속

커트는 손으로 머리를 감싸 안고 울었다. "저는 지금 제가 병원에 있을 때 그토록 자주 느꼈던 것처럼 느끼고 있어요. 아니, 그렇게 자주는 아니에요. 병원에 있을 때, 제가 팔로 머리를 감싸는 순간에 그런 느낌이 찾아왔는데, 그때 저는 벽에 기댄 채 울고 또 울었어요. 흐느꼈지요. 저는 다른 사람들의 이목이 집중되는 것을 원치 않았기 때문에 울부짖지는 않았어요. 어떤 경우에도 조무사가 달려오지 않게 해야 했어요. 저는 조용한 구석에서 흐느껴 울었지만, 어쨌든 다른 사람들의 시선을 벗어나지는 못했어요. 누군가가 와서 내가 왜 우는지를 묻는 충분히 합리적인 질문을 했죠. 제가 무슨 말을 할 수 있었을까요? 저는 비록 제가 말하는 진실이 이해될 수 없는 것이라는 사실이 두려웠지만, 진실을 말했어요."

"지금 처음으로 제가 느낀 것을 말할게요. 저는 의사들에게 말하려고 시도했지만, 아무도 진심으로 들으려고 하지 않았어요. 제가 마지막으로 머물렀던 병원에서 치료사는 그녀의 치료실에서 내가 울려고 하자 그 울음을 막았어요. 그녀는 내가 무엇 때문에 우는지를 물었고, 그녀에게 이야기하기 시작했을 때, 그녀는 내 말을 끊으면서, 내가 왜 그렇게 느끼는지 의아해 했어요. 그녀는 그러한 나의 느낌들이 비현실적이고, 너무 형이상학적이라고 느끼는 것 같았어요."

"저는 줄곧 세계를 위해서, 전 세계를 위해서 울어왔어요. 인류가 출현한 이후의 모든 인간의 시간을 위해 울었어요. 저는 건물의 바닥들과 벽들을 시간에 따라, 인류의 나이에 따라, 인류의 기원으로부터 구석기 시대, 신석기 시대, 고대, 현대, 지금까지 시간의 수준들과 소 영역들로 나누어 바라보았어요. … 모든 시대들이 각각 자체의 고유한 권리를 갖고 있으면서도 하나로 압축되어 있다고 본 거예요. 인류는 하나이고, 하나의 시간이에요. 각각의 시대는 실제이고, 그때와 지금의 분리는 진짜였죠. 하지만 그 분리는 인위적인 것이고, 모든 것은 하나예요. 어떻게 그것이 둘 모두일 수가 있죠? 경험 안에서 그것은 둘 모두예요."

"저는 또 다른 기분이었다면 기쁘게 웃을 수 있었을 거라고 생각해요. 그러나 그런 기분은 생겨나지 않았어요. 저는 우리의 우주, 우리의 삶의 우주, 인간의 삶과 모든 인간의 삶의 우주 안에 있는 고통을 위해 울었고, 울음을 멈출 수가 없었어요. 어쩌면 모든 느끼는 존재들, 전체 우주는 나름의 방식으로 하나의 느끼는 존재(a feeling being)일지도 몰라요. 어렸을 때, 저는 바위가 살아 있다고 느꼈어요. 바위들은 시간이 지나면서 색깔, 형태, 크기가 변하고 시간의 위대한 힘에 스며들죠. 선생님은 요세미티(Yosemite) 국립공원에서의 경험을 「감정이 중요해」(Feeling Matters)에서 서술했는데, 그때 그 위대한 바위들은 선생님에게 살아있었어요. 모든 시간은 하나로 살아있는 거죠."

"그러나 저는 인간의 고통을 생각하며 울어요. 제가 선생님을 몰랐다고 해도, 그것은 저의 고통이요, 선생님의 고통이에요. 고통은 어디에나 있어요—시간의 경계도 없어요. 모든 고통은 하나예요. 그것이 예수의 고통의 의미가 아닌가요? 그분은 세상의 모든 고통을 자신이 끌어안았어요. 세상의 모든 고통이 예수라는 한 점에 응축되었어요. 마치 연금술사처럼, 그는 고통을 기쁨으로 변형시켰어요. 우주 안에 있는 모든 고통은 그의 존재를 통하여 내적 변형을 거쳤습니다. 저의 울음은 그 고통을 강조했던 거예요. 또 다른 순간은 부활을 강조했겠죠."

"고통은 삶으로 들어오고, 삶은 고통으로 들어오지요. 울음은 저를 위로해 주었어요. 저는 온전함(wholeness)을 느꼈고, 저의 가슴, 몸, 정신 안에서 평화를 느꼈어요. 저의 고통스런 자아는 모든 사람들을 위한 눈물을 통해 평화의 순간을 발견한 거예요."

"이 말을 전부터 하려고 했어요. 이번이 제가 가장 가까이 다가간 순간이에요"

커트가 이것을 나와 함께 나누는 순간에 도달하는 데 오년 이상이 걸렸다. 그것은 함께 나누는 것 이상으로, 그것이 말해지고 들려지는 것이 가능한 순간을 기다리면서, 표현하는 것에 대한 아픈 어떤 것을 나타내는 것이었다. 그의 삶과 세상의 삶의 모든 고통, 인간의 고통이 인식되고 있다. 마침내 고통이 가치를 인정받았다고 말하는 것은 진부하게 들린다. 고통의 현실은 실제였고, 지금도 그렇다. 그러나 커트의 삶에서—얼마나 많은 사람들의 삶에서?—이것은 일어나지 못하고, 제대로 일어나지 못한다. 얼마나 자주 고통을 느끼고, 표현하고, 나누는 것이 방해받는가? 말하거나 듣는 것 안에서 무언가가 잘못되고 실패한다. 자신을 느끼는 존재로서 감지하고 표현하고 나누는 것은 치료실에서 뿐만 아니라 더 큰 문화 안에서 양육과 수용을 필요로 하는 하나의 능력이다. 세상에는 아직도, 이 순간까지도 여전히 감정에 대한 금기가 남아있다. 그것은 만약 우리가 느끼는 것을 느낀다면, 우리 자신의 삶을 느낀다면, 우리가 기능할 수 없고 사회의 요구에 부응할 수 없게 될지도 모른다는 두려움에서 오는 것처럼 보인다. 무엇을 더 말할 수 있고, 말할 필요가 있는가? 커트와 나는 우리가 필요한 것을 말하는, 여러 해에 걸쳐 자라난 공간을 창조할 수 있었다는 것에 감사한다. 이러한 공간을 발견하는 것은 힘든 작업이었지만 크나큰 은총이었다.

* * *

치료 12년 차

"저는 제가 오년 전에 만든 첫 영화를 생각하고 있어요. 저는 이 행성에서 길을 잃은 한 여성 노숙자에 대한 다큐멘터리를 만들기 시작했습니다. 차츰 저는 청결과 조심성 있는 습관으로 자신을 돌보는, 그래서 자신의 삶을 향상시키려고 애쓰는 그녀의 방식에 관심을 갖게 되었어요. 그러다가 언젠가부터 저는 그녀의 삶의 세부사항에 흥미를 잃었고, 대신에 아름다움의 순간들을 추구하기 시작했어요. 우리는 그녀가 다니는 길을 따라갔고, 그녀가 보는 것들을 따라가려고 애썼어요. 그런데 거기에는 더러움과 지나가는 사건들의 속도, 사람들, 차들, 가게들, 그리고 부와 빈곤의 수준들 외에도, 우리의 카메라는 의심의 여지가 없는 아름다움에 꽂히게 되었어요. 그것은 빌딩의 모서리, 하늘의 빛깔, 포장도로의 불빛, 돌, 피부 또는 옷감의 질감과 결, 지나가는 한 아기일 수도 있어요. 카메라는 그것 자체의 생명을 호흡했고, 자체가 원하는 것을 따라가면서 저를 거듭해서 놀라움의 지점들로 데려다 주었어요. 그녀가 살고 있는 세상은 경탄할만한 것이었어요. 또한 위험하고, 위협적인 끔찍한 것이기도 했죠. 그래도 그녀는 안전한 패턴을 찾으려고 최선을 다했어요. 그리고 그녀가 움직이고 있을 때 카메라는 마치 그 자체가 눈인 것처럼, 그녀가 느꼈을 수 있는 무언가를 드러내는 심리적인 눈인 것처럼, 그 움직임에서 말로 표현할 수 없는 아름다움을 발견했어요. 이 아름다움은 우리가 그녀의 삶에 덧붙인 걸까요? 아니면 그녀 안에서, 그녀를 통해서 발견한 걸까요?"

"저는 이 영화를 다큐멘터리라고 부르지 않았어요. 그것은 부분적으로만 다큐멘터리였어요. 그것은 다큐-판타지(docu-fantasy)였어요. 그녀의 것은, 우리의 것은, 카메라의 것은 무엇이었을까요? 우리는 그 영화를 15분 분량으로 편집해서 몇몇 독립영화관에서 상영했어요. 저는 상영 후에 거기에 모였던 사람들과 이야기를 나누었고, 그들은 그 영화를 Q & A라고 이름 붙여 주었어요. 저는 몇몇 대학들에서 이야기를 하기도 했어요. 순수한 현실에 충실할 수 없었던 점이 저를 불편하게 했어요. 저는 아름다움을 향한 이끌림을 거부할 수 없었어요. 제 자신이 그 안으로 빨려들어 갔죠. 저는 이것이 우리가 극복할 수 없는 하나의 약점이라는 걸 알아요."

"세상에는 비극을 고향으로 삼고 있는, 존재의 노골적인 잔인함에 충실할 수 있는 예술가들이 있어요. 저는 파토스(pathos)에, 잡초 안에 있는 아름다움에 제 자신을 맡깁니다. 만일 제가 들판에서 소똥을 보았다면, 저는 그것의 소용돌이치는 형태를 놀라워하면서, 고요하게 서 있는 물결 모양의 상층부를, 생명의 표시들로서의 파리들이 그 위에 앉아 있는, 흙빛과 초록빛의 나선형 성운들을 생각했을 겁니다. 저는 전쟁, 사고, 살인, 심지어 외과수술 등에서 최악의 잔인성을 다룬 영화들을 보아왔습니다. 저는 고통을 달래주는 것이 현실이라는 점에서, 다시 말해서, 대체된 현실인 동시에 본래적인 현실이 고통을 달래준다는 점에서, 우리가 모든 곳에 있는 아름다움에 이끌릴 권리는 없다고 봅니다. 저는 저 자신의 약함에 대해 죄책감을 느낍니다. 그것은 저를 실패한 예술가로 만들 겁니다."

"그러나 저는 어쩔 수 없습니다. 그것은 정체성의 문제에요. 적어도 지금까지 나는 누구인가의 문제 말입니다."

"한 장면에서 그녀는 샌드위치 조각을 먹으면서 벤치에 앉아 있었어요. 그녀 앞에는 가지를 손질했지만 여전히 거칠어 보이고 뒤틀린 인상적인 참나무가 있었습니다. 잘 손질한 나무들은 거의 대칭을 이루고 있는, 커다란 눈송이처럼 보이죠. 그런 나무들과는 달리, 이 나무는 모든 가지들이 비대칭적으로 제멋대로 자랐고, 야성적인 머리카락처럼 보이지 않는 아름다움의 원리에 의해 담겨지고 있었습니다."

"저는 소변과 항문 또는 질의 냄새를 맡거나 상상했습니다. 제가 그녀의 내면에 접촉하는 것을 생각했을 때 저는 강한 혐오감을 느꼈어요. 동시에, 저는 그저 존재한다는 것이 얼마나 힘든 일인지를 느꼈고, 그녀가 햇볕을 쬐면서 고통 없이 한 순간을 머무는 것이 얼마나 힘든 일인지를 느꼈습니다. 제 눈은 그녀의 눈을 따라 나무를 쳐다보았습니다. 저는 그녀가 바라보는 지점을 찾으려고 노력했어요. 저는 나뭇가지에서 한 악마를, 악마의 얼굴을 보았어요. 저는 카메라 역시 그 악마를 보았을지 궁금했습니다."

"제가 무엇을 할 수 있었을까요? 비명을 지르며 도망쳤을까요? 저는 한때 그렇게 하고 싶었을지도 모릅니다. 저는 마비된 채로 꼼짝 못하고 있었어요. 저는 그것이 진짜 악마였다고 느꼈던 것 같아요. 저는 그것이 진짜 악마였다고 생각했지만, 확신하지는 못했어요. 그것은 진짜 같았고, 아마도 진짜였을 거예요."

"저는 응시하고 또 응시했어요. 제가 그것을 꿰뚫어 보려고 노력했을까요? 아니면, 단지 제가 꿈쩍도 않고 기다린다면, 무엇이 일어날지를 보려고 했을까요? 아마도 저는 단지 보려고 했었을 거예요. 거기에 있는 것을 보려고 애쓰는 것은 어려운 일이죠. 석양을 바라볼 때, 또는 연기와 구름을 바라볼 때, 그 모습은 끊임없이 변하죠. 우리는 작은 변화에 초점을 맞추게 됩니다. 우리는 작은 변화들에도 몸을 떨게 되죠. 한 순간은 악마를 보고, 다른 한 순간은 나무를 봅니다. 이 둘 모두가 겹쳐지고, 융합되고, 분리됩니다. 저는 이미지의 변화를 바라봤고, 무엇이 진짜인지 궁금했는데, 그것들 모두가 진실이었어요."

"저는 벤치 위에 있는 노숙자 여인을 돌아보았고, 그녀에 대해 잊고 있었다는 것을 깨달았어요. 저는 그녀의 얼굴에서 악마를 찾으려고 했지만 찾을 수 없었어요. 제가 발견한 것은 힘든 삶, 선들(lines), 표시들, 작은 구멍들, 그저 어떤 사람, 그녀 자신이었어요. 저는 시간의 여러 층들을 관통하는, 기본적인 선함(goodness)을 보았습니다. 뒤틀림과 왜곡들을 관통하는 기본적인 선함 말입니다."

"늙은 참나무는 생명을 되찾았고, 기본적 선함으로 반짝였어요. 그리고 저는 이것이 저 자신에게도 진실임이 분명하다고 생각했어요. 부패, 상흔, 뒤틀림을 통한 진실의 느낌이 저에게도 해당된다고 말입니다. 제가 그것을 붙들 수만 있다면, 또는 그것이 저를 붙들어줄 수만 있다면 말이에요. 저는 그것을 잊을 거라는 걸 알았습니다. 하지만 완전히 잊게 될까요? 그럴 수 있을까요? 만일 제가 그것을 완전히 잊는다면, 저는 죽을 겁니다."

나는 그를 경청했고, 그의 여정에 대한 이야기를 들으면서 깊은 어떤 것에 대한 그의 감각을 느꼈다. 나는 어떤 지점에서 불필요한 한마디를 덧붙였다. "당신은 인간 정신의 근원적인 범주를 관통하는 당신의 길을 찾은 것 같습니다." 나의 이 말은 자비,

사랑, 살아있는 진정한 삶의 느낌과 관련된 어떤 것을 의미했다.

다음 방문에서 그는 자신의 이야기를 계속했다. "선생님은 제가 왜 5년 전에 일어난 순간을 이야기했는지, 그리고 왜 지금에야 그 이야기를 했는지 궁금하셨을 것 같아요. 제가 말할 수 있는 모든 것은 그것을 말하는 시간 때문이었다는 것이에요. 그것은 또한 제가 잠시 멈출 수 있는 때이기도 해요. 제가 그럴 수 있다면요. 제 아내인 캐티가 아기를 가졌고, 저는 미친 듯이 일을 하고 있습니다. 이제 앞으로 나아가야 할 때입니다."

어떤 이들은 이렇게 생각할 것이다: 아기가 두 발로 서자마자 치료를 떠나는 것이 아닌가? 커트는 아버지됨을 확립하도록, 그것의 압력과 부담을 감당할 수 있도록 도움을 받았어야 하는 것은 아닐까? 노숙자 여인과 참나무 위의 악마들, 기본적 선의 발견, 그리고 치료 종결에 대한 이야기의 논리는 무엇인가? 그것은 자신에게 뭔가가 일어났음을 말하는 커트의 방식이었다. 그리고 이제 그는 그가 자신의 삶을 위한 산파가 되는 일을 해야 할 때라고 느끼고 있다. 그것은 그의 인생을 만나고 그 삶을 사는 때이다. 그는 자신이 가정을 가질 수 있고, 창조적인 노력에 자신을 내어줄 수 있다는 사실에 대한 경이감과 함께 자신 앞에 펼쳐진 삶의 지평으로 인해 감동을 받고 있다.

* * *

커트는 나의 도움이 필요하면 다시 올 수 있고, 원한다면 다른 데서 도움을 구할 수 있다는 것을 알고 있었다. 나는 명백한 문제가 없는 한, 누군가가 머무르거나 떠나야 할 때를 "확신을 갖고" 말하는 경우는 흔치 않다. 커트는 사십대에 들어서서 자신의 삶을 살기 시작했고, 그 삶에 온전히 헌신하기를 원한다고 느끼는 지점에 도달했다. 그는 그 삶을 위해 헌신할 수 있고, 그것을 시도하고 싶다는 감각을 갖고 있다.

그의 치료 작업을 통해 붕괴에 대한 면역력이 생겼을까? 나는 그런 것 같다고 생각한다. 나는 그가 그의 정신증을 동화해냈다고는 말할 수 없지만, 그와 같은 어떤 일이 일어나고 있다고 말할 수 있다. 아마도 그것은 그가 아무런 도움도 받지 못한 채 손상을 입었던 순간의 상태를 통과해야만 하는 것과 관련되어 있을 것이다. 들어주는 사람은 그의 손상을 구성하는 하나의 요소이며, 이것은 그가 여러 번 언급한 것이기도 하다. 분명히 우리는 그가 자신의 말이 누군가에 의해 들려지고, 그가 자신 안에 있는 것과 접촉을 시도할 수 있으며, 거기에 무엇이 있는지를 말할 수 있는 하나의 상황을 창조해냈다. 물론 거기에는 다른 요소들도 있었다.

여기에서 언급되지 않은 한 가지가 있는데, 그것은 정신적 삶에 대한 나 자신의 사랑이라고 나는 생각한다. 나는 너무 피곤하거나 다른 문제에 마음을 빼앗기고 있지 않는 한, 그에게서 나오는 모든 것에 흥미를 느꼈다. 그에게서 어떤 것이 나오든지, 나는, 설령 당장은 아니라고 해도, 어느 지점에 도달하면, 그것을 들을 준비가 되어 있었다. 심리적 삶에 대한 이러한 사랑은 일종의 배경적 쿠션, 심리적 "느낌", 이해로서 기능했다. 그가 무슨 말을 하든지, 나는 그것을 내 안에서 찾을 수 있었다.

이것과 관련된 것이 심리적-말(psyche-talk), 일종의 심리적 허기의 필요성이다. 그것은 일상적인 대화의 관점에서는 이상하게 들릴 수 있는 말하기이다. 심리적-말은 우리의 정상적인 자기 안에 의심과 거부감을 불러일으키는 우주 안으로 들어가는 문을 열어준다. 심리적-말은 괴상하고, 과도하고, 미친 것처럼 들릴 수 있지만, 깊은 논리를 지니고 있다. 나는 우리가 그것에 대한 깊은 욕구를 갖고 있다고 생각한다. 기능에 대한 우리 문화의 강조는 우리로 하여금 그런 욕구를 볼 수 없게 만든다. 그 욕구가 차단되면, 그것은 한편으로 전쟁이나 경제적 및 군사적 광기로, 다른 한편으로, 기괴한 유행이나 미친 열정과 같은 광적인 현상으로 나타난다.

영화에 대한 커트의 관심은 내면 세계와 외부 세계 모두와 연결되어 있다. 그가 자신의 붕괴를 통해 접촉한 것이 그의 평생에 걸친 작업의 일부가 되었다. 광증은 그의 예술활동에 영향을 주었다. 그것은 광증이었고, 만약 길들여지지 않았다면, 순환했을 것이다. 심리적 몰두 과정에 들어가는 상태, 그것이 심리적 순환이다.

광증이란 말이 너무 강한 것일까? 또 다른 현실, 다른 공간, 다른 관심이라고 말하는 것이 더 나은 것일까? 물과 땅 양쪽 모두에서 사는 피조물인 우리는 심리학적 양서류이다. 뿐만 아니라 고대 현자들이 말했듯이, 우리는 흙, 불, 물, 공기 등 모든 차원들을 경험하는 존재이다. 우리의 위대한 도전들 중의 하나는 서로 다른 세계들 사이를 흐르는 것이다. 도교는 문의 경첩에 대해 말하면서, 우리를 구성하고 있는 앞뒤로 갈 수 있는 능력, 또는 다중적인 현실들을 드나들 수 있는 능력에 가치를 부여한다.

어쨌든 커트는 그가 살았던 현실들의 범위와 혼합물을 가치있게 여기는 분위기를 만났고, 때가 되었을 때 그것을 사용할 수 있었다. 그것은 모든 사람들이 할 수 있는 것이 아니고, 모든 환자와 치료자의 조합이 항상 좋은 것도 아니다. 아마도 우리는 그저 운이 좋았고, 그 운은 은혜로 물든 것이었을 것이다. 그 점에서 나는 우리의 관계와 작업이 진화된 방식에 대해 감사함을 느낀다. 아마도 커트와 나는 로벗슨 데이비스(Robertson Davies, 1983, p. 235)가 "확인되지 않았지만 깊이 느껴지는 어떤 힘"이라고 묘사한, 어떤 것에 대한 각자의 느낌에 접촉했던 것 같다.

제 7 장

팔이 떨어지다

비온은 그의 저서, 「숙고」(Cogitation)에서 한 환자의 꿈을 보고한다. 그 꿈은 꿈꾸는 사람이 자신이 타고 있는 기차를 향해 멈추라는 신호를 하려고 시도하는 순간, 그의 팔이 떨어지는 내용으로 되어 있다. 그는 기차가 위험을 향해 달려가고 있다고 보고, 마치 차를 타고 있을 때 그렇게 하듯이, 창밖으로 팔을 내밀어 정지신호를 보낸다. 그런데 그 순간 그의 팔이 떨어진다.

비온은 "그 환자는 기차를 운전해야 할 책임이 없는 사람이지만, 단순히 돕고 싶었고, 기차의 움직임에 대한 무지로 인해 발생할 수 있는 사고에 대해 경고하고 싶었다"고 말한다. 따라서 그가 경고하고자 했던 사람은 기차 승무원이 아니라, 보행자 또는 자동차의 흐름이었다. 아니면, 또 하나의 기차를 염려했을까? 환자가 경고하고자 했던 파국이 어떤 것이든지 간에, 그의 경고 수단은 실패할 것처럼 보인다.

이것은 약간의 특수성이 있기는 하지만, 비온의 전형적인 사례이다. "도움이 되고자 하는" 마음 상태가 나쁜 결과를 초래한다. 나쁜 일은 갑작스럽고 예측할 수 없게 일어난다. 이 경우, 하나의 파국이 다른 하나의 파국을 대체한다. 팔 하나가 떨어지는 것이 기차 사고보다는 낫다. 그는 위험을 갑작스런 상실로 바꾸려고 시도한다.

내가 아이였을 때, 나의 부모는 창밖으로 고개(팔)를 내밀지 말라고, 잘려나갈 수 있다고 말씀하시곤 했다. 명백한 거세 위협이었다. 비온의 환자의 꿈에서 팔은 저절로 떨어진다. 외부의 대상이 그것을 자르지 않는다. 돕고자 하는 시도와 파괴적인 결과가 연결되는데, 이것은 어떤 좋은 행위도 벌을 모면할 수는 없다는 말을 연상케 한다.

이것은 얼마나 좋은 행위였는가? 그것은 약간 망상적인 것처럼 보인다. 팔을 창밖으로 내밀어 정지신호를 함으로써 기차를 세울 수 있다고? 그럴 것 같지 않다. 왜 비상 끈을 당기지 않는가? 시간이 충분치 않거나 귀찮아서일까? 환자가 절박한 마음 상태였고, 충동적으로 행동한 것이었다는 점에서, 그것은 현실적인 결과를 얻기 위한 계획된 행동이 아니었다.

지옥으로 인도하는 길은 선한 의도들로 포장되어 있다. 그런 말은 망상적 요소에 물들어 있는, 도움과 파괴 사이의 연결을 강조한다. 우리는 특별한 관점에서 상황의 부분들을 바라본다. 상황을 잘못 판단해서 조급하게 행동하는 것은 드문 일이 아니다. 아마도 어떤 점에서, 모든 행동은 조급한 것이고, 비록 망상적이지는 않더라도, 일방적이고, 실수하는 것일 것이다. 그래도 우리는 행동할 필요가 있다. 이 경우에 그 개인은 사고를 피하려고 시도했지만, 그가 선택한 수단이 뜻밖의 상실로 이끌었다(파괴와 연결된, 돕고자 하는 시도에 대한 놀라운 묘사는 Philip K의 Dick's Valis를 보라).

비온은 그 사람의 팔이 본인의 의지와는 달리, 자발적이고 충동적으로 떨어졌다고 느꼈다. 그의 관점에서 볼 때, 이 고귀한 행동은 성공하지 못했는데, 그것은 그의 팔이 화를 내면서 땅에 떨어진 것처럼 행동했기 때문이었다. 팔이 자체의 마음을 갖고 있었다. 그것은 주인의 변덕스런 명령을 따르지 않았다. 개인이 창 밖으로 팔을 내밀어 기차를 세우는 일은 현실적이지 못하다. 아마도 그렇게 하는 것은 팔에게 떨어질 기회를 주기 위한 구실이었을 것이다.

환자의 자아의 관점에서 볼 때, 팔은 어른의 욕망을 잘 따르지 않는 고집스런 아이처럼 행동한다. 인간의 본성 안에는 못된 구석이 있고, 어디에도 맞지 않을 개구쟁이 같은 요소, 즉 어느 정도의 끈질긴 자율성을 갖고 있는 부정적인 측면이 있다. 사람들은 성장 과정에서 때로 사람을 난처하게 만드는 페니스가 스스로의 마음을 갖고 있다는 농담을 듣는데, 마치 그것과도 같다. 큐피드는 종종 파국과 연관되는 지혜의 상자에서 활을 꺼내 제멋대로 화살을 날리는 개구쟁이로 묘사된다. 우리는 욕망의 맹목성에 대해 이야기하는데, 그 욕망은 종종 우리의 시각을 따른다. 티레시아스(Tiresias)나 키이츠(Keats)가 말하는 눈먼 철학자인 "라미아"(Lamia)와 같은 인물은 또 다른 종류의 맹목을 보여주는데, 그것은 욕망의 올무와 장치들을 꿰뚫어보는 맹목이다. 세상 안에 있는 세상, 말 안에 있는 말은 각각 경험의 색깔, 다양성, 그리고 곤경을 만들어내는 데 나름대로 제 몫을 한다.

팔이 떨어지는 꿈에서, 고집스런 팔은 결국 환자의 목적을 성취한 것일 수 있다. 어쩌면 그 기차는 이 상황에서 멈추었을 수 있고, 반항적인 팔은 도착시간을 지연시켰을 수 있다. 최소한, 그 꿈은 환자와 마찬가지로 분석가의 주의를 끌도록 압력을 가했다. 환자는 파국적인 어떤 일이 다가오고 있다는 것, 즉 도움을 필요로 하는 상황이라는 것을 직감했던 것이다.

우리 안에는 때로 무의식적인 의도들이 과장된 방식으로 결실을 맺는 과정들이 있다. 무기력한 팔 신호 대신에, 팔이 떨어짐으로써 상황의 심각성을 높인다. 마치 내면의 어떤 것이 보통의 교통신호는 효과가 없을 것임을 알고 있고, 그래서 극단적인 수단에 의존한 것 같다. 돋보이게 하려는 의지와 그것의 성취가 연합된 이 사건에서, 성공과 실패의 차이를 말하는 것은 불가능하다. 왜냐하면 그것들 각각이 너무 많은 의미와 결과들을 갖기 때문이다.

우리는 또 다른 사례 이야기에서 팔을 움직이는 것이 어떻게 오판될 수 있는지를 배운다. "사람 살려, 사람 살려. 물에 빠졌어요. 인사를 하는 게 아니에요"(Bion, 1994, p. 231). 비온은 여기에서 파국이 진행 중인 상태를 표현하고 있다. 어떤 끔찍스런 일이 일어났고, 일어나고 있으며, 일어날 것이다. 삶과 인격은 과거, 현재, 미래를 통틀어 평생 지속되는 SOS 신호에 의해 특징지어진다(Eigen, 1986, chapter 3). 팔이 떨어지는 꿈은 파국을 가까운 미래에, 즉 임박한 시점에 위치시킴으로써 시작된다. 그러나 전체적인 연쇄과정은 계속되고 있거나 반복되는 어떤 것, 개인의 삶에 대해 말해주는 파국의 감각을 반영하는 것일 수 있다.

나는 앞에서 비온이 "그 환자는 기차 운전에 책임이 있지 않으며," 단지 그의 관점에서 다가오는 파국을 경고함으로써 돕고자 했다고 말한 것을 언급했다. 여기에 그런 상황과 연결되었을 수 있는 몇 가지 측면들이 있다.

1. 원색장면. 그 잠재적 기차 사고는 부모의 성교와 충돌에 대한 두려움을 나타낸다. 환자는 파국을 향해 달려가는, 또는 쾌락을 향해 달려가는 부모를 막을 수 없다. 깊은 곳에는 다산성과 파국, 즐거움과 삶의 고통, 경쟁의 아픔, 포용-배제, 축출과 총애 등의 연상이 흐르고 있다.

2. 외상. 그의 시도에도 불구하고, 아이는 그것이 싸움이든, 유

기 위협이든, 또는 소름끼치는 경멸의 분위기이든, 파국을 향해 가는 부모를 막을 수 없다. 또한 아이는 부모가 자신을 상처 입히는 것도 막을 수 없다. 그는 그것이 오는 것을 보고, 헛되이 멈추라는 신호를 보내고, 나쁜 일이 반복해서 일어나지 않기만을 바란다. 그런 순간에 팔이 떨어지는 것은 무력감을 나타낸다. 그는 상황을 호전시킬 수 없다. 고통과 상처의 문제를 해결할 수 없다. 그는 부모의 본성을 바꾸거나 더 나은 것으로 만들 수 없다. 여기 또 하나의 끔찍스런 일이 일어나고 있다. "제발 멈춰요. 하지 말아요."

3. 경직성. 그는 자신에게 일어난 일에 책임이 있는가? 우리는 우리의 삶과, 우리의 외상의 역사에 책임을 져야 한다는 말을 듣는다. 우리는 우리 자신들과 만나야 하고, 우리 존재의 문제를 갖고 씨름해야 한다. 기차에 대한 연상 안에는 탄력적이지 못한 무언가가 있다. 그것은 단단하고 강하고 움직이고 담아주는, 그러면서도 하나밖에 모르고 일방통행을 하는 궤도 위에 있기를 고집한다. 사람들은 어떤 사람이 하나의 궤도로 된 마음을 갖고 있다는 말을 한다. 때로는 이러한 고집스러움이 도움이 되지만, 다른 때에는 적응적이지 못하다. 아마도 그 기차는 환자 자신 안에 있는 단순 궤도적인 측면, 하나밖에 모르는 경직성에 대한 어렴풋한 인식을 나타내며, 그런 자신을 바꾸고 싶지만 그 방법을 모르고 있음을 나타낼 것이다. 그의 시도는 어떤 것을 바람직한 상태로 남겨두기 위한 것이었다. 그는 경직성과 파국 사이의 연결을 느끼면서도, 어찌해야 할 바를 모르고 있는 것 같다. 그는 무력감을 보상하기 위해 무언가를 해야 한다고 느끼지만, 그가 행하는 것은 다른 어려움들을 야기한다.

비온은 꿈꾸는 자의 팔이 독립적으로 행동했다는 것을 강조한다. 그것은 행위 주체의 명령을 따르지 않았다. 환자의 프로젝트는 임박한 파국을 알리는 것이었고, 그러면 모든 것이 다행일 것이고, 그는 인정을 받고 영웅이 될 것이라고 생각했을 것이다. 그러나 그렇게 되는 대신에, 그의 시도는 여행에 어려움을 더했고, 암묵적으로 하나의 일반적인 문제를 제기했다: 우리는 덜 상처주는 방식으로 우리 자신들을 돕는 방법을 발달시킬 수 있는가?

비온은 우리 자신들과 타인들을 돕는 것과 해를 끼치는 것 사이의 연결 문제를 제기한다. 팔이 떨어지는 꿈에서, 돕고자 하는 환자의 시도는 뜻밖의 결과를 가져왔다. 그는 외상, 파국, 그리고 무기력의 문제에 접근하거나 문제를 푸는 방법과 관련해서는 어찌할 바를 모르고 있다. 인간사 안에 있는 일정한 맹목성은 상황을 구성하고 있는 구조의 일부이다. 그 누구도 하나의 상황이 갖는 모든 측면들을 볼 수는 없다(설령 "모든 측면"이라는 것이 존재한다고 해도). 우리는 부분적으로 보지 못하고, 종종 우리가 보고 행하는 것을 과대평가한다. 이러한 태도는, 꿈이 제안하듯이, 충격을 만난다.

바벨탑의 요소

비온은 인간 상황에 대한 이해를 돕기 위해 몇 가지 신화를 사용한다. 에덴동산, 홍수, 바벨탑, 그리고 나르시서스 신화가 그것이다. 그것들 각각은 인간의 활동과 마음 상태에 대한 징벌을 포함한다. 신은 징벌적 세력이나 성향을 가진 존재로 묘사된다. 비온은, 개인은 종종 하나의 정서가 내부에 있는지, 외부에 있는지를 말할 수 없고, 자신의 정서적 경험이 그의 환경이 아니라 그 자신에게 속해 있다는 것을 인식하지 못한다고 말한다(1994, p. 236). 신이 우리의 이야기(narrative) 안에 등장하는 인물이기 때문에, 우리는 신의 성격을 살펴보는 것을 통해서 우리 자신에 관해 많은 것을 배울 수 있다(Eigen, 2002, pp. 140-148). 여기에서 우리는 비온이 묘사한 바벨탑 이야기의 일부를 만나게 된다(1994, p. 241).

바벨탑의 파괴는 팔이 떨어지는 것 또는 물에 빠진 것(성서에 나오는 홍수 이야기, "살려주세요. 물에 빠졌어요")과 연결되어 있다. 이것들에 대한 이차적인 연상은 정서적인 혼비백산과 정서적으로 휩쓸려가기를 포함한다. 비온은 사람들을 하나로 묶어주는, 풍부한 양분/생식능력을 나타내는, "인공적인 젖가슴-페니스"에 대해 말한다. 사람들은 높은 열망과 자발적인 노동력을 가지고 모였고, 함께 일하는 것을 통해서 하늘에 도달하고, 삶의 또 다른 수준에 도달하기 위한 공동의 노력을 펼친다. 신은 열망을 가졌다는 이유로(선악과, 바벨탑, 팔) 아담과 이브에게 상처를 입혔던 것처럼, 이들 사이의 연결을 손상시켰다. 세상에는 너무 높은 곳에 도달하는 것과 관련된 많은 신화들이 있다. 징벌은 바깥에서 올 수도 있고 상황 자체 안에 내재되어 있을 수도 있다.

어떤 사람들은 아담과 이브가 자신들을 상처 입혔다고 말한다. 상처를 주는 과정들은 인간 본성 안에 내재되어 있다. 그러나 우리는 좀 더 나은 어떤 것에 도달하기 위해 손을 뻗친다. 어떤 것에 도달하고 싶어 하는 우리의 충동은 우리로 하여금 직립 자세를 취할 수 있게 밀어붙이는 하나의 추동력일 수 있다. 자기-초월은 우리의 존재 안에 내재되어 있는 하나의 가닥이다. 타락 이야기(에덴동산 이야기와 바벨탑 이야기)는 우리의 체계가 견딜 수 있는 것보다 더 높은 곳에, 그리고 더 빨리 도달하고자 하는 우리의 시도와 관련되어 있을 수 있다. 우리는 우리 자신들보다 앞서 나아가는 바람에, 우리의 진보를 뒷받침해줄 자원이 부족한 상태가 된다. 우리의 생산 수단들은, 그것의 내용이 심리적인 것이든, 경제적인 것이든, 물리적인 것이든, 우리가 만들어낸 것들을 소화하는 우리의 능력보다 앞서 간다.

이 이야기에서 비온이 강조하는 하나의 주제는 묶는 것과 헤치는 것에 관련되어 있다. 그는 말이 갖는 묶는 활동과 집단을 이룬 사람들의 공동 활동 사이에 연결이 존재한다는 것을 지적한다. 비온은 말이 의미의 무리들을 하나로 모아주는 하나의 가정이라고 제안한다. 그것은 하나의 용어 아래, 그것 없이는 흩어질 뻔했던 대극들(opposites)을 포함해서, 수많은 가능성들을 연합시킨다. 하나의 단어가 다양한 의미들을 갖게 되는 방식은 때로 신비스럽게 느껴진다. 그것은 마치 시간을 두고 자체를 드러내는, 과정으로서의 지질학적 층들과도 같다. 의미들은 살아 있고, 새로운 의미를 탄생시키는 예상 밖의 조합들과 관계들에 불을 붙인다. 그리고 이 모든 것이 단 하나의 단어에 의해 이루어질 수 있다. 물론 단어들은 고립된 것이 아니고, 다른 단어들, 언어의 흐름들, 구조들, 의도들과의 관계 안에서 발생한다. 그러나 하나의 단어 안에서 얼마나 많은 것들이 진행되고 있고, 하나의 단어가 얼마나 많은 것들을 중재하고 하나로 묶어주는지를 아는 것은 우리가 누구인지에 대한 감각에 무언가를 더해준다.

묶은 것을 풀고, 흩어버리는 세력, 또는 연결들의 파괴자로서의 신을 지적함으로써, 비온은 우리의 본성 안에 자율적 성향이 내재되어 있다는 것을 말한다. 묶는 것과 헤치는 것은 모두 창조성에서 중요한 역할을 한다. 바벨탑 이야기는 창조성의 파괴를 강조한다. 여기에서 신은 인간의 협력을 공격하고, 팔이 떨어지는 꿈에서 그런 것처럼, 인간의 성취를 좌절시키는 못되고 시기하는 존재이다. 우리 자신 안에 있는 어떤 부분은 얌전하게 행동하지도 않고 협력하지도 않는다. 여기에서 신은 최고의 장난꾸러기요, 이유 없이 물건들을 깨뜨리는 아이와도 같다. 세우기와 파괴하기, 이것은 신, 자연 그리고 우리 자신들의 일부를 구성하는 속성이다.

우리는 변화를 위한 필수적인 과정으로서의 죽음과 파괴를 정당화한다. 그것들은 새로운 것을 위한 공간을 만든다. 우리는 이 주장이 얼마나 설득력이 있다고 생각하는가? 우리가 마음을 가라앉히고 바라볼 때, 우리는 창조 작업에 포함된 과정들의 복잡성을 어렵지 않게 알게 되고, 종종 조화-부조화의 다양한 혼합들 안에 있는 창조적인 긴장에 대해 이야기하게 된다. 예술가는 보다 흥미로운 어떤 것이 나타날 때까지, 출현하는 형태들을 파괴할 수 있고, 그 위에 덧그려 층들을 만들고, 지울 수 있을 것이다. 오늘날, 비평가들은 붓의 움직임 안에 담긴 폭력과 위반에 대해 말하는 것을 좋아하는데, 그들은 마치 위반과 일탈을 작품의 움직임의 일부로서 수용한 것처럼 보인다. 락 음악가들(rock artists)은 마치 그들의 음악의 원천을 부수는 것을 통해서, 들을 수 있고 경험할 수 있는 모든 것을 초월하여 벽의 저쪽 편으로 통과할 것처럼, 무대 위에서 그들의 악기를 부수는 단계를 거쳤다. 이것은 키이츠가 희랍인의 무덤에 대한 묘사에서 전달하고자 했던 "무음조의 영적 소곡"(spirit ditties of no tone)과는 다른 것이다.

어떻게 우리는 물질을 초월할 수 있도록 물질을 사용할 것인가? 어떻게 우리는 보다 충만하고, 미묘하고, 예상을 뛰어넘는 방식으로 초월적인 것을 이끌어내기 위해 물질을 사용할 것인가? 이 두 전략 모두는 심리적 충동 또는 욕구를 반영한다.

팔이 떨어지는 꿈과 바벨탑에 대한 언급에서 비온이 끌어내는 것은 우리 안에 우리 자신들이 만든 것을 파괴하고자 하는 경향성이 존재한다는 것과, 그로 인해 지불해야 할 것이 있다는 것이다. 만들어진 것을 파괴할 뿐만 아니라, 그것들을 만드는 과정들,

즉 연결하고 세우는 활동들도 파괴한다. 이 파괴적인 경향성이 사물을 새롭게 하는 데 중요한 역할을 할 수 있다. 그러나 거기에는 노력들을 무산시키고 우리를 실망시키는, 우리가 힘을 사용할 때 우리의 무릎을 뭉개버릴 준비가 되어 있는, 일종의 마피아가 자리 잡고 있다. 그것은 새것을 위해 길을 마련할 수도 있지만, 또한 우리를 타락하게 하고, 더 못한 존재가 되게도 한다(피학증, 또는 성공과 실패의 양면성). 그 외에도 때로는 우리 자신들을 보고 통찰을 얻게 하고, 우리들의 심리구조를 잠깐이나마 보도록 우리를 밀어붙인다. 비온은, 어느 특정한 순간에 아무리 파괴적인 활동이 작용한다고 해도, 그것은 우리 자신들 안에 내재되어 있는 과정들, 또는 우리의 우주 안에 내재되어 있는 과정들을 포함한다는 사실을 깨닫는 지점으로 우리를 데려다 준다. 그것은 박멸될 수 없는 것이지만, 우리는 그것을 조금은 따라잡고, 그것과 작업하는 법을 배우고, 그것을 완화시키고 조절하며, 심지어 그것의 흐름을 바꿀 수도 있다. 그러나 먼저 우리는 그것이 여기에, 우리의 안과 밖에, 실제로 존재한다는 것을 보아야 하고, 그것을 우리 자신들 바깥에 위치시키는 것을 통해서 그것으로부터 도망치지 말아야 한다.

    파괴적 세력이 우리를 존재로부터 그리고 인격의 속박으로부터 해방시키는 순간들이 있다. 플로티누스(Plotinus)는 신을 만나려면 어떻게 해야 하느냐고 물었을 때, 이렇게 대답했다. "모든 것을 끊어라." 예수는 애착을 잘라내는 검에 대해 말했다. 한 비행기 조종사가 그의 인격이 덮고 있는 내면의 본질에 대해 말하면서, 파괴가 그의 본질을 해방시킬 수 있을지도 모른다고 했다. "나는 내가 자신감이 있고 유능한, 사람들이 신뢰할 수 있는 사람처럼 보인다는 것을 알고 있다. 비행기에 탑승한 모든 사람들의 생명이 나의 손에 달려 있다. 나는 그 부분을 바라본다. 나는 내가 하는 일을 알고 있다. 하지만, 일은 잘못될 수 있고 통제에서 벗어날 수 있으며, 아무도 장담할 수 없다."

"그러나 나는 승객들이 나를 바라볼 때 나를 존경한다는 것을 안다. 그들은 내게서 내가 그들을 안심시켜줄 수 있는 사람인지를 보고 싶어 한다. 그리고 대부분의 시간동안 나는 그들에게 바로 그런 사람처럼 보인다. 그러나 나의 내면에는 이러한 고요함과 명료함만이 있지는 않다. 나의 인격은 마치 나를 둘러싸고 있는 껍질과도 같다. 그 안에는 내적 본질이 있다. 어떻게 그것과 접촉할 수 있고 소통할 수 있는지는 나도 모른다. 나는 나의 내면에 갇혀 있다. 아니, 나 자신의 외부에 갇혀 있다는 편이 더 낫다. 나는 나 자신의 주변에 너무나 많은 피부층들을 형성했다. 그러나 거기에는 내가 전혀 알지 못하는 깊은 인식이 있다."

"나는 하늘을 나는 것을 좋아한다. 내가 하늘에 있을 때, 나는 자유롭고, 나의 본질과 하늘이 하나인 것을 느낀다. 그것이 환상일지도 모르지만, 그런 일이 일어날 때 그것은 생생하게 느껴진다. 나는 그런 감정이 찾아오기를 기대하고 있다. 그것은 나를 진정된 존재라고 느끼게 해준다. 환상이 나를 진정된 존재라고 느끼게 만드는 걸까?"

"나는 비행기를 전속력으로 하강시켜 땅으로 처박히게 하고 산산조각이 나게 만드는 것을 상상하는 순간들을 경험한다. 모든 것은 사라진다. 때로 나는 그것이 나의 껍질을 벗을 수 있는 유일한 길인 것처럼 느낀다. 모든 덮개를 단번에 제거하라. 나는 나의 내적 본질을 해방시키는 철저한 파괴를 마음속에 그린다."

자신의 본질을 해방시키는 파괴. 그것은 에덴동산, 바벨탑, 팔이 떨어지는 꿈의 또 하나의 변형이다. 파괴가 어떤 역할을 한다고 해도, 그것은 생명의 파트너이다. 우리는 그것과 잘 지낼 수 있는 방법을 찾고, 그것에 대해 작업할 수 있는 길을 찾는 것이 좋을 것이다.

길이 아닌 길

비온이 제시한 예들은 파괴의 세 가지 양태 또는 기능들을 제시한다.

1. 자기-파괴적인 양태. 우리는 세우고 창조하고 성공하고자 하는 시도들을 취소시키고, 깨뜨리고, 파괴한다. 대부분의 행동들은 세우는 경향성과 파괴하는 경향성이 혼합된 것이고, 그 둘 사이의 타협물이다.

2. 어떤 것에도 매이기를 거부하고 정체성 없이 사는 성향. 통제를 벗어나고 싶어 하는 우리 본성의 일부.

3. 제로 상태, 공허, 무, 알지 못함을 향해 움직이는 무화(nullifying) 성향.

비온은 알 수 없는 궁극적 실재에 대한 하나의 상징으로서 O를 사용한다. 밀너(Milner, 1987)는 비온과 신비주의에 대해 쓴 글에서, O를 많은 측면들을 가진 제로라고 말한다.

"공"(空)을 추구하는 신비가들과 부정 신학(negative theology)의 경우, 신을 향해 가는 길은 "이것도 아니고 저것도 아닌," 끊임없이 부정을 통해 가는 길이다. 예수는 "아버지여, 저들을 용서하소서. 저들은 자신들이 무슨 일을 하는지 알지 못합니다"라는 말에서 이 주제를 다루었다. 이 구절에서 "그들"이라는 단어를 "우리"라는 단어로 바꾸어보자. 그러면 "우리는 우리가 무슨 일을 하는지 알지 못합니다"가 된다. 상당한 정도로, 우리는 알기를 원치 않고, 알 수 있는 능력이 우리에게 없는 것처럼 보인다.

비온은 거듭해서 우리를 철저한 알지 못함의 지점으로 데려간다. 그에게 있어서 알지 못함은 정신분석적 태도의 핵심 요소이다. 탑을 건설함으로써 하늘에 도달한다는 것은 앎에 대한 긍정이다. 이 시도에서 실패하는 것은 무능, 역량 없음, 알지 못함의 깊이를 경험하는 것이다. 알지 못함은 그 자체의 힘, 창조성, 경이로움을 갖고 있으며, 우리가 누구이고, 어떻게 살고, 우리 자신을 어떻게 느끼는가를 변형시키는 기능을 갖고 있다.

비온은 어디에선가 정서적 경험에 따른 이차적인 상황과 정서적 경험 자체가 문제인 일차적인 상황을 구분한다(1994, pp. 234-235). 전자의 경우, 일반적인 인지적 도구가 효과적일 수 있다. 분석하고 종합하는 과정들은 가능성들을 열어주고 어딘가에 도달하게 해줄 수 있다. 그러나 정서적 경험 그 자체가 일차적인 문제일 때, 그것을 해결될 수 있는 것으로 간주할 수 있는 길은 아마도 없을 것이다(ibid., p. 235).

이와 같은 진술은 인지, 판단, 이해, 통제에 대한 기본적인 도전이다. 우리는 해결을 성취할 수 있는 수단을 아직 갖고 있지 않은, 어쩌면 존재하지 않는 것일 수도 있는, 그런 문제를 다루고 있다. 아마도 거기에 있는 문제들은 해결이 없는 것들일 것이다.

나는 붓다가 고통을 해결될 수 있는 것이 아닌 정서적 경험으로 간주했다고 생각한다. 그것을 풀 수 있는 수련 방법이나 인지 방법은 없다. 그는 무엇을 했는가? 그는 문제를 지닌 채 앉아 있었다. 그것을 우회하지도 않았고, 가짜 해결을 찾지도 않았고, 욥을 찾았던 위로자들처럼 값싼 위로도 제공하지 않았다. 그는 알지 못하는 것과 함께 앉아 있었다. 그의 방법은 알지 못하기였다. 나는 벽면을 향한 채 충분히 오랫동안 머문다면—벽에 머리를 계속해서 부딪치는 행동에 대한 속담에서처럼—, 무언가가 일어난다고 제안한다. 해결될 수 없는 정서적 문제(즉, 고통)와 함께 머무르는 강도가 다른 정신적 영역을 열어준다.

온 힘을 다해 어떤 것과 함께 머무르는 것은 정신에 구멍을 낼 수 있고, 한 사람을 다른 장소로 데려다 줄 수 있다. 이것은 강렬함이 정신을 개방하고, 다른 경험적 가능성이 그 모습을 드러내는 일종의 웜홀(wormhole)이다. 고통을 겪는 것이 고통을 끝내는 것은 아닐지 모르지만, 그 고통에 대한 개인의 경험은 변한다. 붓다의 경우, 고통과 함께 머무는 것은 열반(Nirvana)으로 인도했고, 그 다음에는 다시금 고통으로 돌아갔다. 고통(samsara)↔열반의 연속체가 있다. 그는 경험에 의해 변화되었던 것이다. 고통이 사라지지는 않았지만, 무언가가 일어났고, 그것이 차이를 만들어냈다.

"해결할 수 없는" 경험은 "개인의 지능과 인격의 장치에 압력을 가하며," 이는 뜻밖의 길을 열도록 밀어붙일 수 있다. 나는 "모든 것이 똑 같은 상태로 남아있으나, 똑 같은 상태로 남아있는 것은 아무것도 없다"라는 옛 말을 생각한다. 우리는 변화하는 존재이고 해결할 수 없는 정서적 경험은 변화의 촉매자이다.

언젠가, 일차적이고 핵심적인 문제로서의 정서적 경험에 관한 비온의 논의에 대해 명상하고 있을 때, 나는 "나 자신이 해결할 수 없는 정서적 경험"이라는 것을 깨달았다. 삶이, 나의 삶이 그것이다. "나는 누구이고, 무엇이며, 어디에 있는가"는 정서적 연결망의 측면들이며, 그 안에서 "해결"이라는 단어는 잘못 인도하는 것일 수 있다. 내가 갖고 있는 정서적 문제는 실제 경험에서 끝이라는 것이 없고, 종착점이 없는 것이다. 그것은 길이요, 해결할 수 없는 "문제"를 이렇게 말하는 것이 이상하지만, 하나의 열림이다. 벽인 나는 하나의 열림이다.

* * *

비온은 "우리가 설명할 수 있는 장치를 갖고 있지 않는," 광범위한 범위의 정신적 현상들에 대해서 말한다(1994, p. 314). 그는 그것들을 설명하려고 했던 자신의 시도들이 아무리 세련된 것처럼 보일 수 있다고 해도, 꿈 사고, 꿈, 신화와 같은 것으로 취급되어야 한다고 말한다. 그는 꿈과 신화에 관련된 과정들이 정서적 현상들을 작업하는 데 도움을 준다고 느낀다. 그런 현상들은 다른 과정들을 통해서는 이해될 수가 없다고 본다.

그는 이러한 한계와 열림의 감각을 정신분석학에 적용한다.

"자체의 실체를 지닌 정신분석적 영역이 존재하는 것으로 보인다. 그것은 의심의 여지가 없고, 변함이 없고, 그것 자체의 규칙에 의해서만 변할 수 있는 것이다—설령 그 규칙들이 알려지지 않는 것이라고 해도. 이 실재들은, 만약 적절한 장치가 잘 기능하는 상태로 사용될 수 있다면, '직관'이 가능한 것들이다"(ibid., p. 315).

어떤 상황에서, 우리는 이해하거나 이해할 수 없는 정서적 실재들을 직관할 수 있다. 이것은 직관이 잘 기능하고 있고, 기억, 욕망, 이해로부터 자유로운 상태에 있다는 것을 전제로 한다. 비온은 직관이 이해에 의해 손상될 수 있다고 본다. 그는 알지 못하는 정서적 실재에 대한 철저한 개방성을 지속적으로 요구되는 정신분석적 규율, 또는 길로서 묘사한다.

정서적 실재들은 장애 영역들, 소요(騷擾) 영역들, 그리고 '투명한 영역들과는 대조되는 모호한 영역들을 갖고 있는 것으로 경험될 수 있다. 우리는 저 위에 있는 하늘이 폭풍의 영역과 고요한 영역을 갖고 있다고 생각할 수 있다. 정서는 동요된 상태이거나 평화로운 상태 외에는 그다지 중요하다고 생각하지 않는 경향이 있다. 시간이 지나면서, 차츰 정서 경험의 전반적인 윤곽이 형성될 수 있고, 우리는 우리가 접근할 수 있는 것 외에도 접근할 수 없는 것이 여전히 남아 있다는 것을 염두에 둔 채, 현존하는 정서를 좀 더 상세하게 서술하려고 시도한다.

　한 환자가, 세상에는 아무리 많은 작업이 행해진다고 해도 결코 바뀌지 않는 사람들이 있고, 자신도 그들 중의 하나이며, 그의 부모들과 그 외의 다른 사람들도 그렇다고 열렬히 설명하고 있었다. 그는 몇 해 전까지만 해도 자신이 꿈만 꿀 수 있었던 경험들(더 정확하게 말하자면, 몇 해 전에는 꿈도 꿀 수 없었던, 그것의 존재조차도 그가 알지 못했던 가능성들)에 접근하고 있다. 그는 급진적으로 열려 있고, 그러면서도 닫힌 상태로 남아 있다. 그는 심리적으로 꽉 쥐어진 주먹으로 서술될 수 있는 영역들과 함께 변화의 영역들을 경험한다. 닫힌 상태는 그를 사로잡고, 그의 정신적인 계산법 안에서 열린 상태를 취소시킨다. 하지만, 비록 닫힌 상태가 완강하게 버티고 있지만, 그는 열린 상태를 포기하지 않는다. 내가 언급한 그 순간에, 그는 마치 변화란 사람을 감질나게 할 뿐 얻어질 수 없는 것이라고 조롱이라도 받은 것처럼, 변화하지 못한다는 이유로 삶, 치료, 그의 부모, 특히 그 자신을 평가절하했다. 변화의 문은 닫혔고, 그는 그 문의 잘못된 쪽에 있다.

　나는 이런 비슷한 말을 했다. "어쩌면 변화가 문제가 아닌지도 모르죠. 당신 자신을 포함해서 당신이 말하는 사람들은 많은 경험들을 했어요." "그래요. 우리는 많은 경험들을 했어요." 그는 대답했다. 어느 한 지점에서, 그는 그가 겪었던 모든 일들을, 그것들의 풍부함을 느끼면서—설령 그가 그 풍부함을 느낄 수 없더라도—울음을 터뜨렸다. 그는 그의 삶 안에 사랑이 있다는 것을 알았고, 남김없이 경험하는 것을 가치 있게 여겼다. 치료는 그가 느낄 수 없었던 모든 것에 직면하도록 지원해 주었고, 그래서 그는 모든 난관을 극복할 수 있었다.

잠시 동안, 경험은 판단으로부터 풀려났다. 성장 그리고 변화 같은 용어는 박해적일 수 있다. 사람들은 얼마나 경험하느냐가 아니라, 얼마나 변화하느냐에 따라 자신들을 판단한다. 변화가 경험을 박해하는 것이다. 판단적인 관점은 우리에게 "변화하라. 경험으로는 충분치 않다"라고 말한다. 사람들은 변화가 충분하지 않을 때 자신이 결핍된 존재라고 판단한다. 사람들은 부족함과 불충분함에 고착되고, 자신이 경험한 것들과, 자신의 삶 전체, 자신이 살았던 삶을 평가절하 한다.

"가치에 대한 인정—평가절하"라는 대극이 존재한다. 내 환자의 경우, 후자가 더 비중이 크다. 삶, 그의 삶, 그 자신 안에 무언가 잘못된 것이 있기 때문에, 다른 것들은 전혀 중요하지 않다. 하지만, 그는 자기 자신이 되기 위해 싸우면서, 나와 함께 머물렀다. 나는 이것이 욥의 이야기에서처럼 아무런 위로도 없고, 붙들 수 있는 것이 아무것도 없으며, 믿을 것이 없는 곳에서, 그럼에도 불구하고 우리가 발견하는 믿음의 토대라고 생각한다.

떨어지는 팔, 무너지는 바벨탑, 상실, 불행, 파국은 어디에 있는가? 그것은 그 자신의 존재 안에, 즉 끝없는 구덩이 속으로 떨어지는 것을 통해 찌그러진, 그 자신의 심리에 있다. 하지만 그는 자신을 살아있는 순간들 안으로—그 순간이 비어있는 눈빛을 지닌 순간이든 아니든 간에—최대한으로 투자할 수 있었다. 그는 치료에 그가 가진 모든 것을 쏟아 부었다.

역시 그가 가진 모든 것을 쏟아 부었던 다른 한 환자는 그 자신의 나(I)로 인해 고통을 받고 있었다. "저는 선생님의 글 어딘가에서 저의 '나'가 욱신거리는 엄지손가락처럼 삐져나온다는 내용을 읽었습니다. 저는 그것을 평생 동안 느껴왔어요. 저는 그 나를 사라지게 하려고 노력하지만, 그것을 녹여 없애려고 하는 것도 바로 나예요. 저의 나는 장애 그 자체예요. 저는 하나의 장애예요. 저는 제가 저의 나를 제거할 수만 있다면, 더 좋아지고 명료해질 것이라는 느낌을 갖고 있어요. 성자들은 그들의 나를 무화시키려고 노력한다는군요. 저는 토마스 머튼(Thomas Merton)이 인도의 불교 스님에게 그들은 그들의 나를 다 없앴고 그래서 나를 갖고 있지 않느냐고 물었다는 구절을 기억합니다. 아마도 그 스님들은 그런 시도가 가치 있는 것이라고 느꼈을 거예요."

"선생님은 죄, 악, 선생님을 무는 무언가를 어떻게 제거하시나요? 그것은 우리를 물고, 결코 놓아주지 않아요. 선생님은 시간이 지나면서 강해지나요? 아니면 에너지를 잃고 포기하나요? 무는 것은 멈추지 않아요. 이것은 해결되어야 할 무엇인가요? 아니면 그냥 함께 살아야 하는 건가요? 사람들은 고통이 우리를 깨운다고 말하지만, 그것은 우리를 잠들게 할 수도 있어요."

이틀 전에, 하나의 기적이, 운명의 바퀴가 행운을 향해 방향을 튼 일이 일어났다. 이른 아침이었다. 나는 잠이 든 것도 깨어 있는 것도 아닌 상태였다. 조용히 숨을 쉬고, 그 숨소리를 들으면서, 그리고 그런 나를 느끼면서 누워 있었다. 내면으로는 울고 있었다. 거기에는 밑바닥이 없을 거라는 느낌이 그리고 아무것도 해결될 수 없을 거라는 느낌이 있었다. 잠시 동안—거기에 내가 없었는지 아니면 그런 인식조차 없었는지 말할 수 없다—나를 고문하던 그 느낌이 멈추었다. 그것은 어디에 있었는가? 그것은 마치 맑은 하늘과도 같았다. 거기에는 이것 대 저것의 흔적조차 없었다. 누가 옳고, 누가 어떤 입장과 믿음을 갖고 있는지에 대해 싸울 일이 없다. 단순히 맑은 하늘이 있었다. 그것은 어디에 있었는가? 나의 눈 뒤인가? 앞인가? 아니면, 말로 표현할 수 없는, 당신이 생각하는 장소가 아닌가?

"저는 저 자신과 논쟁을 계속하고 있습니다. 그러나 내면으로는 행복하다고 느낍니다. 맑은 하늘은 아무런 장소가 아니지만, 사라지지 않습니다. 거기에는 졸졸 흐르는 실개천이 있습니다. 그것은 아무 곳도 아닌, 장소 없는 장소에 있는 실개천입니다. 장소라는 단어가 여기에서는 맞지 않습니다. '나를 떠나지 마'라고 저는 말하고 싶습니다. 그러나 지나치게 극적인 것은 바람직하지 않습니다. 나는 그 희미한 반짝임을 그리워할 수도 있습니다. 여기에서 다시 줄다리기가 시작되지만, 그 반짝이는 빛은 멈추지 않습니다."

이 환자는 경험의 동일한 장(場) 안에서 장애와 평화를, 그의 나가 느끼는 맥박치는 고통과 맑은 하늘, 이 두 가지 모두를 말하고 있다. 그 순간에 자기 파괴는 희미해지지만 그는 위험에서 벗어나 있지 않다. 어느 순간에라도 갑작스런 공격이 발생할 수 있다. 그 공격은 남아있는 어떤 것을, 또는 체계 안에—그 체계가 하나의 믿음이든, 조직화 원리로서의 행동이든, 인격 패턴이든, 아니면 태도이든—담겨지기를 거부하는 어떤 것을 주목하라는 자기 자신을 향한 요청일 수도 있다. 또는 파괴에 대한 순수한 욕구일 수도 있다. 거기에는 또한 모든 것들이 진행되게 하는 우리 안에 있는 개구쟁이 요정도 있다. 전통적으로, 개구쟁이 요정은 많은 얼굴들을 갖고 있다(큐피드, 팬, 악마들, 악한 성향).

그 순간 거기에는 행복한 열림, 안도감, 그리고 안도감 이상의 것이 있다. 그것은 직접 경험하지 않았더라면 그런 것이 존재한다는 것을 믿지 못할 수도 있는, 예상할 수 없는 경험의 맛이다.

나의 환자는 이렇게 덧붙인다. "카마수트라는 깨달음은 전지하고, 붓다는 전지성 또는 전지성의 영역들을 갖는다고 말합니다. 제가 경험했던 명료한 순간은 전지성이 아니었습니다. 그냥 거기에 있는 것이었어요. 그것은 아무것도 해결해주지 않았고, 어떤 대답도 주지 않았어요. 하지만 그러한 대답 없는 장소 안에서 사는 것은 해방이었습니다."

팔이 떨어지는 꿈과 바벨탑 이야기는 특정한 추동, 추구, 불안을 갖고 있다. 바벨탑 이야기는 어떤 팽창이 있은 후에 희망이 박살났던 어떤 사건을 암시한다. 그것들은 격랑, 파국, 파국적 불안의 순간들을 나타낸다. 나의 환자는 만족스런 한 영역을 발견했다. 만족은 부적절한 이름이다. 그리고 평화, 쉼, 안도감 같은, 자기의 부담으로부터 그리고 자기의 고문으로부터 자유로운 순간들도 마찬가지이다. 어쩌면 그것은 영혼의 안식일을 구성하는 부분일 것이다. 하지만 "맑은"이라는 단어가 자꾸 등장한다. 맑은 공간, 그것은 위치를 정하기 힘든, 그러나 눈 또는 눈의 배경과 관련되어 있는—비록 그것들에 국한된 것은 아니지만—, 시각적 또는 유사-시각적 경험인 것처럼 보인다. 맑은 공간을 본다는 것은 무엇인가? 맑음은 그 안에 귀를 갖고 있다. 언어의 사건 또는 심리적 반향을 갖고 있다. 마치 듣기, 내면을 듣기와 관련된 어떤 것이 우리가 볼 수 있는 것과 연관되어 있는 것 같다. 비온은 앞에서 제시한 사례에서, 장애와 장애 없음이 심리적 장의 일부를 구성하고 있는 하나의 경험임을 주목한다.

폭풍—청명함의 조합은 교대하거나 동시에 작용할 수도 있는 심리적 성분이다(Eigen, 2005). 그것들은 많은 문화적 및 개인적인 반향들을 갖는다. 도시에 대한 폭격 경보와 모든 청명함의 신호들의 변동, 폭풍과 그 후에 이어지는 전율케 하는 고요함, 부부싸움과 그 후의 화해, 섹스에서의 리듬, 정서적 폭발과 교대하는 고요함, 흥분과 쉼 또는 조용함, 고통↔열반 등이 그것들이다. 차이와 부조화가 어떤 것이든, 외부 실재와 내면의 실재 사이에는 잘 맞거나 공명하는 정도가 있다.

나의 환자는 그가 뜻밖에 경험한 청명함의 경험에 특별한 가치를 부여했다. 그것은 해결해준 것은 아무것도 없지만, 사물에 대해 느끼는 그의 방식을 바꾸어주었다. 그것은 단순히 압력, 히스테리, 욕동 그리고 불안이 줄어드는 것이 아니라, 해빙과 이해를 가져다주었고, 꼭 수용까지는 아닐지라도, 인정할 수 있게 해주었다. 삶의 무거움의 일부가 순간적으로 줄어들었고, 그에 따른 느낌이 머물러 있었다. 그리고 그 순간은 계속해서 영향력을 발휘했고, 더 많은 다른 순간들이 찾아왔다.

내가 언급한 마지막 두 환자들은 그들 자신의 심리, 심리적 실재에 의해 고통을 받고 있었다. 한 사람은 자신의 삶을 느낄 수 없는 문제 때문이었고, 다른 한 사람은 그의 나(I)가 고통과 함께 맥박치는 문제 때문이었다. 두 사람 모두는 고통 속에 있었다. 전자의 경우, 나는 심장을 갖기를 소망했던,「오즈의 마법사」에 나오는 양철인간을 생각하게 된다. 아마도 그는 자신의 깨어진 심장과, 인류의 깨어진 심장, 또는 어쩌면 신의 깨어진 심장을 느낄 수 있기를 소망했을 것이다. 일종의 신앙이 그들로 하여금 여정을 계속할 수 있게 했다. 그들은 삶에 모든 것을 줄 수 있었다. 그것은 단순히 앞서거나, 승자가 되거나, 최고가 되는 문제가 아니었다. 삶이 그들에게 모든 것이었기 때문에, 그들은 삶에 그들이 가진 모든 것을 준 것이다. 사람들은 그들이 줄 수 있는 모든 것을 그들의 삶에게 준다. 수백만 번 그들의 팔은 떨어지고 바벨탑은 무너진다. 그러나 그들은 삶을 둘러싼 방어막을 깨도록 내몰린 채, 그리고 종종 실패를 안내 삼아 그들의 여정을 계속한다. 성서는 계속해서 완고한 가슴, 가슴의 변화, 몸을 가진 인간의 가슴을 갖는 것에 대해 말한다. 온 마음과 영혼과 힘을 다해 생명의 심장을 경험하라는 것이다. 나의 환자들은 실패와 성공, 열림과 상실의 순간이 어떤 것이든 간에, 바로 그 궤도 안으로 이동할 수 있었다.

제 8 장

음악과 정신분석

[이 장은 스테판 블로흐(Stephen Bloch)와 폴 애쉬튼(Paul Ashton)이 음악과 정신: 현대 정신분석학적 탐구, 봄 학술지에 게재하기 위한 목적으로 아이건 박사와 인터뷰한 내용으로 구성되어 있음]

　블로흐: 선생님의 글은 본질적으로 매우 음악적인 것 같습니다. 다른 분들이 말했듯이, 선생님은 매우 환기적인 방식으로, 어떤 것에 대해서라기보다 음악적 정신 안에서 글을 쓰시는 것 같아요. 예컨대, 애너 고브린(Aner Govrin)은 박사님의 글(2007)의 음악성에 대해 말했더군요. 선생님은 분석적 만남에서 어떻게 음악적으로 반응하고 느끼시는지 한 말씀 해주시겠어요?
　「독이 든 양분」에서, 선생님은 마음이 혼란스러운 환자가 치료사 안에 있는 음악적인 핵과 같은 어떤 것에 도달하는 것에 대해 감동적인 글을 쓰셨습니다. 그 구절은 오랫동안 저의 마음을 떠나지 않았어요. 이 음악적인 핵이 무엇인지 좀 더 자세히 말씀해 주셨으면 합니다. 상담실 안에서 선생님이 음악적으로 계신 곳은 어디죠? 이것은 특정한 작업, 주제, 또는 청각적인 이미지들을 말하는 건가요? 아니면 폭넓은 음악적 감수성을 말하나요?

아이건: 저는 제가 회기에서 특별히 음악을 생각하거나 음악적인 무언가에 조율한다고는 생각하지 않습니다. 가끔씩 마음에 떠오르는 음률이나 소리를 내기도 하고 흥얼거리기도 하지만요. 때로 누군가가 어머니가 아이에게 하듯이 자장가를 불러달라고 하면, 저는 어떤 것이 나오든지 상관하지 않고 소리, 말, 음률이 혼합된 것을 조용히 불러줄 겁니다. 그런 순간에 제 가슴은 떨리고, 가슴에서 가슴으로 울리고, 눈물이 맺히죠. 저는 종종 이스라엘 고유의 가락을 작곡하는데, 제 노래를 듣는 사람은 깊이 흐느끼곤 하죠. 그들은 마치 그런 식으로 접촉되기를 갈망했지만 막상 그런 일이 일어날 때, 그것을 믿기 어려워하는 것 같아보이곤 합니다.

말을 하는 것과 말을 멈추는 것에도 음악성이 내재되어 있어요. 마치 음표와 쉼표, 음정, 리듬이 그렇듯이, 스스로 발생하는 모든 것에는 음악이 담겨 있습니다. 이런 종류의 "춤"에 대해 저는 할 말이 많아요. 과거에 재즈 연주자였던 저는 회기에서도 즉흥 연주를 하는 것이 자연스럽습니다. 당기는 리듬, 급격한 움직임, 밀기, 빨리 달리기와 레가토를 느낄 수 있어요. 이 모든 것들과 더 많은 것들이 함축적으로 일어나는데, 그것들의 대부분은 주목받지 못하죠. 저는 사람들이 이러한 변화와 그것들의 음악성을 모르고 있다고는 생각하지 않지만, 그것들은 보통 초점 대상이 아니죠.

음악은 우리의 피부 안에 한 순간의 느낌으로 있습니다. 저는 마치 제 영혼이 제 목소리 톤에 있기라도 하듯이, 제 목소리의 톤이 듣는 사람의 내면을 어루만진다는 말을 종종 듣곤 합니다. 목소리는 변하고, 가끔은 어떤 것보다도 더 음악적이죠. 하나의 목소리는 많은 변화를 거칩니다. 몇 시간 동안 지속되는 아이의 목소리의 변화는 어른들을 지치게 하죠. 만약 아이가 겪는 것을 어른이 겪는다면, 그 사람은 회복하기 위해 한 달은 쉬어야 할 겁니다.

제가 이런 말을 하지만, 그것이 지금 제가 말하고자 하는 초점은 아닙니다. 저는 좀 더 깊은 것, 음악의 핵에 대해 언급하고 싶어요. 음악에는 핵이 있습니다. 아마도 그것은 하나 이상이겠죠. 예를 들면, 회기에는 소리가 있어요. 하나의 회기 또는 사람은 소리를 갖고 있습니다. 말하자면, 사람들은 냄새―정신적 냄새―를 갖고 있듯이 소리를 갖고 있어요. 소리(sound)라는 단어는 또한 건강―정신이나 몸의 건강, 또는 판단이나 의도의 건전함―과 연관되어 있어요. 그것은 원초적 언어로, 건강하다는 것을 암시합니다.

그러나 저는 여기서 더 나아가 소리 없는 소리와 접촉고자 합니다. 세상에는 천체(spheres)의 음악과 흡사한 영혼의 음악, 내면의 음악이 있습니다. 우리는 그것을 들을 수 있습니다. 하지만 그것은 전혀 소리가 없어요. 심오하게 고요합니다. 그런데 이 고요함이 소리를 냅니다. 그것은 깊이 음악적이죠. 키이츠(Keats)는 "음조 없는 영적 소곡들"(spirit ditties of no tone)에 대해 글을 썼습니다. 이 음조 없음이 우주의 음조인 순간들이 있어요. 시인들은 종종 말없는 실재를 전달하기 위해 말을 사용하죠. 우리는 서로에게 울리는 것, 또는 내면의 종소리, 또는 당신의 종(bell)을 울리는 나의 종과, 나의 종을 울리는 당신의 종에 대해 말합니다. 무엇이 우리 안에서 울리는 걸까요? 우리는 그것을 들을 수 있거나 거의 들을 수 있죠. 그때 우리는 어떤 감각을 사용하죠? 고요함이 소리를 갖고 있나요? 내 고요함과 당신의 고요함. 쉿, 들어보세요. 종종 우리는 성서에서, 귀를 기울이고 들으라(hear)는 말을 듣습니다.

들으라, 오 이스라엘, 조용하라, 들으라, 너희는 하나님의 음성을 들을 것이다. 그것은 단순히 잠잠하고 작은 목소리거나 폭풍

속의 목소리가 아니라, 소리 없는 소리입니다. 그것은 가슴이 가슴에게 말하는, 가슴을 떨리게 하는 가장 순수한 음악입니다. 어떤 점에서, 천체의 음악은 가슴의 음악이 "투사된 것"일 겁니다. 가슴의 음악은 만물에 스며들고 있고 인간의 삶이 어떤 것인지를 말해줍니다. 그런데 왜 현실은 그렇지 못할까요? 어째서 그렇게 불협화음이 많을까요? 저는 이 순수함의 맛을 일깨우는 소리를 아일랜드에서 만들어진 종소리에서 들은 적이 있습니다. 순수한 소리. 그것은 귀를 통해 전달되는, 귀-영혼 또는 귀-가슴을 연결시켜주는, 인간의 몸을 입은 신적 음조(divine tone)였죠. 가슴(heart)이라는 단어 안에는 귀라는 단어(ear)가 들어있는데, 그래서 우리는 그 소리를 들을(hear) 수 있나봅니다. 귀(ear)와 눈물(tear)도 마찬가지입니다. 그래서 우리는 귀로 듣고 감동받을 때 눈물을 흘리는 거죠. 우리는 매우 음악적인 몸, 매우 음악적인 정신을 가지고 있습니다. 그런데 음악 중에는 이 사실을 숨기는 음악이 있고 보여주는 음악이 있습니다. 목소리, 소리, 충격, 감화력을 말입니다. 밀너(Milner)에게 있어서 신체라는 장소는 매우 중요한 것이었습니다. 밀너와 비온 두 사람 다 그림을 그렸습니다. 그림을 그리는 것은 시각적인 일이고, 신체 요소들을 외재화하는 것입니다. 그러나 그 이상으로, 그림은 신체의 상태로부터 나오는 것일 수 있고, 눈으로 보이는 신체의 모습들을 통해서 신체의 상태를 표현하는 것일 수도 있습니다. 어떤 그림들은 음악적이에요. 칸딘스키(Kandinsky)나 미로(Miro)의 작품들이 명백히 그렇죠. 어떤 점에서, 우리는 어떤 순간들에만 음악적인 신체를 갖습니다.

어쩌면 음악은 우리의 신체, 우리의 리듬, 과정들의 타이밍을 위한 기본적 구조이기도 합니다. 아마도 신체의 시간, 리듬, 음조를 듣고, 그 위에다 소리를 위해 양분을 공급하는 들을 수 없는 종류의 듣기를 건설하는 특별한 귀가 있을 겁니다.

블로흐: 저는 선생님이 방금 침묵에 대해서, 그리고 음악에서 침묵이 갖는 자리(또는 침묵 속에서 음악이 갖는 자리)에 대해 말씀하신 것에 감명을 받았습니다. 의도적으로 침묵을 사용하고 연관시키는 두 사람의 현대 작곡가, 존 태브너(John Tavener)와 아르보 패르트(Arvo Part)(소위 거룩한 미니멀 아트 예술가들[holy minimalists])가 생각나네요. 존 태브너와 인터뷰한 내용을 담은 「침묵의 음악」(The Music of Silence, 1999)이란 제목의 책이 있습니다. "벤저민 브리튼을 추모하는 성가(Cantus in Memory of Benjamin Britten)"에서 아르보 패르트는 침묵의 "삼박자"로 글을 시작하는데, 침묵을 먼저 음악가의, 그리고 그 다음은 청중들의 의식적 인식이라고 말합니다.

저는 특히 음악과, 비온의 알파 기능에 대한 선생님의 견해를 듣고 싶습니다.

아이건: 제가 방금 언급했듯이, 음악은 드러낼 수도 있고 숨길 수도 있습니다. 그리고 우리는 여기에서 더 나아갈 수 있습니다. 음악은 음악을 양육할 수도 있고 죽일 수도 있습니다. 제가 말하고자 하는 것은, 음악은 정신을 중재할 수도 있고 죽일 수도 있다는 것입니다. 우리는 자살이라면 깜짝 놀라지만, 사실 우리는 자살하기 쉬운 존재입니다. 우리 모두는 이런저런 방식으로 우리 자신을 죽입니다.

미국 재향군인들에게 있어서 전투 중 행방불명된 병사의 문제는 대단히 중요한 일일 겁니다. 베트남 전쟁 이후로 행방불명된 전투병들에 대한 강박이 증가했죠. 되돌아보면, 이것은 일부분 살아 돌아온 군인들 역시 깊은 의미에서는 "행방불명"된 사람들이라는 사실과 관련되어 있음이 분명합니다. 최근 영화, *바시르와 왈츠를*(Waltz With Bashir)은 전쟁의 공포 앞에서 사람들이 자기와 경험의 광대한 영역을 지워버리는 모습을 보여줍니다. 최근 영화 중 덜 알려진 영화인, *병사를 한명도 남겨두지 마라*(Leave No Soldier) 또한 이 주제에 초점을 맞추고 있죠. 인간의 정신은 살아남기 위해 자체를 지워버리는 능력을 가지고 있습니다. 우리는 무시하기, 마비시키기, 삭제하기, 분리하기, 말살하기, 죽이기—살아남기 위해 우리 자신들의 일부와 능력을 죽이는—등의 다양한 방어책을 갖고 있습니다. 음악은 위의 두 영화의 사운드 트랙이 보여주듯이 이 일에 복잡한 역할을 수행하죠.

많은 것이 우리의 능력과 우리 자신을 어떻게 사용하느냐, 그 기능들이 어떻게 사용되느냐에 달려 있습니다. 그것은 양분을 주는 방식으로도, 파괴하는 방식으로도 사용될 수 있습니다. 예컨대 생각하기, 느끼기, 상상하기 또는 행동하기 등의 능력은 생활을 윤택하게 할 수도 있고, 빈곤하게 할 수도 있습니다. 즉, 활기를 더하기도 하고 박탈을 심화하기도 합니다. 정서적 굶주림과 정서적 과식은 둘 다 실제적인 것이며, 그것은 부분적으로 정서가 어떻게 사용되느냐, 우리가 그것들과 어떤 관계를 맺느냐에 달려 있습니다.

나치의 손에서 음악은 사람들을 본성적인 억제를 넘어 거대한 규모의 포악함으로 내몰기 위해 국민들을 선동하고, 부추기고, 압박하는 국가적 도구가 되었습니다. 비록 나치 정권 하에서 이런 식의 음악의 사용은 그 범위와 공포의 수준에서 새로운 차원에 도달했지만, 이런 종류의 음악의 사용은 예외적인 것이 아닙니다. 음악은 사람들로 하여금 공포의 장애물을 지나가도록 돕고, 그것이 없이는 거절할 일들을 하게 만듭니다. 이것은 제가 음악의 알파 사용이라 부르는 것도 아니고, 깊은 의미에서 정신적 양분을 위한 것도 아닙니다. 어쩌면 대용식이라고 부를 수도 있겠지만, 그 표현은 너무 약하네요. 가짜 양분, 악마의 양분? 악마를 먹이는 것도 있는데, 음악이 그런 역할을 할 수 있습니다. 그렇다면 알파 음악은 어떤 것인가요?

알파 음악은 무엇을 의미할까요? 「민감한 자기」(The Sensitive Self)에 실린 "한 작은 정신-음악"(A little psyche-music)이라는 장에서, 저는 구기 선수가 한 순간 멋지게 공을 잡지만, 다음 순간에는 공을 놓칠 수도 있다고 말했습니다. 한 순간에는 알파 신체이고, 그 다음은 베타 신체의 순간이 되며, 한 순간 흐르고 나면, 다음 순간에는 막히고 마비됩니다. 그것은 춤을 추는 것과도 같습니다. 한 순간 우리는 유연하고 자유롭게 움직여서 멋지게 춤을 춥니다. 그러나 다음 순간 우리는 감각을 잃고 자신이나 파트너의 발을 밟습니다. 한 순간은 알파 동작이고, 다른 순간은 베타 동작입니다. 어떤 활동이나 능력도 마찬가지입니다. 재즈 음악가들은 한 영역에 머무는 것에 대해 말하다가도 그것이 진부한 생각이라고 말합니다. 한 순간에는 알파이고, 다음 순간에는 알파의 상실입니다.

알파 기능의 중요한 측면은 정서를 소화시키는 일에서 그것이 수행하는 역할입니다. 음악이 음악적이고 알파 기능을 할 때, 그것은 정서를 중재하고 전달하고 자극할 뿐만 아니라, 그것을 처리하고, 소화시키고, 창조하는 역할을 합니다. 소화와 창조가 조화를 이루는 것, 창조가 소화의 한 형태이고, 역으로도 마찬가지인 것이 알파 음악의 중요한 특질입니다. 같은 일이 릴케(Rilke)의 시에서 일어납니다. 거기에서 알파 말이 현실을 열고, 현실을 창조하는 동시에, 그것의 창조적 변형을 위한 소화를 시작합니다.

블로흐: 개방과 소화 경험에 대한 생각은 유용한 분석적 해석을 이해하는 강력한 방식이군요.

아이건: 예수는 한 순간에 제자를 칭찬하면서 "하나님이 너와 함께 하신다"라고 말했다가 다음 순간에는 같은 제자에게 "악마"라고 꾸짖으셨는데, 그것은 아마도 바로 이런 것을 말했을 겁니다. 이것은 영에 관한 문제인데, 사람들은 그것을 의도라고도 하고, 제가 가끔 그렇게 부르듯이, 정동적 태도라고도 합니다. 인간의 영과 삶을 윤택하게 하고 경험의 창조와 소화를 중재하는, 경험의 참조 틀 또는 경험에의 접근 양태로 사용되는 정동적 태도들이 있습니다. 그런가 하면 경험에 독을 주입하는 태도들도 있습니다. 성서는 항상 죄와 선함 사이에서 그리고 존재의 갈림길 사이에서 선택하라고 요구합니다. 어쩌면 그것이 뜻하는 것은 문자적인 의미를 넘어, 느끼는 태도의 특질, 가슴-마음(heart-mind)의 특질, 또는, 비온의 언어로는, 가슴 알파 또는 마음 알파의 특질과 관련된 것입니다. "그들의 열매로 그들을 알리라"고 예수는 선지자들에 대해 말했고, 비온식으로 말하자면, 우리는 그들의 알파에 의해, 그들이 자신들의 능력을 사용하는 방식에 의해 그들을 알 것입니다.

블로흐: 선생님은 음악이 파괴적일 수도 있고 건설적일 수도 있다는 사실을 강조하시는군요. 그 말씀은 음악과 정신의 관계를 너무 감상적으로 이해하는 것에 대한 중대한 경고로 들립니다. 일부 저자들은 음악의 유익한 측면에만 초점을 맞추곤 합니다만, 구르지에프(Gurdjieff)는 "객관적 음악"(objective music)이라는 글에서 이렇게 말합니다: "물을 얼음으로 만들 수 있는 음악이 있을 수 있고, 한 사람을 즉사시킬 수 있는 음악도 있을 수 있다." 저는 물론 여기에서 어떤 물리학적 주장을 하려는 것이 아니고, 다만 음악이 정서적 민감성("물을 얼리다")을 가로막을 수 있고 살아있음을 죽일 수 있다는 생각이 강력한 힘을 갖고 있다는 사

실에 흥미를 느낍니다. 이런 생각은 「정신적 죽어있음」과 "꿈속에서의 살인자들"(Killers in dreams), "정서적 폭풍"(Emotional Storm)에서 선생님께서 제시한 내용과도 가깝습니다.

아이건: 멋진 구절을 인용하셨습니다.
그렇습니다. 하나님과 메두사를 보는 사람은 모두 죽는다고 합니다. 사람들은 애정적이든 단순히 시적이든, 음악적 아름다움에 깊이 빠져 있을 때, "죽도록 아름답다"고 말하는 습관이 있습니다.
그때 사람들은 참을 수 없는 아름다움의 충격 아래로, 지하로 내려가야 한다고 느낍니다.
음악이 독소 기능을 갖는다는 것도 사실입니다. 하지만 음악이 가진 힘이나 아름다움이 경험을 체계화하는 일상적 방법을 파괴할 수 있고, 우리 자신의 진부하고 습관적 방식을 깨뜨린다는 것, 그리고 몇몇 음계를 듣는 것으로도 정신의 근본적인 수정을 경험한다는 것도 사실입니다. 저는 베토벤 14번 4중주를 시작하는 음계들을 들었을 때, 그리고 아주 젊었을 때에는 바르톡(Bartok) 음악의 몇 음절을 처음 들었을 때 저 자신이 붕괴되고 말았습니다. 감수성에 대한 저의 접근 방식은 즉시 근본적인 재작업을 거쳤습니다. 그 순간 이전의 나는 더 이상 존재하지 않게 되었고, 아마도 유령처럼 따라다니는 빈껍데기 같은 것, 완전히 벗겨지지 않은 허물과 같은, 그러나 이미 죽고, 사라지고, 낡고, 파묻힌 것으로만 남게 되었습니다. 나를 열어준 베토벤 4중주와 바르톡의 무언가가 저를 제 자신의 미래로 옮겨놓았죠—바로 그 순간에!

블로흐: 프로이트와 음악에 대한 선생님의 생각을 듣고 싶습니다.

아이건: 사람들은 프로이트가 음악은 자기 관심사가 아니라고

말한 것을 알고 있습니다. 그의 글은 특별하게 화려하지는 않지만 시적인 부분도 있습니다. 그것은 깊은 음악이었죠. 그가 살아있는 동안에 받았던 가장 큰 상은 괴테 문학상이었습니다. 그의 사상에는 깊은 음악이 있었어요. 또한 그의 임상적 이론은 듣는 것과 관련된 것이었습니다. 그가 유명해진 것은 오이디푸스 콤플렉스를 발견했기 때문이 아니라, 비온이 지적하듯이, 정신분석을 발견하는 데 오이디푸스 이야기를 사용했기 때문이라는 것이 맞는 말일 겁니다. 불행히도 그의 추종자들 중에 너무 많은 사람들이 너무 빨리 정신분석을 예술을 축소시키는 데 사용하고 말았죠. 그러나 더 깊은 진실은 예술이 정신분석을 열었고 계속해서 열고 있다는 사실입니다.

프로이트는 그의 후기 저술 중 하나인 "종결이 가능한 분석과 불가능한 분석"이라는 글에서, 음악의 가능성에 대해 두 세 페이지 분량의 글을 썼는데, 그 글에서 정신의 고유한 리듬이 잘못될 수 있다고 제안했습니다. 그는 막힌 정신, 잘 움직이지 않거나 무기력한 리비도, 엔트로피를 닮은 어떤 것, 정신 에너지의 상실(그가 정신이 일정한 양의 에너지를 가지고 있다고 보았지만, 죽음 욕동을 통해 일부가 알려지지 않은 방식으로 상실될 수 있다고 본)을 다루기 위해 여러 문구들을 압축된 형태로 한데 끌어 모았습니다. 이런저런 방식으로 생동감의 상실이나 현존은 그가 에너지의 상실, 약한 리비도, 신경쇠약증에 대해 썼던 초기부터 일관되게 그의 관심사였습니다. 「정신적 죽어있음」(Psychic Deadness)에서, 저는 이 점을 좀 더 자세하게 다루었고, 「전기가 흐르는 밧줄」(The Electrified Tightrope)에서는 프로이트와 사드(Sade)에 관한 내용을 첨가했습니다.

여기에서 제가 분명히 하고 싶은 것은 "종결이 가능한 분석과 종결이 불가능한 분석"에서, 리비도가 막혀 있는 경우 정신의 리듬에서 무언가가 끊어져 있다는 것을 프로이트가 주목했다는 사실입니다. 그는 정신적 기능과 경험에서 타이밍과 리듬이 기본적인 것이라고 말합니다. 확실히, 그는 플리쓰(Fliess)가 말한 남성-여성 생체리듬에 대해 생각하고 있었던 것 같습니다. 그러나 저는 그것이 미묘한 역할을 수행할 수는 있지만, 그 문제 전체를 설명할 수는 없다고 생각합니다. 프로이트는 잘못되고, 멈추고, 막힌 어떤 리듬, 즉 마비와 리듬과 흐름의 상실에 대해 말했고, 그의 삶의 마지막이 가까웠을 때, 그 자신의 리듬이 질병, 상실, 유럽에 일어난 전쟁으로 인한 황폐를 직면하고, 유럽 문화가 끔찍한 방식으로 내파되고 폭파되는 도전을 받았을 때, 실제로 그렇게 되었습니다. 그의 죽음 욕동 이론은 그의 삶의 마지막 즈음에 이르러서야 형성되었는데, 그때 그의 눈에는 유럽 문명의 시대가 끝이 나는 것처럼 보였을 것입니다. 역설적으로, 제2차 세계대전은 어떤 점에서 더 연합된 유럽으로 이끌었지만, 파괴적 힘 또는 에너지에 대한 문제는 지금도 전 세계적으로 인간의 삶을 중대하게 위협하고 있습니다.

저는 프로이트가 죽음 욕동, 피학증, 무기력하고, 흐르지 않는 리비도 또는 파괴적인 힘, 즉 본질적으로 자기-파괴적인 힘에 대해 말하면서 타이밍과 리듬이 정신의 기능과 경험에 기초가 된다고 언급했다는 사실에 관심을 갖고 있습니다. 정신의 음악 안에 무언가가 빠져 있습니다. 고대 그리스 문학과 철학을 포함한 그의 문화적 배경을 고려할 때, 저는 조금 전에 정신의 음악이 투사된 것이라고 묘사했던 천체의 음악을 그가 유사-의식적-무의식적으로 의미했을 거라고 생각합니다. 우리는 음악적인 정신, 리듬이 있는 정신을 가지고 있습니다. 세계 음악과 현대 음악이 보여주듯이, 우리가 알지 못하는 리듬이 있습니다. 어떤 것은 우리가 실험하고, 듣고, 연주하고, 작업하는 동안 드러나고/창조됩니다.

부정맥(arrhythmia)에 대한 강조는 리듬이 될 수 있는 지평을 확장시켜주고, 그 결과 놀라움은 탐구된 예술이 되고 있습니다.

비온이 뉴욕에 있었을 때, 그가 유일하게 언급한 뉴욕 분석가의 글은 놀라움(surprise)에 대한 테오도르 라이크(Theodore Reik)의 글이었습니다. 비온은 놀라움이 정신의 전개와 그것의 리듬의 차원을 구성한다고 보았습니다. 그것은 물리학자들이 아래에 있는 위, 위에 있는 아래(위에 있듯이 아래에 있고, 아래에 있듯이 위에 있는)에 대한 유대교 신비철학인 카발라의 가르침과 비슷하게, 서로 감싸는 무한한 차원, 은연중 감싸고-푸는 리듬, 출현하는 (놀라운) 가능성과 함께 심리-영적 기능들의 복잡한 상호짜임에 대한 언급들과 조화를 이루고 있습니다. 비온이 그의 세미나들 중 하나에서 정신분석이 예술을 닮았다고 명백하게 말한 것은 결코 우연이 아니었습니다(파리 세미나, 1978).

정신의 음악, 정신의 리듬은 놀라움의 리듬이요, 리듬을 거스르고 깨뜨림으로써 새로운 리듬의 가능성을 여는 리듬입니다. 그러므로 리듬은 꼭 항상성을 유지하는 것일 필요가 없습니다. 세상에는 항상성을 깨고 새로운 경험적 기반을 여는 리듬들이 있습니다. 오늘날 세상에는 결코 똑같은 것을 두 번 연주한 적이 없는, 설령 그렇게 시도한다고 해도 할 수 없는 정말 놀라운 재즈 드러머들이 있습니다. 무언가가 스릴 있게 계속해서 변하고, 때로는 음조나 강세 또는 음악적 기조가 변하며, 종종 드럼 자체에서 나오는 것의 순서와 박자가 변하기도 합니다. 제가 젊은 시절 대학 밴드에서 연주할 때, 저는 일이 다 끝나고 나서 드럼 연주자가 우리를 위해 스틱이나 솔 없이 손으로 부드럽게 드럼을 연주하는 시간을 제일 좋아했습니다. 그때 그 리듬은 계속해서 바뀌었는데, 저는 숨죽여 그 소리를 들었고, 제 온 몸은 무언가에 홀린 듯이 계속해서 그 소리를 듣고 싶어 했습니다. 그가 얼마나 오랫동안 연주하든 그를 중지시켰던 적이 없습니다. 지금 저는 이것이 바로 정신적 처리 과정과 같은 것이고, 알파와도 같은, 그것의 깊이와 범위를 상상할 수 없는 끊임없이 변화하는 리듬이라고 느끼고 있습니다. 그것은 정서적 삶의 일부입니다. 사실 우리는 우리가 느끼는 것의 매우 작은 부분만을 표현하거나 이야기하거나 전달할 수 있습니다. 우리는 그것의 전부를 알지 못합니다. 거기에는 항상 얼마의 좌절이 발생합니다. 그것은 마치 대양에서 수영하는 것과도 같아요. 우리는 결코 한 번에 대양을 가로질러 수영할 수 없습니다. 그러나 우리는 그것의 일부 안에서 수영할 수 있고, 우리가 수영하는 그 물은 대양 전체는 아니라고 해도, 진짜 물입니다.

이 책의 부록에 나오는 "기본적인 리듬"(A basic rhythm)이라는 장에서, 저는 파괴를 견디내는 것과 관련된 리듬의 변화, 위니캇의 "대상 사용" 이론, 헨리 엘킨(Henry Elkin)의 작업에서 가져온 구절들, 그리고 살인당하고 나서도 여전히 괜찮은 것에 대한 비온의 구절을 다루었습니다. 파괴를 통과하는 것이 기본적 주제이고 리듬이라는 생각 말입니다. 재탄생, 회복, 새로운 가슴을 포함한 많은 것들이, 그리고 그 외에도 사물을 있는 그대로 바라보는 새로운 현실주의가 거기에서 나옵니다. 인간의 능력이라는 측면에서는 어떤 모순도 존재하지 않습니다. 우리가 해야 할 일은 우리의 다양한 능력이 서로를 위한 양분이 되고 모든 것이 합동해서 생명을 키우는 방식으로 사는 것이 가능한지, 그리고 그것이 어떻게 가능한지를 배우는 것입니다.

비온은 공통의 감각에 대해 말하는데, 이것은 많은 것을 의미합니다. 감각들은 협력적으로 작용하지 않을 수도 있습니다. 그것들은 서로를 찢어놓을 수도 있습니다. 인간 집단들 사이의 동의된 공통의 감각은 협력적으로 작용하는 대신, 연합(목표물을 파괴하기 위해 한 패가 된)을 통해 파괴를 심화시킬 수도 있습니다. 셰익스피어는 권력을 얻기 위해 그리고 "원수"나 "장애물"을 파괴하기 위해 조작하는 동맹을 묘사한 바 있습니다. 그것은 다른 연결들을 파괴하기 위한 연결입니다. 종종 셰익스피어의 논리는 (예를 들면, 리어왕에서) 너무 어두운 것이어서, 우리가 정신의 진실, 즉 삶의 사실을 바라볼 때 일종의 재생(renewal)의 고통을 겪는다는 사실을 제외하고는, 파괴가 최후의 말이 되고 있습니다. 모든 것이 무(nullity)인 연극에서는 고통의 극복이 일어나지 않지만, 관객들에게서는 일어납니다. 사람들은 그 경험을 통과하고 더 많은 것을 얻기 위해 돌아옵니다. 셰익스피어를 통해 삶과 접촉하는 것을 경험할 때 사람들은 항상 더 많은 것을 얻기 위해 돌아옵니다. 고통을 통과하는 리듬은 리어왕을 겪어내고 변화를 수용하고 리어왕이 열어놓은 것을 계속해서 경험하는 사람들에게서 구현되고 있습니다.

프로이트는 삶과 죽음, 그리고 죽음(death)과 죽어있음(deadness)이라는 주제의 변주라는 측면에서 정신의 음악을 제시하고 있습니다. 죽어가는 한 사람은 그 과정에서 빛이 사라지기 전 진실의 순간에 자신이 얼마나 살아있는지를 발견할 수 있을 겁니다(톨스토이가 「이반 일리치의 죽음」에서 묘사했듯이). 죽음은 새로운 리듬의 가능성을 자극함으로써, 나를 좀 더 살아있게 합니다.

프로이트는 의식이 정신의 감각 기관, 정신적 특질에 대한 감각 기관이라고 말합니다. 언어 역시 그것이 표현적으로, 환기적으로 사용되고, 감정에 목소리를 주고, 감정이 말할 수 있게 해준다는 점에서, 감각 기관이라고 말할 수 있습니다. 감각이라는 용어는 감각적 경험을 가리키는 전통적인 용법에서부터 의미, 공통 감각 그리고 특정한 "현실주의"를 가리키는 용법에 이르기까지 많은 수준들을 포함하고 있는 압축된 단어입니다. 프로이트는 바로 이 놀라운 용어를 사용해서 의식 자체가 정신적 특질들을 느끼는 일종의 감각 기관이라고 말합니다. 우리는 정신적 냄새와 맛, 경험의 맛과 냄새에 대한 감각을 가지고 있습니다. 우리는 마치 개가 서로의 항문 냄새를 맡듯이, 서로의 정신을 냄새 맡고 맛봅니다. 우리는 서로의 인격의 냄새를 맡고 맛봅니다. 우리는 직관을 사용할 필요가 있는 사람에게 "당신의 코가 말하는 것을 믿으세요"라고 조언합니다. 우리가 말하는 것은 심리영적인 감각입니다. 우리는 위험이나 안전에 대한 느낌을 감지할 때, 영양분의 가능성, 좋은 날과 나쁜 날, 폭풍, 평화의 순간을 느낄 때, 동물적 감각에 대해 말합니다. 이 감각 기관은 무엇입니까? 왜 우리는 그것을 기관이라고 부를까요? 그것은 유기체일까요? 자발적인 걸까요? 타고난 어떤 걸까요?

음악은 이 감각, 즉 눈에 띄지 않게 우리 몸 안으로 스며들어 우리의 몸이 되는 특별한 감각 영역의 일부입니다. 음악은 시와 예술, 리듬과 타이밍, 색채와 소리의 일부입니다. 그 외에도 그것은 말로 설명할 수 없는, 감각이나 느낌, 음악적 느낌, 음악적 감각으로 구성되어 있습니다. 방금 말씀하셨듯이, 음악의 가능성에 대한 생각은 시간, 시대, 문화, 역사에 따라 변합니다. 음악이 어느 정도 역사를 따라가고, 어느 정도 역사를 이끌까요? 허버트 리드(Herbert Read)는 이미지가 언어적 생각보다 200년 정도 앞선다고 말합니다. 음악은 어떨까요? 우리는 분명히 한 시대의 음악, 건축, 문학, 정치의 형태 간의 관련성에 대해 알고 있습니다. 슈펭글러(Spengler)는 문화의 영혼들에 대해 말합니다. 음악이 문화의 음조 또는 심지어 형태를 창조하는 일에서 수행하는 역할은 우리가 알고 있는 것 이상입니다. 음악은 감각 기관으로서, 마치 동물이 바람에서 향기를 맡듯이, 그렇지 않았더라면 침묵이 지배했거나 아무것도 태어나지도 않았을 것을 보다 온전하게 경험의 세계 안으로 가져옵니다.

블로흐: 저는 검은 태양(Black Sun)의 이미지 안에서 기본적인 리듬을 느낍니다. 이것은 다중적인 공명을 불러일으키는 상징입니다. 한편으로, 그것은 정신의 "파괴적인 힘"을 나타내는 이미지입니다. 한 걸음 더 나아가, 만약 우리가 검은 것을 부정적인 힘으로 본다면, 검은 것은 무의 힘, 즉 배출하고 비워내는 힘입니다. 그때 검은 태양은 저에게 공허와 형태, 부재와 현존 사이에서 꿈틀거리는 맥박이 됩니다. 청각적 통로에서 최초의 기원은 자궁 내에서 듣는 엄마의 심장박동 소리요, 무, 부재, 연결, 현존 사이의 진동입니다.

아이건: 파괴를 통과하는 것, 그것이 기본적인 리듬입니다. 하지만 우리는 부분적으로만 그것을 통과합니다. 우리는 평생 동안 탄생과 유산에 참여합니다. 우리가 통과하는 것은 부분적인 것입니다. 재탄생을 경험하지만, 그 또한 부분적입니다. 어떤 재탄생은 전체적인 것이고 삶의 방향을 바꾸는 것으로 보입니다. 그러나 우리 자신에 대한 평생의 작업은 새로운 깨달음의 빛 안에서 계속됩니다. 심리영적 차원에서 발생하는 모든 탄생은 또한 부분적인 유산(流産)입니다. 자신에 대한 작업은 날마다 조금씩 계속됩니다(따라서 그날의 악은 그날로 족합니다). 우리의 삶에는 지고의 행복, 계시, 영혼을 경험하는 순간, 또는 영의 아르키메데스 지점이 변화하는 순간이 있습니다. 그러나 거기에는 자신의 성격과 인격을 작업해내고, 장애물들과 독소들과 씨름하는 끝없는 청소 작업이 기다리고 있습니다. 「감정이 중요해」(Feeling Matters) 라는 저의 책에는 "멸절된 자기"(The annihilated self)라는 장이 있는데,

거기에서는 성격의 멸절된 측면이 변화되는 모습이 서술되고 있습니다. 재탄생은 부분적인 탄생인 동시에 부분적인 유산입니다. 「회오리바람 통과하기」(Coming Through the Whirlwind)에서, 저는 기본적 구조 또는 정신적 움직임과 경험으로서의 재탄생을 말했지만, 종종 재탄생 리듬은 유산되고, 우리는 그것을 현실적으로든, 비현실적으로든, 다양한 혼합의 형태로든, 바로잡으려고 합니다. 재탄생이 어떤 결과를 가져왔는지 보세요. 그러나 영혼을 고양시키는 것은 기본적인 경험입니다. 우리가 배워야 할 한 가지는 우리가 협력해서 발달시켜야 할 필수적 움직임 또는 리듬과 작업하는 방식입니다.

블로흐: 선생님께 많은 것을 의미하는 음악과 관련해서 한 가지 궁금한 점이 있습니다. 선생님의 음악적 배경은 어떤 것인가요?

아이건: 제게 음악은 상당 부분 타고난 거 같아요. 저희 어머니는 피아노를 치셨고, 아버지는 바이올린을 켜셨어요. 저는 제법 어렸을 때부터 피아노 레슨을 받기 시작했고, 여섯 살 때 처음으로 연주회를 했습니다. 제가 일곱 살인가 여덟 살이었던 어느 여름날, 캣츠킬 호텔에 한 남자가 왔는데, 그는 모자를 땅에 놓고 검은 부품들을 꺼내서 그것들을 조립한 다음 연주하기 시작했어요. 그 연주는 제 머리, 아니 심장을 찢고 불을 붙였죠. 그건 클라리넷이었고, 그가 연주한 곡은 유대인의 전통 음악이었어요. 그 사건은 제가 두 살 조금 지난 어느 날, 밤하늘에 빛나는 별들을 목격하면서 죽음을 경험한 사건 이후로 가장 흥분되는 일이었죠. 제 말은 기쁨, 놀라움, 행복, 사랑에 의해 죽었다는 말입니다. 나는 그것에서 눈을 뗄 수가 없었어요. 그것들은 제 심장에 불을 질렀습니다. 그로부터 여러 해가 지난 지금, 그 일을 돌이켜볼 때, 저

는 제가 느낀 것의 일부는 그런 일이 일어날 수 있다는 사실에 대한 사랑이었다고 생각합니다. 나는 비록 이 세상이 얼마나 무서울 수 있고, 또 실제로 그렇다는 것을 알고 있지만, 세상과의 사랑에, 지속되는 사랑에 빠졌습니다.

저는 일곱 살인가 여덟 살 즈음에 클라리넷 레슨을 받기 시작했고, 어린 시절 내내 피아노와 클라리넷 공부를 했어요. 제 클라리넷 선생님은 레슨 후에 잠시 연주하곤 하셨는데, 저는 그때 계속 웃었어요. 그는 제가 웃으면 연주를 그만두겠다고 여러 번 으름장을 놓았죠. 그러나 저는 웃음을 멈출 수가 없었어요. 저는 저를 간질이는 것 같은 선생님의 연주를 듣고, 웃는 것이 행복했습니다.

십대에 접어들었을 때 저는 테너 색소폰을 연주하고 싶었어요. 저에게는 그게 섹스(sex) 같았죠. 테너의 깊은 소리, 감각적이고, 성적이고, 충만한 천상의 소리였어요. 별이나 클라리넷 소리처럼 불을 붙이진 않았지만 저에게는 성인이 되는 과정의 일부였는데, 여학생들과 어울리고, 밴드에서 연주했어요. 8학년 때 처음으로 밴드를 시작했던 것 같은데 저희는 "Y"댄스에서 연주를 했고 혹평을 들었어요. 또 혹평을 들은 밴드에서 다시는 연주하지 않았죠. 저는 제 전용 테너 색소폰을 구입해서 잘 할 수 있을 때까지 연주했어요. 그런 식으로 몇 년 후에 오토바이를 배웠어요. 어쨌든 제가 사는 동네를 밤새 이리저리 돌아다니다가 아침이 되면 선수가 돼있었죠.

고등학교 때와 대학교 때 줄곧 색소폰을 연주했고 그 이후로도 조금씩 했죠. 버드(Bird)의 연주를 듣고 마일즈(Miles)를 보았는데, 그때 그는 막 버드와 연주를 시작했을 때였습니다. 그 다음에 저는 계속해서 발전하는 마일즈를 보았고, 그 당시 볼 수 있는 사람은 다 보고 듣고 흉내 내곤 했습니다. 버드 파웰(Bud

Powell)은 제가 제일 좋아하는 피아노 연주자였는데, 에롤 가너(Erroll Garner)도 많이 좋아했고 대학 시절에는 잠시 데이브 브루벡(Dave Brubeck)을 좋아한 적도 있어요. 그 후로 피아노를 더 많이 치기 시작했죠. 어느 날 피아노 연주자가 갑자기 아파서 나올 수가 없었고, 제가 대신 치게 되었는데, 그 연주가 20대 중반 시절의 마지막 연주였어요. 그 후로 저는 정신분석에 심취되어 계속 피아노를 치지 않았는데, 때로 그것이 후회가 되기도 합니다. 그러나 저는 정신분석에 푹 빠졌고 정신적 삶에 사로잡혀 헤어 나올 수가 없었어요. 제 아이들이 커서 한 아이는 베이스를 치고 다른 아이는 드럼을 쳤는데, 그래서 저는 그들과 함께 피아노를 연주할 수 있었습니다. 제 아이들과 재즈를 연주하는 건 정말 짜릿했습니다.

 앞에서 암시했듯이, 저는 젊었을 때 바르톡(Bartok), 스트라빈스키(Stravinsky), 제임스 조이스(James Joyce), 클레(Klee), 칸딘스키(Kandinsky) 뿐만 아니라 바하(Bach), 그리고 특별히 비발디(Vivaldi)를 좋아했어요. 비발디는 클라리넷과 별이 전에 그랬던 것처럼, 잠시 저의 열정에 불을 붙였고, 제가 그때까지 들어본 것 중에 가장 중심적인 음악이라고 느꼈습니다. 제 지금 취향은 다소 구식이에요. CD를 넣는다면 바하(솔로 바이올린 소나타), 베토벤(후기 4중주, 실내악단), 하이든, 모차르트, 헨델(솔로 피아노)일 거예요. 어떤 음악을 들려주든지 그것을 감상하겠지만, 혼자 있을 때 제 취향은 이제 다소 보수적으로 보일 것 같네요. 피아노를 칠 때, 저는 제 방식의 재즈연주를 하곤 하죠. 제 방식이라고 말하는 이유는 유감스럽게도 제가 어떻게 더 잘 할 수 있는지 알지 못하기 때문입니다. 때때로 베이스를 연주하는 제 아들이 저와 합주를 하기도 하고, 정말 훌륭한 피아니스트 몇 명과 연주를 하기도 하는데, 저는 보통 그 아이가 저를 너그럽게 봐주는 걸 고마워합니다. 제게 있어서 연주할 때 베이스 소리를 듣는 것처럼 즐거운 일은 없는 것 같습니다.

글을 쓸 때 저는 색깔을 보고 음악을 듣는다, 아니 어쩌면 색깔과 소리처럼 말을 음악적으로 듣는다고 말해야 할지 모르겠네요. 아마 제가 삼십대 초반이었던 것 같은데, 그때 저는 크지 않은 자그마한 캔버스에 그림을 그려야만 하는 꿈을 꿨어요. 제가 본 꿈속의 캔버스를 상상할 수 있으시죠? 저는 이것이 제가 작은 틀, 작은 일에 제 창조성을 쏟아 부어야 한다는 뜻으로 받아들였습니다. 아마도 그래서 저의 첫 정신분석적 글들이 짧은 글들이었던 것 같아요. 그 외에도 단편 소설 하나와 몇 편의 시도 출간했는데, 작은 것들을 해야 한다는 생각은 저를 자유롭게 해주고 부담을 많이 덜어주었습니다. 저는 많은 것들을 작은 공간 안으로 압축시킬 수 있었어요. 이것은 저의 글쓰기를 덜 파편화하는 것, 덜 우울하고, 덜 상처 주는 것으로 만들어 주었습니다. 저는 조금씩 그리고 강도를 압축하는 방식으로 글을 썼는데, 그것이 장기적으로 제가 그 과정에서 더 잘 살아남을 수 있게 해준 요인이었죠. 제 자신에게 적합한 방식을 배우는 데 많은 노력이 필요했어요. 그리고 시간이 지나면서, 저는 치료사로서 조금씩 작업하는 것이 중요한 열쇠라는 사실을 발견했습니다.

어느 날 말과 말없음에 대해 생각하면서, 다음의 짧은 두 구절들이 생각났습니다:

> 파도와 바람으로서의 말
> 그것들에게 귀를 기울이고
> 바다 조개로서의
> 말에게 경청한다

***

말이 없는
침묵 속에서
바다를 듣는다

애쉬턴: 저는 *위대한 침묵*(Into Great Silence)이라는 영화가 SA에 들어오기 2년 전 그 영화에 관해 들었을 때, 제가 그것을 좋아할 거라고 기대했었습니다. 마침내 그 영화를 봤는데, 그때 저는 아내와 딸을 데리고 2주 동안 겨울 사파리 여행을 다녀온 직후였어요. 저희는 "땅"과 가깝게 지냈었고, 폭풍, 홍수, 추위; 넓고 넓은 공간, 높이 솟은 산들, 계속해서 변하는 밤과 낮의 하늘을 경험했습니다. 그 영화를 봤을 때, 주의 깊음(mindfulness)을 암시하는, 단순한 대상들의 장면을 오랫동안 보여주는 것 외에는 무언가가 부족하다고 생각했습니다. 저는 이것이 우리가 "신의 대성당(God's Cathedral)"을 경험했다는 사실과 관련된 것일까 궁금했는데, 그 영화는 '인간의 수도원'에 관한 것이었죠. 수도사들에게 요구된 침묵은 "신의 현존 안에 있는 신의 부재"와 같은 생각을 불러일으키는, 우주의 침묵과는 매우 다른 것이었어요. 이것에 대해 한 말씀 해주시겠습니까?

아이건: 당신의 경험과 저의 경험은 아주 다릅니다. 저는 *위대한 침묵*을 정말 재미있게 봤어요. 저는 직접적인 인식에 대한 느낌을 가졌습니다. 그 영화는 제 영적 핵의 무언가를 건드렸고, 저의 수치심을 줄여주는 효과가 있었어요. 기도와 명상 중에 있는 얼굴들을 보았을 때, 저는 수치심의 껍데기들이 제 영혼과 내면의 몸으로부터 떨어져 나가기 시작한다는 느낌을 받았어요. 제가

느끼고 본 그들의 얼굴들은 저로 하여금 덜 미안해하고 덜 방어적인 방식으로, 그리고 좀 더 온전하게 나의 일부를 살도록 허락해주었습니다.

우리 사회에서 남자가 되는 것은 공격적이고, 성취적이며, 권력, 성, 돈을 추구하는 것이었어요. 그러나 명상에 몰두하고 있는 얼굴들, 기도하는 얼굴들은 그들이 접촉하고 구애하는 신과의 깊은 친밀감을 수치스러워하지 않았어요. 그들의 가장 깊은 친밀감으로 신께 간구하고 있었죠. 간구하는 자(supplicants)라는 단어는 온순한(supple)이라는 단어와 비슷한 소리를 갖고 있어요. 그 수도사들은 거칠지 아니하고 온순하며, 친밀한 현존이신 분(Intimate Presence)과 원하는 만큼 또는 가능한 만큼 많은 시간을 수줍어하지 않고 함께 보내고 있었습니다. 그 모습은 더 오랜 시간 동안 명상하고 기도하도록 저를 자유롭게 했고, 그래서 저는 상황에 따라 무릎을 꿇거나, 서거나, 앉거나, 머리를 손으로 감싼 채, 손을 들거나, 머리를 숙이거나, 머리를 들고, 전심으로, 일상적으로, 지루하게, 또는 애정을 갖고 기도할 수 있게 되었습니다. 자신에게 그런 시간을 허용하는 것, 그리고 깊은 데 계신 분(Deep One)과의 접촉을 갖는 것은 놀라운 일입니다. 아마 제 나이와 상황을 고려할 때, 시간은 더욱 소중하고 모든 것의 깊이에 계신 분(the Deepest of All)에 대한 필요는 더욱 소중한 것일 겁니다.

저는 그 수도사들의 얼굴을 필요로 했지만, 그 사실을 알지 못했습니다. 제가 그들을 보았을 때, 저는 즉시 제 자신의 얼굴을, 제 내면의 얼굴을 보았습니다. 이렇게 말하는 것은 제가 심리학적으로 맹목적인 사람이어서가 아닙니다. 저는 그 수도사들이 나름의 문제들, 심각한 문제들을 갖고 있고, 어쩌면 그것들에 대해 말할 수 있는 방법조차 모르고 있을 수도 있다는 것을 알고 있습니다. 저는 우리들 모두가 상당히 미쳐있고, 상처 입었으며, 그것들을 다루는 유용한 방법들을 갖고 있고, 우리의 존재에 대해 말하는 데 실패하는 다른 것들을 갖고 있다는 사실을 당연한 것으로 받아들이고 있습니다. 저에게 이 모든 것들은 괄호 안에 담겨질 수 있는 것입니다. 저는 그 수도사들의 가방 안에 들어있는 벌레들을 알 필요가 없습니다. 어쩌면 저는 그 벌레들이 어떤 것인지를 알고 있습니다. 촬영을 허락한 수도사들의 얼굴들이 제게 준 것은 이 순간에 저의 존재가 필요로 하는 것, 제가 그 안에 있는 것을 모르고 있던 장롱, 즉 영적 장롱에서 나오도록 허락해 준 것이었습니다. 열린 공간 안으로 다시금 새로운 방식으로 나오도록 말입니다.

음악보다 더 깊은 침묵이 있습니다. 어쩌면 음악도 계속되지 못할 겁니다. 음악은 이 침묵으로부터 우리의 주의를 분산시킬 수도 있습니다. 음악을 듣는 것 또는 연주하는 것이 가장 깊은 침묵과 접촉하게 하기 위해 더 깊은 곳으로 우리를 데려갈 때도 있고, 오히려 그 침묵으로부터 멀어지게 하는 속임수로 사용될 때도 있습니다. 매 순간 우리가 어떻게 느끼는지와 연결시킬 수 있기 위해서는 시간과 경험이 필요합니다. 언제 연주 또는 듣기를 멈출지, 언제 CD를 끌지, 언제 무릎을 꿇거나 서서 조용히 집중하여 침묵에 귀를 기울일지를 아는 것 말입니다.

선불교(Zen)에는 모든 것을 묶고 있는 끈을 자르는 이미지가 있습니다. 이 끈을 자르고 나면, 거기에는 잠잠함, 또는 침묵 같은 말로는 담아낼 수 없는 것이 있습니다. 어떤 이들은 이것을 절대적 삼매(三昧)라고 부르기도 합니다. 숨막히는 순간이죠. 그러나 이런 말들은 어리석은 것일 뿐입니다. 선승들이 말하듯이, 우리는 그것을 경험해야 하고 자신의 방식대로 해야 하죠. 자신의 삼매를 알게 되면, 아무도 그것을 하지 말라고 말릴 수 없습니다. 타자나 자신에게 아무것도 강요할 수 없죠. 그리고 그 상태에서 돌아오면 우리는 감사하다고 말합니다. 고개 숙여 절하고, 보살피고, 생명이 활짝 핍니다.

정신 내용의 가장 깊은 처리과정은 이러한 침묵 속에서 진행됩니다. 저는 이것이 음악적인지 아닌지, 그리고 음악이 이것에 도달하는지에 대해 알지 못합니다. 음악이 이것으로부터 자라난다고 말하는 것이 더 맞겠지요.

침묵으로부터 자라나고 침묵을 중재하는 음악은 그 작업의 일부로서 깊은 정서를 처리합니다. 감정을 처리하는 것은 진화하는 존재로서의 우리에게 부과된 위대한 과제들 중의 하나입니다. 제가 쓴 책 중 하나의 제목이 말하듯이, 감정은 중요합니다. 상태를 만들어내는 우리의 능력은 우리가 그것을 처리하는 능력보다 저 만치 앞서 갑니다. 음악은 경험을 창조하지만, 경험을 처리하는 역할도 합니다. 다른 창의적 예술이 그런 것처럼 말입니다. 춤은 경험을 창조하고 동시에 그것에 대한 신체적 처리과정을 위한 촉매제의 역할을 합니다. 어쩌면 춤이 음악의 한 부분이거나 음악이 춤으로부터 나왔거나 음악이 춤이라고 말할 수도 있을 겁니다. 우리는 우리가 존재하는 동안 어떤 것이 먼저인가를 두고 흥미로운 논쟁을 할 수도 있겠죠. 거기에는 창조성이 열어주는 가능성의 연결망이 있습니다. 우리는 계속해서 자라나는 이 연결망의 시작이나 끝을 알지 못합니다.

예술의 어떤 순간도 우리를 기도와 명상이 중재하는 깊은 침묵(Deep Silence)에게로 가깝게 데려가거나 멀어지게 할 수 없고, 그 길을 열어주거나 가로막는 역할을 할 수는 없습니다. 앞에서 언급했듯이, 키이츠는 "음조 없는 영적 소곡"이라는 말을 했습니다. 하지만 우리가 추구하는 것은 단순히 이 깊은 침묵이 아닙니다. 우리는 그것의 색깔과 소리를 좋아합니다. 그것은 우리를 열어주고, 달래주고, 흥분시키고, 아연케 하고, 소름끼치게 하고, 양분

을 줍니다. 그것은 파국, 믿음, 공포, 전조와 예감을 즉시 표현할
수 있습니다. 침묵과 소리의 색깔은 서로를 증가시키고, 둘 모두
의 뉘앙스와 가능성을 확장시킵니다. 그것들은 또한 서로 경쟁하
고 서로를 왜곡시킬 수도 있습니다. 많은 것들이 창조적 작업의
배경의 일부인 포용적인 태도, 즉 함축적인 정동적 틀에 달려있
습니다.

위대한 고요함에 대한 패널토론에 나가기 전날 밤, 제게 다음
과 같은 말이 떠올랐습니다. 그들에게 너무 많은 것을 기대하지
말고, 짧은 순간 조금이나마 함께 나누는 것으로 만족하라.

한 시간쯤 지나서 그들이 왔고 우리는 조용히 자리에 앉았습
니다.

> 무게가 사라지고, 압박이 사라진다
> 천국, 지옥, 연옥이 사라진다
> 구별과 구별 없음 너머로
> 자기와 신 너머로
> 당신의 믿음 안에서 살기 위한
> 당신의 믿음은 위대하다

앉아서 기다리는 한 시간 동안 이런 말이 제 마음속에 떠올랐
고, 정신을 차리면서 그것이 히브리 기도문이라는 것을 알았습니
다. 그 기도문을 대충 번역하면 다음과 같은 내용이에요: 제 영혼
을 소생시키시니 감사합니다, 모든 곳에 계시는 분, 당신의 믿음
은 위대합니다. 얼핏 보면, 신의 믿음으로 인해 신께 찬양하는 것
이 이상하게 들릴지도 모릅니다. 저의 믿음이 문제가 되는 게 아
닌가요? 그때 저는 깨달았습니다. 이 말은 신께서 저에게 또 하루
를 주실 수 있을 만치 충분한 믿음을 갖고 계신다는 것을 의미

한다는 것을요. 저에게 주어진 시간을 갖고 무언가를 할 수 있는 또 한 번의 기회가 주어졌고, 누군가를 움직이고, 누군가에게 빛을 주고, 그의 삶을 또 다른 곳으로 데려다줄 수 있는 기회가 주어진 겁니다. 신은 제가 모든 벌레들을 견뎌낼 거라는 충분한 믿음을 갖고 계십니다. 그것은 사람들이 나누고 싶어 하는 소통이에요. "당신(신)의 믿음 안에서 살라"는 이 구절은 아침 기도문의 또 다른 구절과 연결된 것일 수 있습니다. "당신의 빛 안에서 우리는 빛을 봅니다." 저의 말로 바꾸면 이렇습니다: 당신의 믿음 안에서 우리는 믿음의 삶을 삽니다. 이 믿음은 심오하게 음악적입니다. 우리를 음악 저 너머로 데려다주는 것은 그러한 깊은 음악입니다. 만약 그것이 가능하다면요.

「정신분석학적 신비주의자」(The Psychoanalytic Mystic)라는 책에서, 저는 정신분석이 기도의 한 형태라고 말했습니다. 음악도 마찬가지로 그럴 수 있어요. 이 말은 모든 정신분석과 모든 음악이 기도라는 뜻은 아닙니다. 그것과는 거리가 멀죠. 그러나 그 연결고리 안에 발을 들여놓는 것은 그만한 가치가 있습니다. 제 자신의 삶에서 그것들은(음악, 기도, 그리고 나중에 등장한 정신분석) 함께 성장합니다. 저는 그것들의 뿌리가 제가 아기였을 때 저의 어머니의 음악적 목소리에 있다고 상상할 수 있습니다. 그러나 그때 저는 또한 그녀의 음악적 목소리가 신의 사랑에 뿌리를 내리고 있었다고 말해야 할 겁니다.

부록 1
신비주의와 정신분석

정신분석은 공식적으로 비신비적(nonmystical)이거나 반신비적(antimystical)이다. 그래서 신비주의의 비눗방울에 핀을 꽂는다. 정신분석은 신비적 상태를 유아기적 경험, 원시적인 욕동과 구조에 대한 표현의 잔여물이라고 이해한다. 그러나 거기에는—인생이 다 그렇듯이—복잡성과, 상반되는 경향성이 있다. 정신분석에는 신비주의적인 측면이 있고, 신비주의적 정신분석가, 또는 영적 흥미를 갖고 있는 분석가들이 존재하는 것으로 보인다. 프로이트는 이것을 퇴행적 현상이라고 보았다. 그는 종교를 과학적 연구자의 마음을 사로잡는 최후의 장애물로 보았다. 사람들은 무력함, 유아기적 의존의 유산을 유지하기 위해 종교에 의지한다. 아주 연약하고 불안정한 존재 안에 좋은 결과가 있기를 소망한다. 천상의 행복에 대한 약속들은 우리의 두려움을 달래준다.

한편, 신비적 상태는 "자아와 그것을 둘러싼 세계 사이의 친밀한 유대감"을 포함하여, 프로이트가 "일차적 자아-감정"(primary ego-feeling)이라고 부른, 포괄적이고 무한한 나-느낌(I-feeling)과 관련되어 있다. 여기에는 확장된 경계, 무한을 포함하는 "대양감" (oceanic feeling)이 있다. 반면, 프로이트는 "신비주의는 자아 밖의 영역인 원본능의 불분명한 자기-인식과 관련되어 있다"라고 말한다. 여기서 자아는 더 축소되고, 분리되고, 외부에 있는 것에 놀라 "오그라든다."

페데른(P. Federn)은 정신병을 연구하면서 프로이트의 사고 안에 있는 경계 문제(boundary issues)를 다뤘다. 그는 움직임과 동일시에 있어서 세계, 몸, 마음을 포함하고 있는 나(I)가 축소되기도 하고 확장되기도 한다는 사실에 매료되었다. 그 나(I)와 나-아님(not-I)은 계속해서 교대로 등장한다. 그 나(I)와, 심지어 나-감정조차도 의식의 변화에 따라 사라질 수 있다.

우리는 최초의 우주적 나-느낌―그것의 경계 안에 모든 것이 포함된―에 관한 페데른의 글을 수정하여, 그 우주적인 나-느낌은 삶의 역경을 직면하고 고통에 반응하면서 수축하고, 한계를 다루는 법을 배우게 된다고 말할 수 있다. 공간, 시간, 사회적 삶과 정신적 및 신체적 경계들을 지향하는 일종의 실용적인 나 (practical I)가 자라난다. 우리는 우주적 나-느낌과 실용적 나-느낌 모두와 작업하는 법을 배우도록 도전받고 있다.

페데른(P. Federn)은 정신증 환자를 공간적 한계, 특히 자기의 몸이 어딘가에 있어야 한다는 사실을 받아들이기 어려워하는 사람이라고 묘사한다. 그는 시공간적인 몸과 세계 안으로 끼워 넣어야 하는 일차적이며 경계 없는 의식을 묘사한다. 모두가 이 도전을 환영하거나 잘 내처하는 것은 아니다. 페데른이 지적하는 문제는, 자아는 무엇보다도 신체 자아라는 프로이트의 공식화와는 다른 것으로 보인다; 사실상 그것은 정반대인 것처럼 보인다. 페데른이 묘사하는 정신증 환자는 신체 안에 자리를 잡은 사람이 아니라, 신체 안에 자리를 잡기 이전의 의식 상태에 머무르기를 선택한 사람, 즉 시작조차 하지 않기로 선택한 사람이다. 이 문제는 고통에 대한 반응 및 한계에 대한 태도와 관련되어 있다.

프로이트는 먼저 대상으로부터, 그 다음에는, 신체 그리고 마음으로부터 철수하는, 리비도 집중 상태가 수축되는 현상―일련의 수축들―을 묘사한다. 페데른은 의식이 자체를 신체 경계나 사회적 및 물리적 한계로 확장하는 것을 거부하거나 그렇게 할 수 없는 상태를 묘사한다. 두 사람 모두는 모든 것을 포함하는 자아로부터 시작한다. 하지만 페데른의 포괄성(inclusiveness)은 신체로서의 물리적 현실을 포함하지 않는다. 그것은 정확한 구분이 없는, 모든 것됨(everythingness) 또는 모든 것됨/나-됨(everythingness/I-ness)의 모호한 느낌처럼 보인다. 신체성(physicality)의 사실은 본질적인 상처의 위협과 함께 상당한 놀라움으로 다가온다: "내가 이것 밖에 안 된다고?" 페데른의 정신증 환자의 반응을 약간 합리화하면 다음과 같다: "아니, 나는 이것 밖에 되지 않는 것을 거부해. 나는 그곳에 끼기 위해 그토록 보잘것없는 존재가 되지 않을 거야."

철저하게 행복하다고 느끼는 사람은 자기 몸 안으로 들어가는 기회를 환영할 것이다. 그것은 새로운 세계를 여는 확장이기도 한 축소이다: "내가 이렇기도 하단 말이지?!" 정신증 환자가 아닌 사람은 세상과 그것의 한계를, 즉 그녀가 연구해야 할 물질에 대해 배우는 것을 환영할 것이다. 탐구하려는 그의 욕구는 입장권의 일부인 고통과 어려움을 포함해서, 그가 포기해야 하거나 새롭게 바라보는 일을 수용할 것이다. 자기 몸 안에서 좋음을 느끼는 사람에게는 신체의 현실이 꿈의 장(a field of dreams)으로 여겨질 것이다.

페데른에게 자아는 무엇보다 정신적 자아이고, 프로이트의 구강-항문-남근-성기기는 정신이 신체 안으로 들어가는 길이다. 페데른은 초월적 자아 또는 태도에 일종의 특권을 부여한 후썰(Husserl)의 글을 연구함으로써 이 자리에 도달한 것으로 보인다. 정신병에 대한 그의 연구와 후썰의 연구는 프로이트의 연구에 대한 그의 이해 안에서 통합되었다.

엘킨(Elkin)의 연구 역시 같은 생각을 하게 한다. 그는 자기와 타자에 대한 감각이 신체성에 대한 인식 이전에 출현하는 것이라면, 유아가 어떤 세계에서 살아야 하는지를 궁금해 한다. 유아는 얼굴에 대한 반응으로 미소 짓고, 자신이 몸을 가지고 있다는 것을 알기 전에 이미 기분에 민감하다. 엘킨은 신체-이미지의 발달은 눈-손-입의 협력이 성장하는 것이라는 측면에서 바라볼 수 있지만, 미소 반응에서 표현된 자기-타자에 대한 인식은 더 일찍 나타난다고 주장한다. 그렇다면 물체에 대한 인식 이전의 자기와 타자의 세계는 어떤 것일까?

엘킨은 기분 또는 영의 윤곽을 따라 자기와 타자에 대한 감각 사이에서 펼쳐지는 드라마를 묘사한다. 자기는 공허 또는 배경적 타자(background Other)와 관련해서 나타날 수 있는데, 후자는 지지받는다는 자기의 인식 없이 자기를 지지해준다. 예를 들면, 아기 예수가 마리아의 무릎 위에서 세상을 축복하거나, 붓다가 가부좌를 한 채로 허공(Void)을 바라보고 있는 모습이 그것이다. 나쁜 시기가 찾아오면서 이 좋은 기분이 망가진다. 굶주림이 덮치고, 아픔과 고통이 마음을 어지럽히고, 행복을 삼켜버린다. 비온이 좋아하는 유아의 장애에 대한 상상은 느닷없이 피가 솟구쳐 머리나 뇌에서 분출하는 장면이다. 유아는 두려움에 휩싸이고, 아마 공포를 상쇄하기 위해 격노하며 비명을 지를 것이다. 한계 없는 무형의 타자는 이제 둔감하고, 끝없이 위협적이고, 유기하고, 박해하는 존재로—어쩌면 근원적 악마로—경험될 것이다.

고통이 쌓여 견딜 수 없게 될 때, 유아는 점차 마비되고, 무감각해지고, 망각상태로 들어갈 수 있다. 어느 시점에 유아의 어머니는 유아에게 안도감을 주고, 무엇이 잘못되었는지를 헤아려 상황을 바로 잡는데, 그때 유아의 의식은 다시 피어난다. 근원적 자기와 타자의 빛이 어둠 속에서 다시 나타나는데, 이번에는 자비로운 개입을 통해 살아있음의 회복을 가능케 하는, 은혜로운 타자가 더 많이 강조된다.

내 생각에는 이 패턴 중의 얼마는 조직화하는 기본적인 연쇄로(a basic organizing sequence), 즉 정서적 삶의 재탄생 패턴으로 남는다. 이 단계들의 일부 또는 전체는 다른 순간들, 즉 해체-통합, 파편화-전체성, 죽음-삶, 그리고 근원적 의식을 상실하는 순간이나 무너짐과 신적 도움을 통한 기쁜 감사가 되살아나는 순간들을 가로지를 수 있다. "실로, 내가 사망의 음침한 골짜기로 다닐지라도 주께서 나와 함께 하심이라"는 시편 기자의 말은 이러한 정서적 의미를 담고 있는 핵심적 환상을 표현한다.

마리온 밀너(Marion Milner)는 그녀의 글 전체에서, 자신의 경험의 중심적 측면들을 조직하기 위해 신비적이거나 영적인 이미지에 살짝 발을 담근다. 그녀는 신비주의자였을 수도 있고(그녀는 아마 자신이 신비주의자가 아니라고 말했을 것이다) 아니었을 수도 있지만, 그녀의 이론 안에는 신비주의적 개념들이(이 용어 자체가 모순이 아니라면) 스며들어 있다. 그녀의 분석에 가까운 일기 내용을 보면, 그날 가장 의미 있는 순간이 어떤 순간이었는지를 묘사할 패턴을 찾을 때, 그녀는 느닷없이 살아나는 의식과 의미의 갑작스런 피어남을 상징하는, "죽어가는 신"의 이미지와 그 신의 정서적, 정신적, 또는 지각적 부활에 호소한다.

의식과 살아있음이 고조되는 그녀의 느낌은 존재의 많은 차원들과 영역들에 퍼져 있다. 그녀는 내면으로부터 자신의 발가락을 느끼는 것과 같은, 표현하기 힘든 신체 느낌들에 대해 말한다. 즉,

매 순간마다 신체적으로 살아있는 것이 어떤 것인지에 대해서와, 살아있음의 감각을 느끼고 확장시킬 수 있는 종류의 의식을 갖는 것이 어떤 것인지에 대해 말한다. 이것은 고유감각(proprioception), 운동감각(kinesthesia), 생체조직의 살아있음(tissue aliveness), 점막의 감각(mucous membrane sensation), 피부의 느낌, 그리고 막연하지만 매우 생생하게 느껴지는 몸 전체의 감각을 포함한다. 나는 후자가, 아마도 태양신경총(solar plexus)과 연관된, 심장 아래쪽 가슴 중앙에 위치한 어둡고, 미발달하고, 갈라진 틈새처럼 느껴지는 어떤 것과 연결되어 있다고 생각한다. 이것은 나에게 예와 아니오를, 이래라 저래라를 말해주는 감각으로서, 나를 거의 조종하고, 평가하고, 처리하고, 기록하는, 일종의 내면의 신체언어이다—나를 생생하게 느끼게 하는 부분이다.

밀너에게 있어서, 고조된 존재감은 내면의 몸의 느낌과 외부 세계에 대한 지각에 퍼져 있다: 즉 빛, 색깔, 소리, 형태 등, 사물이 존재하는 방식에 퍼져 있다. 그녀는 내면과 외부 중 어느 하나를 택하지 않는다. 그것들 각각은 자체의 창조성의 감각에 개성을 제공하면서, 중심 무대를 차지하고 타자를 침투할 수 있다. 그녀에게는, 생식력의 일차적 감각이 오르가즘의 측면을 갖고 있고, 창조성은 생산적 감각의 변화무쌍함을 상징한다. 그녀는 일차적 생산성을 동양의 의미심장한 공의 경험 및 서양의 영적 경험과 연결시키는데, 서양의 영적 경험에는 죽어가고-살아나는 신의 이미지와, 성 바울이 말한 핵심적인 "나-그러나 나-아닌" 느낌이 포함되어 있다. 오르가즘적인 나-그러니 나-아닌 나의 느낌의 핵은 신체 감각, 즉 생성되고 부분적으로 용해되는 자기와 타자의 생산적인 느낌을 포함하여, 물리적 현실, 사람과 사람의 만남, 그리고 상징화 활동의 고조된 느낌을 통해 살아 숨 쉰다.

밀너는 좁은 과제-지향적, 인과적, 수단-목적적, 도구적, 실용적 지향보다는 좀 더 넓고 개방된 초점—넓고 초점 없는 주의—을 묘사한다. 그녀는 "갑작스레 외부 세계를 지각하는 강렬한 순간"과 "심층적 마음의 모호한 이미지들" 사이를 오간다. 그녀는 자신에게 중요한 인식의 전환들을 표현할 때, 자발적으로 떠오르는 신체-세계-상상-지각-주의-생각을 가로질러 정신분석적 이미지와 영적 이미지를 혼합한다. 그녀는 빛이 나는 핵심적인 지각의 감각 또는 상상력의 조각이 어떤 것인지를 노래하기 위해 트러헌(Traherne)과 블레이크(Blake)의 말을 인용한다(블레이크에게 있어서 메시아는 상상력이다). 사실, 우리의 신체는 매우 상상력이 풍부한 실체이다.

많은 사람들은 마테-블랑코(Matte-Blanco)의 논리적이고 박식한 측면을 강조하는 것이 더 안전하다고 느끼지만, 그는 정신분석적 신비주의자이다. 그는 하나는 분열을 향해, 다른 하나는 비분열을 향해 움직이는 사고의 두 가지 방식을 구분한다. 그는 비대칭적 사고는 의식에, 대칭적 사고는 무의식에 배당한다. 대칭적 사고의 예를 들자면, 한 학급의 모든 구성원이 같다고 믿는 것, 말하자면, 모든 여자는 어머니라는 생각을 들 수 있다. 또 다른 예로, "너와 나는 사람이다, 그러므로 나는 너고 너는 나다." 물론, 너와 내가 같은 존재라고 공식화할 수 있다는 사실은 이미 비대칭적 작업이 행해졌음을 말해준다. 나는 너와 내가 같다는 것을 주장하기 위해 너와 나를 구분하기 때문이다.

무의식적 존재 안으로 깊이 들어갈수록, 우리의 구분은 더 적어진다. 우리는 '나는 너가 아니고 너는 나가 아니다'라는 인식과 시공간에 대한 감각을 창조하는 데 의식에 의존한다. 무의식의 대칭적 사고에서 모든 여성들은 어머니일 수 있지만, 시공간적 현실에서 여성 개인들은 어머니로 환원될 수 없다. 마테-블랑코의 연구는 존재의 이 두 방식의 상호관계를 멋지게 서술함으로써 우리가 어떻게 정신적 쌍방-논리(bi-logic)로 구성되어 있는 지를 보여준다.

우리는 시-공간과 자기-비자기의 구분을 통해, 무한히 깊은 영역을, 즉 모든 곳에 있는 무한성을 감지한다. 우리는 유한-무한의 융합에 조율하고, 어디에서 멈출지와, 무엇에 초점을 맞출지를 선택한다. 우리는 구분할 수 있는 것과 구분할 수 없는 것의 척도를 오르내리면서 대안적인 관점을 발견한다. 정신적 삶은, 마테-블랑코가 말하듯이, 말로 표현할 수 없는 것이고, 무한성은 머무르기 위해 여기에 있다. 거기에는 "지각적 공동-현존(co-presence)과 시간성-공간성의 혼합, 그리고 무시간성-무공간성, 또는 더 일반적으로 표현하자면, 인간 본성의 가장 본질적인 요소를 구성하는 이질성(heterogeneity)과 비분리성(indivision)"이 있다.

만약 깊은 무의식이 무시간적이고 무공간적이라면, 그것은 정의상 경험될 수 없다. 왜냐하면 의식은 정의상 공격적으로 구분하는 비대칭적 논리를 사용하기 때문이다. 그렇지만 우리는 끊임없이 우리가 알지만 충분히 표현할 수 없는 어떤 구조 안에 있는, 파악할 수 없는 불가분리성을 "가두어 두고 있는"(imprisoning) 일치의 직관들(intuitions of unity)에서 오는 목소리를 낸다.

「생각하기, 느끼기, 그리고 존재하기」(Thinking, Feeling, and Being)의 끝부분에서, 마테-블랑코는 다음과 같은 말을 한다: "나는 나뉠 수 없는 것에 대한 인식과 인간 삶에서의 그것의 추구가 인간을 이해하는 데 있어서 일치적인 중요성을 갖는다고 본다." 거기에는 "외부적이거나 내부적인 세계, 또는 중간 '영역'과 관련이 없는, 즉 "어디에도 존재하지 않는" 우리의 측면들이 있다.

마테-블랑코는 매우 창의적인 방식으로, 부분적으로 삼위일체 신에 대한 니케아 공회의 공식화를 야기한 과정들을 파헤쳤고 재작업했다. 내 생각에, 마테-블랑코는 니케아 공회가 재가한 직관적 현실과 신비적 연합을 이루었던 것 같다. 나는 그에게 있어서, 그 공식화는 삶을 탐구하고, 맛보고, 확장하고, 깊이 사랑하고, 사는 데 필요한 현실들, 즉 나뉠 수 없고-나뉠 수 있는 근원적인 것(the primordial indivisible-divisible)에로 인도하는 안내와 표지로서 기능했다고 생각한다.

비온이 말하는 신비주의는 산산조각나기를 강조한다. 그것은 많은 측면들을 갖고 있다. 그는 정신적 우주의 탄생을 하나의 빅뱅으로, 즉 의식으로의 대폭발로 묘사한다. 빅뱅은 마치 의식이 유기체가 감당할 수 없을 정도로 강렬해지는 것을 나타내는 것처럼 보인다. 유기체는 다른 차원 안으로 폭발하는데, 그것은 부분적으로 과도할 정도로 그렇게 한다. 과도함이라는 주제, 즉 그 자체 또는 신체를 감당하기에 과도한 정신이라는 주제는, 그것과 상호관련된 불충분성의 주제와 마찬가지로, 비온의 작업 전체를 관통해 흐르고 있다. 만일 우리가 과도하게 충분하다면, 우리는 또한 충분하지 않은 것이다.

우리는 전 생애 동안에 걸쳐 중요한 방식으로 태아의 상태에 있고, 아직 태어나지 않았고, 조숙하고, 미성숙한 상태로 남는다. 우리는 또한 우리 자신과 함께 하거나 그렇게 하지 않을 수 있는 능력을 소유하고 있는, 또는 그 능력에 의해 소유되는 위치에 있다. 열정과 인지는 그 자체의 삶을 갖고 있고, 우리와 함께 달아나기 때문에, 우리는 동시적으로 우리 자신들 앞에 있거나 뒤에 있다. 생각은 자동적으로 떠오른다; 욕구는 우리 안에 거주하고 있고, 우리의 경험과 관계 맺는 충분히 품위 있는 길들을 찾을 수도 있고 그렇지 못할 수도 있다.

비온은 반복해서 이렇게 말하는 것처럼 보인다: "이봐, 우리는 여기에서 경험하고 있어—우리는 경험하고 있다구." 의식은 어이없어 하고, 충격을 받는다. 우리는 살아있다! 우리는 우리 자신을, 우리의 경험과 우리의 충격적인 경험적 살아있음을 어떻게 할 것인가? 우리는 우리의 경험과 어떻게 관계하는가?

페데른이 변화하는 경계 문제에 몰두했다면, 비온은 변화하는 강렬함의 문제에 몰두했던 것처럼 보인다. 우리는 어느 한 순간에 단순히 더 크거나 작은 것만이 아니라, 더 살아있거나 더 죽어있다. 더욱이, 비온은 우리가 동시적으로 최대로 살아있고 최대로 죽어있는 순간이 있다고 본다. 최대-최소 정서 상태가 존재한다는 것이다. 그런 상태가 실제인지, 단순한 가설인지, 아니면 언젠가는 우리가 깨달을 수 있는, 눈에 보이지 않는 어떤 것에 대한 가설인지, 우리는 어떤 생각을 지지해야하는가?

비온이 반복한 특정한 시나리오는 생존을 다루기 위해 자라난 마음이 진실 그 자체에 관심을 갖게 될 때, 즉 정신적 성실성(integrity)의 문제에 관심을 갖게 될 때, 그것은 어려움을 만난다는 내용을 담고 있다. 고대 희랍 문헌은 추상적, 개인적, 그리고 공동체적 진실 사이의 긴장과, 그 모든 진실들과 실용적인 생존 욕동들 사이의 긴장에 대해 말하고 있다. 진실과 성실성을 위해 죽는 것이 더 나은가? 아니면 거짓을 사는 것이 더 나은가? 소크라테스의 죽음은 진실을 보여주는 사건이다. 본디오 빌라도가 "진리가 무엇이냐?"라고 물었을 때, 예수는 자신을 보여준다. 진정한 양분과 정서적, 영적, 그리고 사회적 독이 종종 분별할 수 없을 정도로 혼합되어 있기 때문에 이 문제는 여전히 살아있고, 전보다 더 생생하게 살아있다.

비온의 작업에서, 진실은 양분을 주기도 하고 폭발시키기도 한다. 마음은 진실 없이는 성장할 수 없다. 그렇지만 그것은 한 사람의 삶을 날려버릴 수도 있다. 진실은 삶을 산산조각내고, 심지어 죽이기도 한다. 우리는 진실을 갈망하지만, 진실은 위험하고 조심스럽게 다루지 않으면 안 된다. 이것이 우리가 진실을 여러 가지로 실험해보는 법을 배워야만 하는 한 가지 이유이다. 우리는 한 번에 조금씩 진실을 받아들이는 법과, 이런저런 방식으로 돌려보면서 다른 각도에서는 어떻게 보이는가를 알아보고, 다양한 접근 방법들과 맥락에 대한 느낌, 그리고 상식을 성취해가야 한다.

비온은 고조된 살아있음, 의식, 진실, 믿음에 관심을 끌기 위해서 "신비적," "메시아," "천재"라는 용어를 사용했다. 그는 이 용어들을 의미에 열려 있는 상태로 유지했고, 그것들이 표현하는 관계에 따라 다른 가치들을 갖는 기능을 부여했다. 신비스런 분출이나 솟구침은 감각, 정서, 생각과 관련해서 나타날 수 있다. 예컨대, 아가서의 저자는 감각적 천재요, 감각적 신비주의자였다. 마이스터 에크하르트(Meister Eckhart)는 "초연함"(detachment)의 천재였다. 그는 감각 이상의 현실을 보고, 경험하고, 직관했는데, 그가 표현하는 대상없는 순수함은 우리의 등골을 오싹하게 만든다. 자기 자신, 또는 자기가 생각하고 상상하는 모든 것을 초월해야 한다는 요구는 절대적으로 신적인 것이다.

비온의 책 「숙고」(Cogitations)에는 O로부터 시작해서 베타와 알파를 통해 음악, 종교, 조각, 시, 그림, 과학, 심지어 정신분석학으로까지 펼쳐지는 도표가 있다. 그런데 세상에는 믿기 어렵게도 과학적 제안과 신비적 환상 사이를 연결하는 과학자들이 있다. 만약 뉴턴이 살아있다면, 그는 그들 중 한 명이었을 것이다. 프로이트가 주목했듯이, 페크너(Fechner)의 "다른 우주"가 광증과 신비적 비전으로부터 자라난 것임을 생각하는 것은 이상하지 않은가? 그의 생각은 한계에 대한 심리신체적인 관심을 표현하고 수량화하기 위한 시도의 산물이었다.

비온은 신의 사랑, 우르(Ur)의 죽음 구덩이, 존스 타운의 집단

자살, 텍사스 와코(Waco)에서의 광적인 행동(정부쪽이든 반역자들 쪽이든)을 발생시킬 수 있는 종교의 힘에 눈을 돌렸다. 그는 제도적 종교가 아니라, 일상적인 종교의 힘을 강조했다. 블레이크는, 우파니샤드(Upanishads)에서처럼, 종교적 특수성이 다양한 방식으로 자라나고, 감추고, 정교화하는 중심적 직관이나 감각, 환상 또는 상상적 지점(엄지손가락보다 크지 않은)에 대해 말한다.

종교적 감각은 충동, 생각, 환상 안으로 스며든다. 그것은 충동의 성취나 희생으로부터 발생할 수 있다. 그것은 일시적일 수도 있고 한 사람의 삶 전체에 영향을 줄 수도 있다. 톨스토이는 이반 일리치(Ivan Illyitch)가 임종의 순간에 형언할 수 없는 비전을 보면서, 자신이 낭비한 삶을 돌아보는 모습을 묘사하는데, 그것은 거의 모든 것을 보상해주는 순간이기도 하다. 만약 그런 순간이 평생 동안 발생한다면, 어떻게 될까? 만약 그런 순간들이 서로 접촉하고, 연결되며, 퍼져서, 자기의 더 많은 측면들이 그것들을 하루 종일 맛본다면 어떻게 될까?

고조된 순간들과 희생 사이에는 오래된 연결이 있다. 야곱은 그의 첫 타향살이 여정에서, "당신께서 여기에 계신 줄 알지 못했습니다"라고 말했다. 그리고 그는 그의 놀라운 깨달음을 기념하기 위해 제단을 쌓았다. 성서는 만남의 장소와 중요한 순간을 묘사하는 데 많은 지면을 할애한다. 그 중에는 일시적인 것도 있고 영원한 것도 있다. 지성소가 있는 성전은 영원한 것이어야 했다. 그것은 영혼, 기도, 선한 행실의 성전으로 대체되었다. 선지자는 선한 마음과 공의를 신이 원하시는 희생이라고 말했다. 가축을 바치는 희생에서 자기의 헌신으로 변한 것이다.

그 희생은 때로는 기쁨의 희생이고, 때로는 고통의 희생이다. 전도서는 고통의 때, 기쁨의 때, 고통을 포기할 때, 기쁨을 포기할 때가 있다고 말한다. 모든 상태는 저마다 때가 있다.

영성과 정신분석이 서로 겹치는 부분에는 파괴력의 환상이 포함되어 있다. 자신이 얼마나 나쁜지, 자신이 입힌 상처가 얼마나 심각한 것이며, 그것이 얼마나 끝없이 깊은 파괴성에서 나온 것인지를 깨닫는 순간들이 있다. 비온은 이 순간이 시간, 공간, 존재, 인격이 파괴된 후에도 계속해서 작용하는 힘—프로이트의 "회복을 방해하는 힘"과 클라인의 "내적 파괴의 힘"에서 자라난—으로 남는다고 말했다. 위니캇은 자기 자신과 타자가 이 파괴성의 배경에서 어떻게 살아남았는지를 깨닫는 것이 얼마나 멋진 일인지를 말했다.

여기에는 여러 순간들이 포함되는데, 그것은 아마도 같은 순간의 측면들일 것이다.

1. 우리는 악을 보고 울며, 영혼의 옷을 눈물로 적시고, 나쁜 것을 제거하려고 애쓰면서 영혼 그 자체를 찢는다. 우리는 회개하고, 보상하며, 자신의 방법을 고치고, 더 나은 사람이 되려고 노력한다. 그러나 파괴력은 멈추지 않고, 회개는 영원히 계속된다.

2. 우리는 악을 보고 겁에 질려 무너진다. 거기에는 끝도 없고, 치료법도 없다. 아무리 조심해도 상처 입히는 일은 계속된다. 우리는 외상 입은 외상을 입히는 자이다. 우리가 누구인지에 대한 공포와, 우리 안에 있는 것이 행하는 것에 대한 공포가 우리를 마비시킨다. 하지만 그것은 동시에 우리 자신에 대한 숙고와 성찰을 발생시킨다. 우리는 불가능에 맞서 일하면서, 은혜와 행운과 끈기 있는 자기의 훈련을 통해 자기를 연다.

3. 최악을 경험한 후에도 그런 세력이 계속되는 것을 발견할 때, 거기에는 자기와 타자에 대한 새로운 인식이 존재한다. 무의식적인 상호 용서는 어떤 역할을 감당하는데, 그것은 경험의 무한히 다양한 등급의 차이들에 대한 자라나는 인식 또한 그러하다.

4. 우리가 포기한 움직일 수 없는 막힌 지점들이 우리를 위해

길을 연다. 그때 절망, 우울의 충격으로 인해 압축된 공포/증오의 덩어리가 느슨해지고, 조금씩 용해되며, 부분적으로 소화되거나 사라진다. 증오나 외로움의 이런 저런 응어리가 떠나가거나 줄어들거나 더 큰 전체 안에 자리를 잡는 것이 불가능해 보일 수도 있다. 영원히 그것을 짊어져야 할 것처럼 느껴지기도 한다. 그러나 그것의 일부가 사라지거나 적어진다는 것을 깨닫는 것은 얼마나 위대한 발견인가! 그때 우리는 이제 질식할 것처럼 느낀 장소들에서 더 자유롭게 숨을 쉰다. 분명코, 힘겨움이 다시 찾아올 것이다. 그러나 우리는 다른 어떤 일이 일어날 수 있다는 것을 안다.

경험을 구조화하는 데 역할을 하는 태도와 정서의 재탄생에 대한 무의식적 감각을 마음속으로 그려보는 방식은 여럿이다. 많은 경우, "재탄생"은 조숙하게 성장의 가능성을 잘라버리는 것일 수 있다. 그러나 성서는 여전히 앉은뱅이가 걷고, 소경이 눈을 뜨며, 마른 뼈가 살아난다고 말하는데, 이러한 긍정은 붕괴와 불행의 영역이 변화의 기회를 갖는다는 사실을 가리킨다.

정신분석가들과 선지자들은 새로운 시작에 대한 믿음을 갖고 있다. 어떤 방식으로든 우리는 다시 시작할 수 있다. 나이가 들면서, 나에게 가능하지 않은 경험들도 있지만, 또 다른 경험들이 열린다. 영혼의 바깥층은 죽은 피부처럼 처지지만, 내가 가능할 거라고 상상하지 못했고 존재하는 것을 알지 못했던 느낌이 그 모습을 드러내기 시작한다.

인격은 모든 면에서 고른 상태에 있는 것이 아니다. 그것은 나무처럼 일부는 살아있고 일부는 죽은 것일 수 있으며, 어떤 부분은 꽃을 피울 준비가 되어 있고, 다른 어떤 부분은 이미 소멸하고 있을 수 있다. 영혼의 공간은 공간이 없는 것이기 때문에, 하나의 "영역"은 동시적으로 살아있거나 죽어있을 수 있고, 최대인 동시에 최소일 수 있으며, 무한히 다양한 등급의 차이들을 지닐 수 있다.

 나의 제안이 모든 사람을 위한 것이 아니라는 것을 알고 있으면서도, 나는 고통에 대해 한 마디 제안하고 싶다. 세상에는 고통 속에서 사라지고 그것에 의해 끝나버리는 사람이 있다. 어떤 사람들에게는 고통 속에 머무는 것이 출구 없고 끝 모르는 우울한 약함으로 떨어지는 위험을 감수하는 것을 의미한다. 그럼에도 불구하고, 나는 20대에 정서적 고통 안으로 가능한 한 완전히 들어가는 것이, 그것이 만약 일시적이라면, 매우 생생한 반전으로 종종 인도한다는 것을 깨달은 적이 있다. 반 고흐의 별이 빛나는 밤은 고뇌의 여정에 따른 황홀한 결실이다.

 여기에는 다른 가능성들도 있다. 가능한 한 비참한 고통 속에 최대한으로 머무는 것은 의식을 지워버릴 수 있다. 우리는 고통 속에서 의식을 잃을 수 있다. 흰색과 빨간색, 또는 검은색을 "볼 수" 있지만, 순수한 흰색과 빨간색, 또는 검은색은 볼 수 없다. 이 후자는 보다 많은 구멍들이 있고, 고운 입자들을 갖고 있으며, 결들을 가진 어떤 것이요, 액체처럼 우리가 그것을 지나갈 때 길을 열어주는 것이다. 나는 가끔 빛을 향해 문을 여는 내면의 지점이나 질 또는 자궁을 느끼곤 한다. 그런 순간들은 한사람의 관점을 변화시키고, 삶을 높여준다. 빛은 몸의 비밀 안으로 스며들고, 치유를 갈망하는 아픈 부위를 어루만진다.

 나는 빛에도 여러 얼굴이 있다는 것을 본다. 때로 빛에 초점을 맞추는 것은 나로 하여금 어떤 사람을 끔찍스러워 하는 것을 견딜 수 있게 해준다. 그것은 물론 내 자신에 대한 끔찍스러움도 견디게 해준다. 나는 수십 년 동안 벽에 머리를 들이받았고, 주먹을 움켜쥔 채로 죽은 지점들, 얼어붙은 지점들과 함께 살았다. 갈라진 틈새로 고이는 물처럼 빛은 자기의 응어리 주변으로 스며든다. 그리고 가끔은 그 응어리가 열리는 기적이 일어난다.

　최근에 나는 치료적 진전을 보이고 있는 한 남성과 함께 있었다. 그는 더 견고하고, 안색이 좋고, 유능해 보였고, 그의 창조적인 작업은 잘 진척되고 있었다. 나는 그가 표현한 대로, 빛이 우울증과 절망의 조각들을, 즉 내가 알아차리지 못한 붕괴된 영역들을 찾고 있다는 사실을 깨닫게 되었을 때, 그와의 회기를 즐기면서 그의 능력과 성취에 몰입할 수 있었다. 빛은 아픈 부위들로 모아졌고, 그 부위들을 만져주었으며, 그것들을 풀어주고 해체시켰고, 어떤 부분을 어디론가 용해시켰다. 어디로 용해시켰는지에 대해서는 모른다. 그곳은 로쉬 하샤나(Rosh Hashanah)의 바다였을까?

　유대교의 신년 축제인, 로쉬 하샤나에서 행해지는 타실리크(tashlich)라는 관습은 자기 주머니를 비우거나 흐르는 물에 빵을 던지는 것이다. 로쉬 하샤나는 세상이 태어난 날로 간주되고, 그것과 관련해서 정화와 소생의 여러 몸짓들이 행해진다. 여기에는 물고기에게 자신의 죄를 먹이로 준다는 농담이 있는데, 그 농담의 전체적인 요지는 물이 그것을 다룰 수 있다는 생각이다. 물이 우리의 독을 신진대사시킬 것이라는 믿음이다.

　신뢰와 믿음은 대부분 신이나 물을 그리고 정신분석가에게는 무의식과의 배경적 연결을 가리킨다. 유대교에서 신은 단순히 자연이 아니라, 우리에게 물과 소생처럼 좋은 것을 주시는 분이시다. 우리가 다룰 수 없는 것을 소화하기 위해 물에 의존하는 몸짓은 신에 대한 우리의 의존을 상징한다. 우리는 신께서 처리하도록 맡기는 중요한 순간에 도달된다. 그것은 반쯤 회가 나서, "우리를 여기에 끌어들이셨으니, 여기서 벗어나게 해주세요"라고 말하는 것과는 다르다. 비록 그 말이 공평한 말이기는 해도 말이다. 그보다는 우리를 지지해주고, 생명을 주는 힘의 동반자에 대한 개방에 더 가까운 것이다.

라캉(J. Lacan)이 프로이트의 말, "그것이 있는 곳에 내가 있을 것이다(Where it is, I will be)"을 재작업한 글에서, 우리는 신앙의 향기를 느낄 수 있다. 그것은 일종의 무의식의 향기를 따라가는 것이다: "그것이 있는 곳에 내가 있을 것이다" 또는 "나는 그것이 이끄는 대로 따라갈 것이다"라는 의미이다. 라캉은 불에 타고 있는 아이의 꿈에 대한 프로이트의 글을 재작업했다. 아버지는 자신의 아이가 "아버지, 제가 불에 타고 있는 게 안보이세요?"라고 말하는 꿈을 꾸었다. "실제로" 아이는 죽은 상태로 누워있었고, 램프가 쓰러져 그의 신체가 위태로운 상태에 있었다. 그는 꿈에서 아버지에게 왔고, 단순히 꿈속의 불이 아니라, 실제로 현실에서 불이 났다고 아버지에게 경고했다.

라캉은 꿈의 끝없는 모호성을 다뤘다. 불은—문자적으로—소년의 시체를 위협했다. 그러나 소년의 말은 아버지 가슴 속의 구멍을 불태웠다. 불은 상실한 사람의 가슴, 자책, 말할 수 없는 죄책감을 모두 태운다. 그 불은 실제적인 불인 동시에 무의식의 장(field)에서 타오르는 불길이기도 하다. 타오르는 가시떨기처럼, 꿈의 중심 지점에서 타오르지만, 그것의 중심은 소멸되지 않는다. 어떤 점에서, 그것은 나오미와 룻의 관계와도 같다: "나는 무의식의 장, 꿈의 장으로 당신을 따라가겠어요. 나는 꿈의 중심 지점으로 사라지겠어요. 당신이 가시는 곳에 저도 가겠어요. 타오르기를 멈추지 않겠어요. 새로운 시작을 위해 우리의 길에 불을 붙이겠어요." 그러나 라캉이 옳게 암시하듯이, 아버지는, 당신과 나처럼, 결코 원상복구 되지 않을 것이다. 우리는 결코 인간이 되는 것에서 회복될 수 없다.

1960년대에 미국에서는 무의식을 신뢰하는 문제에 대해 많은 논의들이 있었다. 이것은 프로이트가 플리쓰(Fliess)에게 보낸 편지에서 창조적 과정을 표현하기 위해 종교적 언어를 사용한 것의 연속선상에 있다. 그는 그 편지에서 말이 마차를 이끌도록 허용하는 것, 자유 연상, 자유롭게 떠다니는 주의, 창조적 표류, 창조적 무의식을 강조했다. 잭 케루악(Jack Kerouac)은 「길 위에서」(On the Road) 라는 자신의 저서에서, 자유연상을 하나의 삶의 방식으로 제시했다. 우리는 붓다의 개방성과 결합된 종류의 자유연상을 하는 환자처럼 살 필요가 있다. 케루악은 월트 휘트먼(Walt Whitman)이 말한 것을 실행하려고 했다. 그는 미국의 여러 도시들과 길 위에서 열정을 불살랐고, 그러한 살아있음에, 또는 일종의 삶의 신격화에 자신을 던졌다. 케루악이 마릴린 먼로(Marilyn Monroe)나 존 케네디(John Kennedy)처럼 격렬한 파괴로 내몰렸음을 발견하는 것은 충격적이다. 자발성을 이상화했던 그는 무엇보다도 자신의 어머니와 함께 롱아일랜드(Long Island)에서 살면서 술로 인생을 마쳤다. 어떻게 항상 여행하고, 생기가 넘치던 이 길 위의 남자가 결국 집안에 틀어박혀 사는, 영적으로 나약한 마마보이가 되었을까?

정신분석은 아버지의 영의 뼈를 부러뜨리는 어머니의 몸 영혼에 대해, 그리고 뒤로 잡아당기고 쓰러뜨리며, 경계를 용해시키고, 신의 뒷면을 갉아먹고, 나락으로 떨어지는, 블랙홀의 빛줄기와 같은 반전에 대해 알고 있다. 비온은 신격화와 배설물의 제거가 연결되어 있다는 것을 알았던 것 같다. 신격화한 자기는 배설물을 제거한 자기이다. 신체 전기(body electric)는 비워진 자기를 만난다. 프로이트는 플리쓰에게 보낸 글에서, 정신분석은 어머니의 창자에 잠겨 있다가 더 높은 의식, 즉 아버지의 이름의 빛으로 나온 고대의 신비적 의례와도 같다고 말했다. 라캉은 광증을 삼각형의 붕괴, 즉 빛의 지점들이 그 자체를 빨아들이고 무효화시키는 끈끈한 애착으로 붕괴되는 것이라고 정의했다.

오늘날 우리는 양극화를 그리고 그 양극화의 붕괴를 경계한다. 하지만 만약 문제가 성과 세대 사이의 긴장보다 더 깊은 것이라면? 만약 우리가 우리의 내부와 외부로 쏟아버린 독성물질들을 따라잡지 못한다면? 만약 무의식 과정이, 그것이 작업하고 있는 정신적, 영적, 감정적 독소에 의해 압도되거나 움직일 수 없게 된다면? 프로이트는 그의 인생 후반부에 정신적 구조—원본능, 자아, 초자아—는 파괴성의 끌어당김 앞에서 무관하거나 소용없다고 말했을 때, 이 문제에 대해 암시했다.

만약 왜곡이 구조 전체에 미친다면? 만약 무의식 과정이 왜곡되고, 외상을 입고, 손상당하고, 얼어붙고, 절단된다면? 만약 무의식 과정이 독성을 처리해내지 못하거나, 변형을 가져오는 방식이 아닌 왜곡하는 방식으로 작용한다면?

사회는 소화할 수 없는 것을 소화해낼 수 있는가? 집 없는 사람들, 고갈되고, 비워진, 충격 상태에 있는 집 없는 사람들로 가득한 길거리는? 동맥이 끊긴 이 사회는 피 흘리며 죽어 가는가? 너무나 많은 사람들이 그들 자신들을 소화해낼 수 없는 상태에 있다.

우리는 소화해낼 수 없는 것에서 야기된 상황을 약물로 통제하려고 한다. 그러나 자신의 팔을 난도질하고, 의사가 수술에서 봉합한 부분을 찢고, 응급실에 피를 튀기며 달려 들어와 서류들과 진열된 물건들과 인턴들과 간호사들을 공격하는, 미쳐 날뛰는 집 없는 사람들을 통제할 수 있는 약물이 과연 있는가? 마치 소방수가 물을 뿌리듯이 핏물을 뿌리면서 자기를 죽일 병을 퍼뜨리는 사람들을 말이다. 그리고 그의 질병은? 피만이 말해줄 수 있는 지점으로까지 그를 추락시키는 학대의 신체적 대응물이 약물일까? 그의 정신은 어디에 있는가? "피는 도처에 있다." 여기에 내 피가 있고, 내 질병이 있으며, 내가 남겨둔 모든 힘이 있다.

성서는 영혼이 피 안에 있다고 말한다. 유대교에서 동물의 피를 먹지 않는 이유는 동물들의 영혼을 먹는 것이 동물에 대한 예의가 아니라고 믿기 때문이다. 그러나 우리는 서로의 영을 잡아먹는다. 우리는 서로의 영혼을 먹음으로써 성장한다. 이것이 메시지이다. 문자적인 피가 아니다. 우리는 영혼을 먹는 자요, 영을 신진대사 하는 자이다. 영이 생명을 준다.

응급실에서 피를 내뿜었던 그 사람은 그에게 남겨진 유일한 말, 우리가 살인자임을 말해주는 고대 언어를 내뱉고는 벌렁 누워버렸다. 그는 그에게 남겨진 가장 예리한 무기로 그의 살인자들을 죽이려고 했다. 빛은 희미하지만, 예리한 마음은 몸을 움직인다. 우리가 서로에게 행하는 것에는 정확성이 포함되어 있다.

피를 내뿜으며 온 그 사람은 그의 어머니가, 또는 아버지가 붕괴되었음을 증명하는가? 아버지(the Father)의 이름이 조류를 막는 데 실패했는가? 이것이 야벳(Yahveh) 혈통의 최후인가? 어린 야벳들이 여기저기 뛰어다니고, 야벳의 후예들은 해체되는 가슴을 치면서, 아이들과 아내들과 그들 자신들의 뼈를 부러뜨린다. 피를 내뿜는 자를 개인적으로 그리고 사회적으로 외상을 입은 자로 만든 자들은 야벳의 어떤 지역 집단에 속한 자들인가? 이 모든 것들은 멸절시키는 분노에 취해서 수많은 사람들을 거름더미로 만들고, 열망하는 영혼들을 저버린 신의 이미지에 비하면, 시시한 것이 되고 만다. 신의 거울을 들여다볼 때, 우리는 무엇을 보는가?

우리는 우리가 얼마나 부서졌는지, 그리고 얼마나 부수고 있는지를 인식할 필요가 있다. 기독교는 우리가 도움을 필요로 하는 죄인이라고 고백함으로써, 그것을 인식하려고 한다. 결과는 항상 낙관적이지는 않지만, 시작임에는 분명하다. 부수는 것은 사랑―많은 연습을 필요로 하고, 너무 쉽게 잃어버리는 연결―를 요청한다.

정신분석을 카발라(Kabbalah: 유대교의 신비철학)와 연관 지은 뉴욕의 분석가, 쉬라 코버 젤러(Shirah Kober Zeller)는 자신의 길이 신성한 상심(broken heart)에 대한 헌신이라고 말한 적이 있다. 그 말의 의미는 무엇일까? 나는 그녀가 신을 실성하고 상심한 분이라고 말한 것을 들은 적이 있다. 우리는 부분적으로 신의 분석가, 조력자, 치료사로 여기에 있다. 유대교 신비주의 전통에서는 신의 이름을 합치는 것에 대한 이야기들이 있다. 이는 신의 이름을 합치는 것으로 신을 하나로 합친다는 뜻을 내포하고 있다.— 이것은 그의 이름과 그를 합치는 것으로 룸펠슈틸츠킨(Rumpelstiltskin: 독일 민화에 나오는 난쟁이)을 화나게 한다는 이야기의 한 변형이다.

여기서 우리는 선함과 격노의 융합이라는 문제를 만난다. 명백히 우리는, 또는 최소한 우리 중 일부 또는 다수는 그리고 신은 이런 방식으로 꿰매어져 있을 것이다. 신은 온전해지기 위해서 우리의 도움을 필요로 한다. 이 말은 신께서 우리의 격노를, 즉 치유를 위한 격노를 필요로 한다는 뜻인가? 집단으로서, 우리는 우리의 격노와 온전함에 대한 소망에 대해 무엇을 하는가?

아마도 쉬라 코버 젤러가 한 말은 우리가 상심했기 때문에 신의 마음 또한 그렇다는 의미였을 것이다. 우리는 상심하는 일을 하고 있고, 종종 상심케 하는 일을 한다. 쉬라의 신은 상심이란 너무 성급하게 제거할 수 있는 것이 아니라고 말하는 것 같다. 만약 성스러운 상심이 도처에 있다면, 그것을 고치는 기쁨이 저 멀리 있을 수 있겠는가?

뭉개진 정신 또는 정신의 분쇄가 발생한다. 우리는 어쨌든 이런저런 방식으로 삶을 계속한다. 페어베언은 다시 온전해지기 위해 온전성을 분열시키는 것을 묘사한다. 참자기와 거짓자기, 정신/신체를 말하는 위니캇도 어떤 면에서 같은 주제를 다룬다. 그러나 만약 정신이 부서지고, 향신료처럼 한데 섞여 있어서 분간할 수 없게 된다면? 만약 정신이 으깨지면서 셀 수 없이 많은 변화와 변형을 겪는다면? 상심한 가슴들뿐만 아니라, 뭉개진 가슴들이 있다. 분쇄된 정신이 자신의 목소리를 찾고 있다.

　변형되고, 불구가 되고, 토막 나고, 부서지고, 악의 있고, 암호화 되고, 차단되고, 질식할 것 같고, 붕괴되고, 얼어붙고, 경직되고, 산만하고, 방사능에 노출되고, 죽고, 공허하고, 텅 비고, 비뚤어지고, 외상 입고, 말을 잃고, 폭발하는 수많은 문제들—누가 지금 이 모든 것에 대한 치유를 생각하는가? 비뚤어지고 독성을 지닌 정신분석이 무엇을 할 수 있는가? 정신분석은 분석이 환자에게 입히는 외상의 충격을 분석하는 것을 통해 성장한다. 정신분석은 어떻게 스스로와 환자를 파괴시키는지를 분석하는 것을 통해 성장한다. 정신분석은 더 많은 정신분석으로 스스로를 치료하려고 시도한다. 정신분석은 상당히 미쳤지만, 그 사실이 정신분석을 무효화시키지는 않는다.

　정신분석적 비웃음이 시작되고 있다. 정신분석은 스스로를 비웃는다. 정신분석적 비웃음은 정신분석을 태우는 불이다. 어떻게 앨리스가 정신분석적 토끼굴에서 나올 것인가? 그녀가 잠에서 깨어나는 것을 통해서인가? 아니면 그 동화의 작가가 잠이 드는 것을 통해서인가? 그 작가가 잠에서 깨어났을 때, 다시 그 구멍을 찾을 수 있을까? 미친 신, 미친 세상, 미친 조력자, 서로에게 미친 파트너가 여기에 있다. 집 없는 신이 우리의 집일까? 정신의 길거리 위에 집 없는 영혼의 조각들이 있다. 집은 어디에나 있다. 집 없는 상태도 어디에나 있다.

　"흠 없는 순백의 빛," 자궁, 태아, 초기 형태의 선함 안에 있는 좋은 대상들은 어떤가? 우리는 파괴성의 바다와 순백의 빛으로 된 선함의 바다 속으로 던져진 존재이다. 우리는 아름다움, 진실, 선함에 대한 사랑을 갖고 있다. 그것은 매우 복잡해진다. 거기에는 행복한 순간들이 있다: 아름다운 것은 영원한 기쁨이다. 지옥,

연옥, 천국은 겹쳐져 있고 서로 분리될 수 없다. 그것들은 모두 동시에 그리고 함께 간다.

여러 해 동안 우리는 부패될 수 없는 영혼, 평생 신을 찬양하는 순수한 영이 존재한다고 믿었다. 우리는 우리의 순수한 영혼과 신의 연결에 대해, 그리고 우리가 통과하고 되는 것에 대해 무엇을 할 것인가? 의식의 재발견을 불멸의 마음영(mindspirit)으로 간주하는 고대의 신비 종파들이 있지 않은가? 나는 깨달음의 영원한 바다에서 헤엄친다. 아니, 나는 하늘을 난다. 오르페우스 아폴로(Orpheus Apollo)에게 끝은 없다.

스티븐 스필버그(Steven Spielberg)의 영화 *라이언 일병 구하기(Saving Private Ryan)*에는 오마하 해변(Omaha Beach)에 상륙하는 장면이 나오는데, 그것은 공포 이상의 반향과 함께 끔찍한 순간들을 묘사한다. 상륙하는 배 안에 있던 미군들은 독일군의 총에 맞아 전사하고 그들 대부분이 상륙하지 못했다. 그들은 배의 문이 열리자마자 포탄에 날아가 버렸다.

그것은 거의 수의 문제였다. 상륙하려고 시도한 미군들이 독일군 총알들보다 더 많았다. 총알의 수보다 시체의 수가 더 많았다.

상륙한 군인들이 계속 밀려오면서 계속해서 살해되는 장면이 끔찍하게 상세히 묘사되었다. 그러나 군인들은 저지선을 뚫기 시작했고, 해안에 교두보를 세우고, 진지를 구축하면서 차츰 우세해졌다. 도처에 시체들과 살해와 희생이 있었다.

거기에 먼저 상륙한 군인이 살아남을 기회는 사실상 없었다. 첫째, 둘째, 셋째 파도가 있어야만 했다. 일을 끝내기 위해서는 충분한 파도가, 죽은 시체를 헤치고 나아가는 살아있는 몸이 필요했다.

인간은 개미와도 같다. 사람들은 계속해서 밟아죽이지만, 개미들은 여전히 있고 계속해서 더 많이 몰려온다.

어떤 것이 살고, 어떤 것이 죽는가?

희생적 살해. 어떤 것들은 그것을 통과한다. 충분히 많은 것들이 통과한다.

세대의 물결. 우리는 계속 오고, 세우고, 다시 만든다. 끊임없이 그렇게 한다.

그 영화는 공포와 승리를 넘나든다. 무작위적인 대량학살은 여전히 계속된다. 죽음은 닻과 같아서, 급히 오건, 천천히 오건, 변함없이 온다.

그 영화가 표현하는 현실에서는 몸이 날아가고, 창자가 흩어지는 장면들이 계속해서 하나의 축을 이룬다. 만약 사람들이 눈앞에 펼쳐지는 그런 장면들을 다룰 수 없다면, 그들은 아무것도 다룰 수가 없을 것이다.

한 장면에서는, 죽어가는 군인이 몸 밖으로 튀어나온 자신의 창자를 집어넣으려고 시도한다. 나는 그가 살 수 없는 상황에서 살고자 노력하고 있다는 것을 이해한다. 그러나 그 순간에 그가 너무 점잔빼는 행동을 한다고 느끼지 않을 수 없다. (물론 그것은 나의 개인적 특성 때문일 것이다.) 그는 죽기 전에 자신의 창자를 안으로 집어넣으려고 시도했는데, 그것은 벌거벗은 몸을 덮거나 몸의 구멍을 막으려고 하는 것과 유사한 것이다(시체의 입을 막으려는 요구). 그것은 죽음 앞에서의 점잖음과 존엄성이었다. 점잖음과 존엄성은 같은 부류에 속한다.

생명은 계속해서 출현한다.

그 영화는 선함의 느낌이 역경을 통과하면서 끝이 난다. 악은 타협되지 않고, 타협하려고 하지도 않는다. 선함은 연약할 수 있고, 말로 할 수 없는 것일 수 있지만, 결코 덜 현실적이지는 않다. 아마 더 생생하게 느껴지는 것일 것이다. 선함이 더 진실하고, 진짜 악보다 더 생생한 것이라는 생각은 어쩌면 감상적인 생각일지도 모른다. 그것은 할리우드식 선함일 뿐이다.

선함이 강력하게 부각되는 경우는 악이 선함에 의해 모호해지지 않을 때이다. 선함은 악을 없애거나 대체하거나 회피하지 않는다.

유대교의 신년은 생명이 주는 숨막히는 달콤함인, 광야에서의 만나를 회상케 하는 할라(Challah: 유대교 전통 빵)와 사과를 꿀에 담그는 것으로 시작된다. 모든 파괴와 파괴의 가능성들의 한복판에서, 자비의 장(field), 슬프고, 달콤하고, 기쁘고, 황홀한 장이 계속해서 우리를 부른다.

파괴, 악, 공포를 과소평가하지 않은 채, 성서는 이런저런 방식으로 계속해서 이렇게 말한다: "일상적인 삶 속에서의 기적이 우리 곁에 있다/ 놀라움과 축복은 언제나 우리와 함께 한다/ 당신은 기쁨의 강물에서 물을 길어/ 그들에게 마실 물을 줄 것이다/ 당신이 있는 곳이 생명의 원천이므로/ 당신의 빛 가운데서 우리는 빛을 볼 것이다."

자비의 장이 열리고, 천국이 열린다. 우리는 그것을 맛보고, 그 속에 몸을 담근다. 우리들 사이에 강물이 열린다. 이 또한 지옥과 총알처럼 생생한 현실이다.

아마도 우리들 중 일부는 우리가 매 순간 우리 자신과 서로를 손상시키는 방식을 깊숙이 탐구하지 않아도 될 만큼 충분히 운이 좋을 것이다. 깨달음은 지속되는 선함으로도 확장된다. 위니캇은 우리의 파괴성에서 살아남는 타자(the Other), 더 정확하게는 우리의 파괴 환상에서 살아남는 타자에 대한 감각에 주목한다. 우리는 환상이 갖는 힘에 대해 알고 있다. 유아에게 있어서, 파괴 환상과 비명을 지르고 발로 차는 것, 그리고 무감각해지고 근육이 마비되는 것 사이에 큰 차이가 없다. 그리고 소리를 지르는 부모나 거리를 두고 있는 분석가에게도, 그 갭은 마찬가지로 크지 않은 것 같다.

위니캇이 지적한 문제는 우리 가까이 있다. 당신은 내 안에 있는 최악의 것을 살아남을 수 있는가? 누구라도 그리 할 수 있는가? 지구는 우리를 살아남을 수 있는가? 우리는 서로와 우리 자신을 살아남을 수 있는가? 우리의 파괴성은 얼마나 파괴적인가? 우리는 우리가 얼마나 파괴적일 수 있는지를 계속해서 배운다. 그리고 그런 깨달음에는 많은 측면들이 있다. 위니캇은 비록 그 생존이 부분적인 것이라고 해도, 우리가 서로를 살아남는 방식을 확충함으로써 우리가 누구인지에 대한 감각을 더해준다. 상호적 생존의 질과 정신은 감정과 현실감을 증가시키기도 하고 감소시키기도 한다.

위니캇의 글을 읽을 때 떠오르는 절실한 질문은 어떻게 우리와 우리의 세상이 아기를 살아남는가이다. 과연 누가 아기에게 어떻게 해야 될지를 아는가? 아기가 어떤 존재인지 누가 아는가? 위니캇은 파괴성을 살아있음에 대한 우리의 감각의 일부라고 보았다. 우리는 살아있음을 죽이지 않으면서 파괴성을 조절하는 것에 관해 정말 얼마나 알고 있는가?

부모와 아이는 반복되는 붕괴를 겪고, 광증의 시간들을 갖는다. 우리는 난관을 통과하는 것의 속성에 관해서, 그리고 "자발적 회복"의 가능성에 대해서 계속해서 배운다. 어쩌면 치료는 부분적으로 우리 자신으로부터 자발적으로 회복하는 것에 대해 점점 더 많이 배워가는 일일 것이다.

신비주의와 파괴성은 함께 간다. 우리에게는 정신적 및 정서적인 겉옷을 벗겨버리고, 우리의 마음을 찢고, 우리 자신의 밑바닥에 도달해서, 우리가 의심하거나 다른 견해를 가질 수 없는 무언가를 찾고 싶은 충동이 있다. 그러나 우리가 마음을 갖고 있는 한, 우리는 또 하나의 견해를 가질 수 있다. 파리들은 많은 외부 눈들을 가지고 있고, 우리는 많은 내부의 눈들을 가지고 있다. 방금 나는 "눈"(eye)이라고 써야 되는데, 실수로 "예"(yes)라고 썼다. 신비주의는 예, 예, 예에 도달하기 위해 아니, 아니, 아니라고 말한다.

　신비적 아버지, 신비적 어머니, 신비적 아기는 파괴와 연관되어 있고, 삶과 연관되어 있다. 우리는 경험을 걸러주는 범주 아래층에 도달하고, 우리 자신이 만들어낸 것 너머에 있는 영역에 도달하고 싶은 절박한 욕구를 갖고 있다. 우리는 이것을 특정 동물에서 보는데, 예컨대, 개는 사람의 갈망에 의해 자극받아 정서적으로 자신들의 한계 이상의 지점에 도달하고 싶어 하고, 그래서 보통 개들이 하는 것 이상을 하려고 노력한다. 우리는 우리의 마음과 몸을 지나 삶의 중심에 도달하고 싶어 한다—홈런을 치고, 터치다운(touchdown: 미식축구에서 득점을 일컫는 말)하고, 물질적인 성공을 하고, '나는 대단해'라고 말하는 것만이 아니라, 물 자체(the thing itself)에 접촉하는 것, 또는 이 모든 것을 가능케 하는 것을 다룬다. 우리는 이것을 그만둘 수 있는가? 또는 그만 두어야 하는가?

　우리들 중 어떤 이들에게는 정신분석이 사물을 쓸어버리는 것의 일부, 즉 발견을 하도록 밀어붙이는 압력이 된다. 파도처럼 밀려오는 정신분석학의 물결은 이런 압력을 통해 생겨난 것이다. 정신분석은 하나의 필터가 아니라 여러 개의 필터 체계들이다. 매 순간의 만남에서, 분석가는 정신분석이 알지 못하는 것의 끝에 도달할 뿐만 아니라, 알지 못하는 것 그 자체 안으로 뛰어들기 위해 계속해서 한 번에 하나씩 필터를 뜯어버린다. 그렇게 하는 것은 분석가 자신을 위해서이지만, 또한 알려진 필터들이 기능하지 못하기 때문에 소멸되거나 결코 태어나지 못하는 위험에 처해 있는 환자의 필요에 의한 것이기도 하다.

　아주 많은 회기들이 신앙의 위기와 관련되어 있다. 삶이 가치 있는 것이든 없는 것이든 간에—비록 그것들이 절실하게 중요한 문제이지만—사람은 그저 살거나 죽거나 하지 않는다. 자기(自己)가 어떤 음조, 정신 또는 성질을 갖고 존재할 것인지가 중요한 문제이다. 또는 자기의 존재를 믿지 않을 경우, 삶에 대한 핵심적인 태도들과 접근들이 어떤 것인가의 문제가 바로 인간 존재를 생동감 있게 만드는 요소이다. 한 회기 동안, 개인은 붕괴, 절망, 장애의 영역들을 가로지르고, 가라앉고, 또는 더 좋고 더 나쁜 방식으로 그것들을 헤쳐 나간다.

클라인의 글은 약간 도덕성을 다루는 희곡과 비슷해 보인다. 좋은 내적 대상이 증오나 경멸적인 측면들보다 우세할 것인가, 아니면 그것들에 의해 망쳐질 것인가? 그것은 일종의 좋은 대상과 나쁜 대상 사이의 전쟁이다. 내 생각에, 그것은 생명 욕동과 죽음 욕동의 다양한 혼합물로서의 정신적 행동에 대한 프로이트의 감각을 확장해주는 고대 이야기, 즉 정신의 스타워즈(Star Wars)에 대한 좋은 해석이다. 뿐만 아니라, 자기 자신에 대한 진실에서 살아남을 수 있기를 희망하면서, 그리고 진실이 성장을 가져다주기를 희망하면서, 좋건 나쁘건, 정서적 진실을 인식할 필요성을 더해 준다.

비온은 시간이 지나면서 믿음이 진실이 드러나도록 허용한다는 것을, 그리고 많은 것들이 진실에 대한 태도를 포함해서 우리의 태도에 달려있다고 말하는 것 같다. 다시 말해서, 우리의 태도 안에 사랑이 더 큰 역할을 하는지, 아니면 진실이 살인의 도구로서 사용되는지가 중요하다. 이것은 미묘하고 복잡한 문제일 수 있지만, 죽이는 진실과 독이 있는 거짓말 사이에 사로잡히는 어려움들은 우리로 하여금 계속해서 진화하도록 압력을 가한다.

나의 저서「독이 든 양분」에는 실패한 자살과 유산(流産)이라는 주제를 다룬 장이 있다. 자기 자신을 죽이려는 시도는 때로 아기로서의 자기 자신을 유산시키려는 시도와, 비뚤어진 성장의 방식과 관련된다. 사람들은 자신들을 낳는 것보다 죽이는 것이 더 쉽다고 생각하지만, 사실 그 둘 모두는 복잡한 상태들과 긴장들로 가득하다. 자살은 일종의 생명의 유산이요, 아기 상태에 있는 자기(自己)에 대한 믿음의 결여이다. 상처가 너무 깊을 때, 개인은 굴복한다. 종종 상처받는 것은 순진한 믿음이고, 그때 그는 더 복잡한 어떤 것을 통과해야 하는 여정에서 벗어날 수 없다. 삶이 그토록 나쁠 수 있고, 빛이 그토록 밝을 수 있다는 것을 믿기란 쉽지 않다.

삶과 죽음에 관한 일종의 반(半)의식적/무의식적 셈법이 있다. 하나의 관점에서 볼 때, 죽음은 뺄셈이고, 삶은 덧셈이다. 자기 자신을 죽이는 것은 생명을 빼앗는 것이다. 그것은 마이너스 인생이다. 물론, 이것은 자신이 무언가를 빼앗겼다는 느낌에 대한 보복, 또는 삶의 기회를 잃은 것에 대한 증오일 수 있다. 어떤 이는 손실을 극화하고, 어떤 이는 마지막 지점, 즉 한계에 도달하는 것에 대한 만족감을 상상한다. 삶에 자신을 더하는 것은 선물이 진짜임을 받아들이고, 삶의 모욕을 견뎌내는 것이다. 아마도 그들에게는 '노 땡큐'라고 말하며 사절하는 것이, 그리고 고통에 작별의 키스를 하는 것이 더 존엄성을 지키는 행동일 것이다. 삶에는 오직 죽음만이 그의 자존심을 지킬 수 있는 굴욕이 있다. 자존심이 종교의 공격 목표가 되는 것은 아마도 이런 이유에서일 것이다. 자신을 자기로부터 자유롭게 할 수만 있다면, 모든 것이 다르게 보일 것이다. 덧셈과 뺄셈은 사라진다. 존재와 비존재 사이의 대 전쟁은 더 이상 없고, 그것들은 서로를 돌본다. 그들은 서로를 먹여준다. 자기 자신을 죽이는 것은 이 자유의 가능성을 던져버리는 것이다. 그것은 부정적인 자기의 승리를 나타낸다. 그런 승리가 궁극적인 것인지는 아무도 모른다. 그러나 내게는 그것은 거의 언제나 패배의 상징으로 보인다.

비온은 그가 죽기 바로 전 해에 쓴 일기에서, "근본적 현실은 알려지지 않은 '무한성'이요, 언어로 표현할 수 없는 상태"라고 말했다. 예술가나 종교인에게서 빌려온 언어조차도 그것을 서술하기에는 턱없이 부족하다는 것이다. 우리는 우리의 무한성을 위해 걸러낸 것들, 우리의 삶의 조각들을 꿰매어 하나로 만든다. 고통과 빛이 그렇게 할 수 있는 실마리들이다. 그것들은 우리가 살아있다고 말해주고, 잘만 사용하면 우리가 계속해서 그것들과 연결할 수 있게 해준다. 그것들은 우리가 맛보는 무한성으로 들어가는 열린 지점들이다. 수천 년 동안 우리는 고통과 빛에 대한 언어를 발달시켜왔으며, 거기에는 우리가 끌어당길 수 있는 더 많은 가닥들이 있다.

이런 내용과 관련된 글에서, 비온은 죽음을 얼마 앞두고 이렇게 말했다: "많은 신비주의자들이 실제로 어떤 힘, 즉 마음을 가진 인간에 의해 측정되거나 측량되거나 평가될 수 없는 세력이 있다고 믿어지는 상황에 대해 묘사할 수 있었다. 내가 보기에 그것은 여태까지 거의 완전하게 무시되어온 심오한 가정이다."

그는 "힘"과 "세력"이라는 용어를 마지막 구절에서 반복해서 사용했다. 알려지지 않은 무한한 힘과 세력은 야벳과 존스타운에서 표현되었고, 에머슨(Emerson)과 프로이트가 쳐놓은 그물을 반짝거리며 빠져나간다. 힘과 세력은 한 부류의 용어이고, "관계"는 또 다른 부류의 용어이다. 비온은 부버(Buber)의 나너에 관해 쓴 글에서, "의미 있는 사실은 서로 관련된 두 대상이 아니라, 종결(보통 사람들이 이해하는)이 없는 열린 실재로서의 관계이다"라고 지적한다. 한편에 힘과 세력이 있고, 다른 편에 관계가 있다. 이것은 두 개의 언어인가? 아니면 하나인가?

종결이 없는 열린 실재는 어느 정도 정신분석과도 비슷하다. 비온은 정신분석과 인격을 존재의 부분들, 그리고 삶의 형태들이라고 말한다. 그것들 안에서 알려지지 않은 무한성, 힘, 세력, 관계들이 움직인다. 우리는 우리가 아는 모든 것을 알려지지 않은 무한성의 내부 및 외부의 수평선에 맞추어 위치시킨다.

우리는 지금도 진화하고 있는가? 알려지지 않은 무한성이 우리 주위에 장벽을 치고 우리를 가두는가? 아마 그럴 수도 있고 아닐 수도 있을 것이다. 한 가지 말할 수 있는 것은, 회기들 안에는 진화의 순간들이 있다는 것이다. 두 개의 예를 들어보겠다. 어쩌면 그것은 이미 우리가 알고 있는 이야기일 수도 있다. 그러나 나는 그 안에 들려질 필요가 있는 중요한 목소리가 있다고 느낀다.

개리(Gary)는 상당 기간 동안 우울했다. 그는 일을 할 수 없었고, 놀이할 수 없었고, 여자친구와 함께 있을 수 없었으며, 자기 자신과도 함께 있을 수 없었다. 그는 가라앉고 있었다. 이 상태는 수년에 걸쳐 심해졌다. 우울한 저류들은 한데 모여 세력을 형성했지만, 그는 완전히 죽지는 않았다. 그는 그의 머릿속에 있는 황홀감에 대해 쓰디쓴 어조로 말했다. 어떤 면에서, 그는 우울증이 경험하는 황홀감을 비난했다. 그의 머릿속에는 황홀감을 느낄 수 있을 만큼 충분히 좋은 것이 없었다. 그의 사적인 고조 상태에 어울릴 수 있는 것은 아무것도 없었다. 정신적 황홀감은 그의 인격 안에 구체화된 우울로부터 그를 구할 수 없었다. 반대로, 그것은 우울증을 악화시켰다.

그는 회기에 여러 번 빠졌지만, 치료를 계속했다. 그는 여자문제, 부모, 창조성, 직업 등에 대해 그가 생각할 수 있는 모든 것을 나에게 말했다. 나는 오늘의 많은 사람들이 그에게 약물을 권할 것이라는 것을 알고 있다.

어느 날 그는 나에게 조용히 말했다. "저는 오랫동안 빠져있던 침체에서 벗어났어요."

"어떻게요?" 나는 물었다.

"몇 가지 방법이 있었죠. 나는 토요일에 줄리아와 즐거운 하루를 보냈어요. 우리의 관계에 대해 걱정하는 대신 그저 좋은 하루를 보냈는데, 그러고 나니 많은 것들에 대해 기분이 좋아졌어요."

"저는 제 머리 속에 있는 황홀한 것에 대해 걱정하지 않아요. 저는 더 많은 것을 하고 있어요. 그것은 좋았어요."

"그것은 다른 것에 대해, 즉 상상하는 것과 삶을 사는 것의 차이에 대해 생각하게 했어요. 그리고 저는 마침내 아는 사람이 아무도 없고 그저 다른 음악가들만 있는, 덜 부담되고 더 재미있는 클럽에서 음악을 연주하게 됐어요. 저는 정말로 제 음악을 들려주고 싶은 사람들이 있는 곳에서 연주하게 된 거예요. 저는 연주를 하는 것이 좋게 느껴졌어요. 제 삶의 모든 부분이 조금씩 더 좋아졌어요. 저는 일자리도 알아보려고 해요."

"저는 지난 몇 년 동안의 삶을 돌아보았어요. 그동안 저는 앞으로 한 발짝 나아가고는 다시 뒤로 한 발짝 물러나곤 했죠. 저는 끔찍스런 이론을 갖고 있었어요. 삶이 어때야 하고 어떻게 상상해야 한다는 기대들을 갖고 있었어요. 실망을 거듭하고, 기분이 계속 나빠지자 저는 기준을 낮추었고, 기분이 좋아졌어요. 그것이 새로운 시작이었어요."

그렇다면 개리는 하향 적응을 위해 그의 눈높이를 낮추었는가? 그러나 나는 그의 목소리 안에 어떤 것을 무시하는 요소가 들어 있다고 느꼈고, 그의 끔찍스런 이론이 전체 이야기를 제대로 다루고 있는 것인지 궁금해졌다. 나는 내가 얼핏 본 것을 시험해보았다. "좋은 설명이에요. 그러나 그것이 단지 기준을 낮추는 문제일까요? 아니면 관점을 변화시킴으로써 삶이 다른 방식으로 보이는 것, 즉 기준에 적응하는 문제일까요?"

그의 음조 안에 있는 냉소적인 흔적은 걷혔고, 그는 계속해서 말했다. "잠시 동안 지속적이 되는 요소는 일종의 몸 낮추기

(humbling)이지요. 그것은 특정한 방식으로 우리 자신을 수축시키는 것, 즉 자기-중심성을 줄이는 것이에요. 저는 최근에 연민(compassion)에 대해 생각해봤습니다. 우리 자신의 고통 때문에, 즉 다른 사람에 의해 느껴진 우리의 고통 때문에 다른 사람들과 공감하는 것이 그렇듯이, 우리가 우리 자신들을 바라보는 방식에 영향을 주는 것은 이차적 정서일 수 있어요. 그러나 그것은 정서가 아니라, 하나의 조사(investigation)입니다. 이런 종류의 낮추기에 관련된 것은 무엇이 진정한 것인지를 보는 방식, 즉 정서라기보다는 감각입니다."

잠시 멈춘 후, 개리는 음악회에서 어떤 사람들이 그를 유럽인이라고 생각했던 일에 대해 이야기했다. 아마 그것은 그가 삶이 그에게 말해주는 것을, 즉 더 복잡하거나 단순히 다른 것을 보고 있다는 것을 의미했을 것이다. 그는 계속해서 말하기를, 자신은 주식시장 숫자의 패턴을 보고, 그것의 흐름을 보는 것을 즐긴다고 말했다. 그는 어떤 좋은 투자를 하기 시작했다. "저는 기분이 나아졌어요. 그런데 어떻게 그렇게 됐는지는 모르겠어요."

"흐름을 살펴보았나요?" 내가 물었다.

"예, 제 무의식 안에 있는 패턴들을 관찰하는 것이 가능할지 궁금했어요."

"주식시장의 흐름처럼 말이죠?"

"네, 우울증과 관련된 한 가지는 제가 진정으로 제 인생의 의미에 대해 추구한다는 겁니다. 제 삶에서 잘못된 것이, 좋든 나쁘든, 모두 한꺼번에 저를 짓눌렀어요. 제가 파헤칠 수 있으면 좋은 것이고, 스쳐지나가는 것이면 나쁜 거예요. 제가 좀 별난가요? 아니면 정상인가요?"

"당신에게 정상이라는 것은 어떤 거죠?"

"오르락내리락하는 것, 그것이 정상이에요. 그것은 어떤 것에 계속해서 초점을 맞추는 거예요. 그런데 그것은 또 다른 조사 대상일 것 같군요."

그는 주식시장에서 주가가 오르락내리락 하는 것에 대해 좀 더 얘기했고, 나는 오르락내리락 하는 것에 대해, 그리고 비록 그것이 오래 걸리기는 했지만, 그가 방금 아래쪽에서 위쪽으로 향하는 좋은 움직임을 통과했다는 것에 대해 한 마디 했다.

"그건 제가 어떻게 할 수 있는 게 아니에요." 그가 덧붙였다. "그것은 그냥 일어나요. 거기에는 어떤 패턴들이 있는 게 분명해요. 어떤 때는 그것들을 보고, 어떤 때는 보지 못해요. 그것들을 보는 것이 무슨 소용이 있는지 모르겠어요."

"어쨌든 그것들은 계속되는군요."

"맞아요. 저는 그것을 구획 지을 수 없어요. 아니죠, 저는 좋은 것을 그렇게 할 수는 있어요. 어떤 작은 장소에 좋음을 두죠. 저는 좋은 것을 위한 작은 장소를 갖고 있어요. 나쁜 것은 널리 퍼지는 경향이 있죠."

"방사능이 퍼지는 것처럼 말이군요."

"저는 그것이 유기적인 것 같아요. 제 자신과 다른 사람이 소통한다고 느끼는 것이 중요해요. 나쁜 감정은 더 잘 소통하도록 저를 자극하죠. 비록 나쁘게 느끼는 것이 저로 하여금 소통을 불가능하게 하지만 말이에요. 그것은 저의 내면을 보다 특정한 것으로 만들게 해요. 하지만 저는 그것을 외부 세계에 알릴 수 없어요. 저는 마음을 닫고 잠시 신경을 꺼요. 하지만 저는 지난번 침체 기간 동안 다섯 편의 노래를 작사했어요. 그러나 제가 그 상태에서 빠져나오기 전까지는 그 노래를 연주할 수 없었죠."

"각 상태는 그 나름의 시기가 있군요?"

그는 동의한다. 그는 비록 우리가 그것이 무엇인지는 모르고 있지만, 그것의 흐름과 멈춤에 패턴과 리듬이 있다는 것을 감지한다. 그가 말하는 유기체는 앞뒤로 오가는 움직임이 있고, 발견할 수만 있다면, 자연스러운 어떤 것이 있다는 것을 의미했다.

나는 개리가 기분 좋은 상태로 회기에 올 줄은 몰랐다. 그는 우울의 회전문에서 빠져나오는 일종의 자발적인 회복에 대해 묘사했는데, 그것은 긴장증적(catatonic) 무감각 상태나 혼수상태에서 빠져나오는 것과 비슷했다. 나는 그가 치료에 오기 전 수년 동안 악화 일로를 걸었기 때문에, 침체 기간이 더 길어지지는 않을까 염려했었다. 그의 호전을 어떻게 설명해야 할지 그와 나 누구도 알지 못했다. 그는 그의 여자친구와 좋은 시간을 보냈기 때문이라고 생각했다—물론 좋은 대상을 느끼는 것으로 축복이 자리를 잡는 것이 가능하다. 또는 그가 가진 좋은 시간이 이미 일어나고 있는 변화에서 나온 것이라고 생각할 수도 있다. 내 추측으로는, 치료가 제공하는 배경적 지지가 그로 하여금 한 상태에서 다른 상태로 옮겨갈 수 있게 한 것이 아닌가 싶다. 최소한, 치료는 옮겨가는 과정을 연습할 수 있는 장을 제공한다. 왜냐하면 치료에서 우리는 매 순간 변화하는 상태를 소통하고, 다른 사람의 반응을 듣기 때문이다. 사람들은 치료에서, 바라건대, 정신적 실재를 환영하는 분위기를 맛본다.

나는 필요할 경우, 약물사용을 반대하지 않는다. 오히려 그 반대이다. 나는 초창기부터 지금까지 기분과 마음의 변형을 가져오는 약물의 중요성에 대해 알고 있다. 그러나 나는 너무 쉽게 약물에 의존하는 것과 그것의 착취적인 남용에 대해 염려한다. 나는 우리에게 믿음의 핵에 대해 말해주는, 최근에 있었던 또 다른 회기에 대해 이야기하려고 한다.

크리스(Chris)라는 나의 환자는 "객관화된" 사고 경향성에 의해 충격을 받은 유능한 정신분석가이다. 그는 그가 "믿음의 부족이 아니라 믿음 없음에 대한 확신"이라고 부른 것에 대해 성난

불신과 의로운 공포와 실망감으로 가득 차서 말했다.
 그는 온화하고 활기차며 자신과 삶에 대해 점점 더 좋게 생각하는 한 소년을 상담하고 있었다. 그는 좀 거칠지만, 착한 성품을 갖고 있는, 삶을 사랑하는 사람처럼 보였다. 치료는 상처와 질식케 하는 요구에 의해 손상된 그의 기본적인 영적 본성을 지원해 주었다. 사람은 누구나 양육과정에서 많은 억눌림을 경험한다.
 "그는 좋은 아이예요," 크리스는 말했다. "우리는 어디엔가 도달하고 있었는데, 그때 일이 일어났어요. 나는 아이의 부모에게서 검사를 위해 아이를 심리학자에게 의뢰할 거라는 전화를 받았는데, 심리학자는 그가 학습장애를 갖고 있고, ADHD이며, 약물 치료를 위해 정신과 의사를 추천한다고 했어요. 그런데 그 심리학자가 그 아이를 한 번도 만난 적이 없다는 게 아니겠어요? 그 검사—점수, 학교 기록—는 모두 우편으로만 이루어졌어요. 그녀는 켄(Ken)을 만난 적이 없어요. 모든 게 점수에 의해 결정된 거죠."
 "나는 그녀에게 전화해서 이렇게 물어봤어요. '켄을 한번 만나봐야겠다는 생각이 들지 않았나요? 그를 만난 적이 없으시네요.' '그게 좋겠군요,' 그녀는 대답했죠. '그러나 검사결과는 그가 호전될 수 있다는 걸 보여줍니다. 그는 자신의 능력을 다 발휘하지 않고 있어요. 약물은 그의 성적을 높여줄 겁니다.'"
 크리스는 경악했다. 그는 그 일에 대해 지독한 욕설과 비난을 퍼붓고 나서 이야기를 계속했다. "선생님은 슈퍼볼(Super Bowl)에서 크리스토퍼 리브스(Christopher Reeves)의 광고를 보셨나요? 미래를 배경으로 한 광고인데, 에이즈(AIDS)와 암 그리고 척추 외상의 치료가 가능하다는 내용이었어요. 크리스토퍼 리브스는 열렬히 환영하는 미소를 띠고 단상에 선 모습이었어요. 투자 회사의 광고였죠! 우리는 어느 것이 진짜인지 구분할 수 없는 이미지를 만들어낼 수 있죠. 보는 것은 더 이상 믿는 것이 아니에요—

세상의 이미지라고 전해져 내려온 것이 세상의 이미지라는 것을 확인해주지 않아요. 우리가 창조하는 허구적 형태들은 역사와 잘 구분되지 않아요. 우리는 기계적인 이미지의 재생산으로부터 기계적인 이미지의 창조로 이동했는데, 후자는 진정한 현실과 고통스런 경험에서 차단되어 있습니다."

"용감한 신세계군요." 나는 모험을 한다.

"맞아요, 바로 그래요." 크리스는 계속해서 말한다. "유전자, 신경망, 세상의 이미지들을 만들어내는 것이 모든 것에 대한 해결책이에요. 그것은 '우리는 당신이 알지 못하는 당신의 문제를 해결해줄 것이다'라는 메시지를 담고 있죠. 저는 이것이 정말로 두려워요. 제 아이들이 걱정돼요. 그들에게 어떤 종류의 세상, 어떤 종류의 문화가 주어질까요? 진정한 경험은 어디서 언어화되고 표현될 수 있을까요? 또 다른 광고에서 빠르게 움직이는 문명에 뒤떨어진 불쌍한 시골뜨기의 모습과 함께, 광고주가 2백만 달러를 허비했다는 이런 문구를 볼 겁니다: 당신은 당신의 돈으로 무엇을 하겠습니까? 그 광고의 메시지는 돈 버는 것 외에는 모든 것이 낭비라는 겁니다. 사람들이 현관에 걸터앉아 이야기를 나누고, 노래하고, 악기를 연주하면서 시간을 보내는 모습이 그저 시간을 낭비하는 촌뜨기 원숭이들 같다는 말입니다. e-무역이 어떤 아름다운 것을 창조했나요? 돈 이외의 모든 것을 벗겨버리고, 더 많은 돈을 추구하는 것이 그것의 목적이 아닌가요? 장소와 초월에 대한 감각 대신에, 우리 모두는 거대한 독이 든 젖가슴을 갖게 된 거지요; 우리의 은행잔고는 늘어나고, 물건들은 쌓이겠지만, 사랑스러움과 삶을 지탱해주는 힘은 공허함으로 변할 겁니다. 저는 이것에 직면해서 그리고 그것의 일부가 되고 싶어 하는 저의 탐욕에 직면해서 제 자신이 되기 위해 투쟁해야 합니다."

"맞아요, 제 환자는 학교에서 더 잘 할 수 있어요—그는 일등을 할 수도 있어요. 그런데 그가 그 자신을 왜 그런 상태로 환원시켜야 하죠? 약물이 인간의 가슴의 문제를 해결해 주나요? 켄은 가슴을 가지고 있어요. 그는 일등이 되는 것보다 더 중요한 무언가를 갖고 있어요. 그는 잘 하고 있어요—그는 충분히 잘 하고 있어요. 그는 잘 할 거예요. 그를 조작하고 싶은 이 욕구, 그를 기계로 바꾸려는 이 욕구는 대체 무엇일까요? 더 높은 점수를 얻기 위해서일까요?"

크리스에게 있어서, 일등이 됨으로써 더 많은 것을 얻고자 하는 강박은 사람들에게서 살아있는 삶을 빼앗는 요소라고 느껴졌다. 그러나 영혼을 파는 것은 높은 대가를 치른다. 우리는 새로운 놀거리를 갖고 있다. 많은 사람들이 부를, 더 큰 이동성을, 더 동질화된 세상을 추구하는데, 이 모든 것들은 우리들의 반짝이는 새 장난감들이다. 우리는 이 모든 것들을 어떻게 보아야 할까? 우리는 그것들과 어떤 관계를 맺을 것인가? 우리는 현실을 외면하고 살 수는 없지만, 마음을 지배하는 세력인 경쟁력을 얻기 위해 우리의 심층에 대한 관심을 차단할 것인가?

크리스는 믿음 없음에 대한 확신이 퍼지는 것에 대한, 또는 일종의 반신앙(antifaith)에 대한 두려움을 갖고 있다고 말한다. 그는 자신이 치료하는 소년에 대한 믿음을, 그리고 그 소년이 갖고 있는 믿음에 대한 믿음을 갖고 있다. 그것은 살아있음이 어떤 것인지에 대한 믿음이요, 그가 하고 있는 일에 대한 믿음이며, 그리고 모든 것을 느끼는 것과, 자신이 느끼는 존재가 되고 그런 자신을 느끼는 것이 가치 있는 일이라는 믿음이다. 이러한 긍정, 삶과 삶의 가치에 대한 고조된 느낌의 중심에 눈에 보이지 않는 신비한 지점이 있다. 그것은 금전적 가치로 인한 행복감과는 거리가 먼 것이다. 켄의 부모로 하여금 켄의 정서적 소음을 약물을 사용해서 잠재움으로써 그가 더 잘 집중하고 기회를 잡도록 밀어붙인 것은 재정적 성공에 대한 비전이었고, 동시에 그가 충분히 정상에 오르지 못하는 것에 대한 두려움이었다.

누가 미래를 장담하겠는가? 어쩌면 약물치료를 받지 않은 켄이 약물치료를 받은 켄보다 돈을 더 많이 벌 수 있을지도 모른다. 또 어쩌면 둘 중 어느 하나를 선택해야 할 문제가 아닐 수도 있다. 여기에 미래를 환히 들여다볼 수 있는 마술거울은 없다. 우리는 매 순간 선택할 수밖에 없다. 그리고 나의 환자는 지금도 널리 퍼지고 있는 경향을 두려워하고 있고 견디기 힘들어하고 있다.

내 환자의 두려움은 신체적 멸종이 아니라 영혼의 멸종과 관련되어 있다. 우리가 영혼의 멸종을 향해가고 있다는 말이 사실일까? 때로 그렇게 보일 수도 있다—그러나 나는 다르게 본다. 나는 바하의 음악, 블레이크의 환상, 베토벤의 고통에 찬 하늘을 만들어낸 이 세계가 영적 분화구가 될 수 있다는 것을 믿을 수가 없다. 지금 세상에는, 심지어 정신분석에조차도 영적인 가수들과 창조자들이 있다. 영적 화산들이 준비되어 있다. 불의 역사는 끝나지 않았다. 가수들과 불길은 점점 더 작아질 수 있지만, 그것은 언제나 인간의 감각, 그리고 과거의 위대함의 일부였다. 나는 우리 중 많은 사람들이 결코 꺼지지 않는 불에 대한 감사와 찬양이라는 기본적인 감정을 갖고 있을 거라고 믿는다. 우리 모두가 내일, 또는 다음 순간에 사라진다면, 마치 이 모든 것이 결코 존재하지 않았던 것처럼 된다면, 우리에게 필요한 모든 것은 빛나는 의식의 한 순간이 될 것이다. 물론, 우리에게 더 많은 미래가 있다면 좋은 일이겠지만 말이다.

부록 2
기본적인 리듬

　　재탄생 이미지는 긴 역사를 갖고 있다. 고대의 신비한 이야기들은 "더 낮은 곳"에서 "더 높은 곳"으로의 의식의 이동에 관심을 집중한다. 성서적 재탄생 이미지는 상처의 치유나 부패의 정화를 포함한다: 소경은 눈을 뜨고, 절름발이는 걷고, 죄의 짐은 가벼워질 것이다. 재탄생 이미지는 영원히 살고 싶은 소망과 연결된다. 그러나 단순히 거기에 머무르지는 않는다. 재탄생 이미지는 존재의 상태, 기분, 정서, 성장의 과정과 연관된 모든 변화를 나타낸다. 예를 들어, 죽어 있는 느낌과 삶으로 깨어나는 느낌 사이의 변동을 나타낸다.

　　상징적 삶은 부분적으로 느낌을 표현하고 그 느낌을 가지고 무엇을 할 수 있는지를 발견하는 것에 관심을 갖는다. 예술은, 예를 들어, 그것의 과정을 탐구하고 나아가 더 많은 가능성을 발견하기 위해 스스로를 부순다. 나는 예술가들이 그들 자신들이 만족할 만한 수준의 작품에 이르렀다고 느낄 때까지 만든 것을 반복해서 부수는 것을 통해서 그들의 작품(아기)을 죽인다는 말을 들은 적이 있다. 그 과정에서 계속되는 파괴와 탄생은 융합되지만, 그것은 결과물을 지원하고 힘을 준다.

정신은 민감성(sensitivity)을 조직하기 위해 재탄생 이미지를 만들어낸다. 새로운 정신, 새로운 사람, 새로운 영혼을 말하는 것은, 예전의 것이 무언가 잘못되었다는 느낌과 항구적인 부족감을 경험하고 있다는 것을 암시한다. 우리가 "더 나아지는" 누군가에 대해 말한다면, 그것은 질병을 극복하고 건강해지는 것만이 아니라, 자신을 뛰어 넘거나 초월하고자 하는 욕동의 일부로서의 끝없는 재탄생(거듭남)을 의미하는 것이다. 한 사람이 더 나아지기 위한 노력을 계속할 때, 붕괴는 붕괴를 능가한다. 우리는 더 나아지고, 자신을 넘어서고, 우리 자신을 바로잡고 싶어 한다.

재탄생 이미지는 또한 외상의 흔적을 따라간다. 감성은 상처를 입는다. 우리는 우리가 생각하고 싶은 것보다 훨씬 쉽게 상처 받는, 매우 예민한 존재들이다. 비온은 말한다. "두 인격이 마주칠 때, 감정적 소용돌이가 일어난다." 동시에, 우리의 탄력성도 놀랍다. 이러한 감성과 탄력성의 혼합물이 우리가 가진 힘의 일부이다. 그러나 어떤 식으로 건, 우리는 발달과정에서 감성의 피해자가 되기도 한다. 우리는 계속해서 살아남는 더 나은 방식을 찾기 위해 노력하며, 비록 온전히 알려지지는 않았을지라도 그 과정에서 더 나은 파트너가 되고자 한다. 이러한 재탄생 이미지는 바로 중단과 연속을 포함하는 리듬을 갖고 있다. 위니캇은 중단은 연속의 일부이며, 모든 것이 충분히 잘 되면, 더 깊은 차원의 연속성이 확립된다고 믿었다. 나는 연속이 비온으로 하여금 폐소공포증을 갖게 했고, 그래서 그의 최종적인 말이 산산조각 나는 것에 대한 것이 되었다고 생각한다. 그러나 그의 작업에서, 산산조각 나는 과정의 통과는 더 큰 무언가로 이끈다. 감성은 삶에 의해 갈가리 찢긴다. 결코 치유되지 않는 상처들이 있다. 그것들은 어쩌면 치유되어서는 안 되는 것일지도 모른다. 그러나 이 상처들이 더 나은 것에 대한, 즉 더 나은 세상을 만들고 더 나은 사람이 되는 데 필요한 양분이 될 수도 있다.

상처가 발달을 위한 양분이 되는 과정은 재탄생 이미지 안에 기록되어 있다. 이러한 아주 오래된 기록물에 대한 정신분석의 특별한 관심은 외상을 통과하는 과정들과 관련되어 있다. 고대 신화와 이야기는 외상의 결과를 묘사한다: 돌로 변하고, 괴물이 되고, 꽃이나 조개껍질로 변한다. 그것은 불구가 된 사지(四肢)들의 문제가 아니고, 상처 받은 자기들, 즉 막히고, 얼어붙고, 기형이 되고, 경직된 자기들의 문제이다. 소크라테스는 영혼의 질병에 대해 말했고, 셰익스피어의 언어 안에는 감염된 정신이나 풍조에 대한 집중적인 관심이 담겨 있다. 우리를 기형으로 만드는 것을 모두 없앨 수 있다고 생각하는 것은 삶에 대한 광적인 이상화일 것이다. 정신분석이 하는 일은 단절과 충격 그리고 장애를 깨어짐과 복구의 더 큰 리듬 안으로 짜 넣는 것이다. 어떻게든, 감성이 겪어야 하는 고통을 맛보고, 치러내고, 반복하는 과정에서 무언가 다른 것이 일어난다. 열림, 회복, 다른 지점을 향한 움직임이 일어난다. 그리고 막힘도 흐름도 사라진다. 막힘과 흐름은 진전되고, 미묘한 긴장을 만들며, 경험으로 직조된다.

정신이 어느 정도까지 자체를 재생산해낼 수 있는지, 또 그 재생산이 무엇을 의미하는지는 불분명하다. 마치 예언자처럼, 정신분석가는 새로운 시작은 또 다른 기회라고 말한다. 나는 이 글에서 외상에 대한 언급을 배제할 생각이 없다. 외상은 보다 큰 리듬의 일부이다. 정신분석 저술가들은 막힘과 흐름, 외상과 새로운 시작 사이의 운동이 지닌 리듬감에 대한 글들을 통해서 중요한 공헌을 했다. 이 장에서 나는 엘킨(Elkin), 위니캇(Winnicott), 비온(Bion) 세 사람의 아이디어를 사용하여 여러 형태를 취하는 기본적 리듬의 상호보완적 개요를 그려볼 생각이다.

엘킨은 자기-타자에 대한 인식이 발생하는 감정적-정신적 드라마에 대해 설명하면서, 그것은 물질성에 대한 인식에 앞선다고 보았다. 그는 얼굴이나 얼굴 표상에 반응하는 유아의 미소는 공간적 제약성의 일반적 틀 내에서의 인식이 아니라, 자기와 타자에 대한 인식을 나타내는 것이라고 믿는다. 원시적 자기와 타자는 일관성 있는 신체 이미지가 발달하기 전에 경험되는 것이기 때문에, 그것들은 비물질적이고, 설명할 수 없는 특질을 갖는다 (다른 문맥에서, 비온은 "무한성"으로서의 기본적 심리적 실재에 대해 말한 바 있다). 마음, 정신, 감정, 의도가 물질적인 형태로 묶이고, 신체가 있는 곳에 우리가 있어야만 한다는 것을 배우는 데에는 시간이 걸린다. 그러는 동안 인간의 얼굴은 정동적 드라마들과 함께 엄청난 변화를 겪는 유동적인 세계의 중심이 된다.

최초의 근원적(primordial) 의식은 관계적 의미의 결정적인 변화들을 겪으면서 말로 표현할 수 없는 지복의 상태에서 붕괴의 위기를 지나 행복감의 복구로 이동한다. 자기-인식의 탄생은 배경에 있는 타자(Other, 공(空)으로 둘러싸인 붓다처럼)의 지원을 받는다. 주위를 감싸고 있는 비물질적 타자의 미소와 마음이 표정이 살아있는 얼굴들과 혼합될 때, 자기-타자 느낌에 불꽃이 일어난다. 미소는 미소를 촉발하고 감정은 반향을 일으킨다. 우리는 진정으로 사랑하는 사람들의 만남을 묘사하는 영화들에서, 얼굴과 마음의 연결이 꽃으로 피어나는 것을 반향하는 메아리들을 발견할 수 있다. 그때 우리는 우주적 만달라의 환하게 빛나는 중심으로서의 표정이 살아있는 얼굴을 볼 수 있다.

그러나 어려움이 발생하고 그 행복감은 파괴된다. 욕구, 고통, 괴로움, 고뇌, 뭔가 잘못된 것, 굶주림, 질병, 열의 불균형, 호흡기 장애, 나쁜 기운이 나타난다. 아기는 자신의 괴로움을 이해하는

데 필요한 구체적인 참조 틀을 갖고 있지 않다. 따라서 타자가 반응해 주고 안도감을 주지 못한다면, 그 고통은 무한을 향해 소용돌이치게 된다. 따뜻한 얼굴-가슴의 연결은 솟아오르는 불안, 고통, 분노(비온이 말하는 "이름붙일 수 없는 두려움"의 측면. 위니캇의 "원초적 고통")와 직면해서 산산이 깨진다. 선함의 상실이 독버섯처럼 번진다. 상황을 개선할 수 없는 유아의 무능력은 불안과 무력한 절망 사이를 오가며, 멍한 상태나 불안한 수면(隨眠)의 나락으로 떨어지기도 한다. 따라서 타자는 "전능하고, 불가해하며, 무섭고, 냉담하고, 혹은 잔인하게 조롱하는," 자신의 영혼 속에서 지옥불처럼 활활 타오르는 얼굴로 경험된다(돌로 변하고, 감당할 수 없는 것을 흘깃 보았기 때문에 죽어가는 신화에서처럼). 거기에는 순백의 빛나는 자기-타자의 인식으로부터 심리-영적 고통과 죽음, 근원적인 의식의 상실, 가슴 대 가슴, 눈 대 눈, 얼굴 대 얼굴 사이의 접속이 깨지는 것으로 이동하는 움직임이 있다. 그곳에서 근원적 타자(Other)와의 단순한 동일시는 파괴를 맛본다.

시간이 흘러 타자의 돌봄이 자리를 잡게 되면서 근원적 의식은 다시 살아난다. 또는 유아는 자기-타자에 대한 변화하는 감정들과 함께, 상태의 자발적인 변화를 경험할 것이다. 이 전체적인 움직임은 일종의 죽음-부활의 연쇄 과정이다. 이때 의식의 재탄생과 함께 타자는 새로운 의미를 획득한다. 자기가 재생을 경험하는 것은 타자가 죽음에서 일어나기 때문이다. 영(spirit)은 "영원하고, 신성하며(numinous), 존재의 근원으로서의 타자, 즉 빛이요, 의식 자체"인 타자에 대한 인식과 함께 생명에 숨을 불어넣는다.

근원적 경험은 상실되지 않는다. 그럼으로 해서 최초의 빛나는 자기-타자 동일시, 위협적인 타자에 직면해서 출현하는 중간적인 불안, 격노, 무감각, 그리고 신적 타자의 자비로운 사랑에 대한 믿음 등이 서로 포용하고, 융합하고, 스며들고, 상호 관통하고, 위협하고, 지지하는 과정을 통해서, 정서적 삶이 풍요로워지는 일이 발생한다. 엘킨은 이렇게 결론짓는다. "자기는, 존재 자체가 종종 불가해하고 잔인하고 냉담한 것처럼 보이는, 영원하고 전능한 타자의 자비로운 사랑에 의존해 있다. 아이가 진정으로 신성한 사랑이 있는-인지(Loving-Cognition)에 의존할 때에만, 아이의 마음-영(mind-spirit)은 본능적 공포에 시달리는 상황에서도 근원적 의식의 빛에 기댈 수 있다."

엘킨은, 최초 순간에 대한 것은 힌두교적인 것이고("나와 신은 하나이며", "너는 그대이다-Atman Brahman"), 절정의 순간에 대한 것은 보다 유대-기독교적인 것(타자를 통한 재탄생: "예, 당신이 나를 죽이지만, 나는 당신을 믿습니다")으로 보는 경향이 있다. 신비주의와 정신증적 경험의 다양한 가닥들은 이 두 흐름의 중간 지점들에 있는 것들의 변동하는 조합에 의해 결정된다.

위니캇의 "자발적 회복" 개념

필립 로스[1]는 다음과 같이 말한다. "침착하고 합리적인 사람이라면 누구라도 배후에 숨어 있는 죽음을 두려워하는 제2의 인격을 갖고 있다. 그러나 32세 된 성인의 경우, 지금과 그때 사이의 (between Now and Then) 시간이 너무 광대하고 경계가 없는 것이어서, 그가 자신의 두 번째 인격에 가까이 갈 수 있을 때는 기껏

---

1) Phillp Milton Roth- 미국 소설가

해야 일 년에 한두 번 그것도 늦은 밤의 한 순간일 수 있다. 그 두 번째 인격의 일상생활은 광증 상태에서의 삶이다." 로스는 광증, 즉 두 번째 인격을 침착하고 합리적인 사람 안에 숨어있는 죽음의 공포와 연결시킨다. 또 다른 인격 안에 광증을 숨기고 있는 침착하고 합리적인 사람을 창조해낸 것은 어쩐지 문학적 책략인 것처럼 보인다. 여기서 제 정신과 광증은 극적인 장식물로 취급된다. 대부분의 시간 동안 우리는 그렇게 온전한 것도 아니고 그렇게 미친 것도 아닌 상태로 살아간다.

그렇지만 로스는 위니캇이 일종의 치료적 원리로서 정교화한 하나의 가닥을 잡아낸다. 위니캇은 붕괴하고 회복하며, 한 번에 조금씩 "두 번째 인격"에 몸을 담그기 위한 공간으로서 치료를 사용하는 것이 중요하다고 생각했다. 자신의 광증이 두 번째 집이 된다. 또는 적어도 이것은 광증에 대한 두려움이 조금씩 줄어들거나, 두려운 것에 대한 조금 더 나은 감각을 갖게 되는 결과를 가져온다.

그럴 경우에 사람들은 감히 인식할 수 있는 것 이상으로, 심하게 두려워할 만한 이유가 있다는 것을 깨달을 수도 있다. 왜냐하면 위니캇이 말하는 광증은 그 핵심에 죽음에 대한 공포뿐만 아니라, 마음과 자기 그리고 그것의 기능을 상실하는 것에 대한 심리적 고통도 포함하고 있기 때문이다. 그 고통에는 자기가 생겨날 때 겪었던 감당할 수 없는 충격을 포함한 초기 불안이 담겨있다. 광증은 감성과 연결되어 있으며, 감성의 결과요, 감성의 일부이다. 우리에게 감성이 없다면, 우리는 미치지 않을 것이다. 위니캇은 말한다. "어떻든 우리 인격 중의 일부가 광증을 경험할 수 있다는 것은 보편적인 것이고, 이것은 초기 유아기에 완전한 양육경험을 통해 통합이 잘 이루어져 완전한 인격을 형성한 아이를 생각하는 것이 불가능하다는 의미이기도 하다."

여기에는 과도한 스트레스에 노출되는 문제가 있다. 우리는 흔히 인격의 형태가 찌그러지고 구부러지는 것에 대해 말하는 것을 듣는다. 인격은 왜곡과 기형을 겪는다. 어떤 망가진 상태는 임계점을 지나면서 기형이 된다. 많은 사람들이 기형에 익숙해지고 그것에 적응한다. 우리는 만성적인 붕괴상태에서 온전한 자기가 되지 못한 채, 상실에 대한 인식을 폄하하면서 안전하다고 느낄 수 있다. 사람들은 자신이 살고 있는 인격을 가지고 임시변통을 하고, 사용이 가능한 것들을 가지고 작업한다. 우리가 의식하지 못하는 광증은 피부, 근육, 장기들, 세포들, 그리고 우리가 호흡하는 공기로 확산된다. 광증은 그것의 위치를 말할 수 없을 정도로 모든 곳에 있을 수 있다.

위니캇은 더 나아가 이렇게 말한다: "광증은 인격 패턴의 형성 단계에서 발생한 왜곡과 관련되어 있다." 그것은 "개인의 절대적 의존 단계에서 환경의 왜곡이 발생했음"을 의미한다. 위니캇이 생각하는 정신증 안에는 환경의 요소가 있다. 심리적 삶을 지원해야 할 담아주는 환경이 심각한 결함이 있으면, "인격 패턴의 형성"에는 뒤틀림의 흔적이 남는다. 인격이 형성되기 시작하는 자기-조직화의 시기에 뭔가가 잘못될 때, 자기의 탄생은 빗나간다. 그 개인은 왜곡을 겪거나 타격을 받는다. 그는 난관을 헤쳐나가기 위해 자신을 단단히 조인다. 그러나 그 자기-조임은 비틀어진 내부보다 더 비틀어진 껍질 층을 만들어내며, 따라서 자기는 경직되고 독성을 띠게 된다. 그는 거리를 둔 채 자기의 광대한 영역을 붙들지만, 독은 퍼지고, 안전한 피난처는 찾을 수 없게 된다.

위니캇은 두 종류의 사람을 말한다. "아주 초기에 정신의 붕괴를 심각하게 경험한 사람과 그렇지 않은 사람"이 있다. 한 발은 붕괴를 피하려고 애쓰는 쪽에 딛고 있고, 다른 발은 붕괴로 향하는 쪽에 딛고 있는 사람도 있다. 치료는 이러한 이중성의 경향을 끌어안을 수 있고, 더 나은 리듬을 발달시켜 붕괴-회복의 운동리듬이 생산적인 것이 되도록 돕는 공간을 제공하고자 한다.

그러므로 광증에 대한 두려움은 광증으로의 회귀에 대한 두려움, 즉 인격이 형성되기 시작할 때 발생한 인격의 붕괴를 다시 경험하는 것에 대한 두려움일 수 있다. 광증에 대한 두려움은 자기가 시작되는 시점에 발생한 손상의 느낌에서 온다. 비온을 논할 때, 우리는 두려움을 촉발시키는 더 많은 방식들을 다루게 될 것이다. 위니캇은 자기가 시작될 때, 붕괴가 정기적으로 발생하면 광증이 시작될 수 있다는 생각을 위한 발달적 배경을 제공한다.

붕괴를 해석하는 것만으로는 충분치 않다. 붕괴는 제한된 형태로 반복해서 경험되어야 한다. 지적인 인식은 도움도 되고 방해도 된다. 무엇보다 중요한 것은 그것을 맛보고 살아내는 것이다. 이것은 우리가 삶의 초기에 겪었던 붕괴를 부분적으로 다시 경험하고 지금 필요한 붕괴-회복의 리듬을 구축하는 것을 의미한다. 이런 생각을 통해 우리는 필요한 작업을 어느 정도 경험할 수 있도록 충분히 오랫동안 우리를 열어두는 것을 가능하게 하는, 일종의 인지적 준거틀을 제공받을 수 있다. 이것은 붕괴는 극복될 수 있다는 신뢰와 동맹관계를 맺고 있는 생각이다. 이는 또한 고통스러운 절망과 심리-영적(psycho-spiritual) 죽음을 통해 근원적 의식을 만난다는 엘킨의 생각과도 겹친다. 하지만, 이런 생각만으로는 충분치 않다. 우리는 타자의 신실성을 느낄 수 있어야 한다. 그래야만 깨어지고 복구되는 장소를 발견하는 모험을 감행하고, 정신의 맥박을 확립할 수 있다. 위니캇은 말한다. "기억되어야만 하는 광증은 오직 광증을 다시 사는 것을 통해서만 기억될 수 있다."

최초의 광증을 다시 사는 데는 방해물이 있다. 유아가 겪었을 수 있는 상태 그대로를 우리가 온전히 다시 사는 것은 불가능하다. 우리는 오직 지금 이 순간에만 살아 있기 때문이다. 우리는 우리가 사용할 수 있는 것만을 가지고 작업할 수 있으며, 그것은 우리의 발달단계가 어떤 것인지에 따라 다르다. 위니캇은 때로 개인들은 근원적 고통으로 들어가는 입구로서의 조금 덜한 고통을 창조하거나 조직화한다고 제안한다. 이것은 위니캇의 중요한 임상적 공헌이다. 위니캇은 학교에서 숙제가 너무 많고 힘들다고 불평하는 한 소녀의 예를 들었다. 그런 불평에서 시작된 소녀의 긴장감은 심한 두통으로 치솟았고 급기야는 몇 시간이고 비명을 질러대는 상태에 이르렀다. 그녀의 스트레스의 원천은 교사에서 치료사에게로 옮아갔고, 치료사가 건네는 어떤 말도 견디지 못했다. 그 소녀는 날것 그대로의 감수성의 상태에 이르렀는데, 그 상태에서 타자성이 주는 충격은 그녀가 감당하기에는 너무 큰 것이었다. 그녀는 일상생활에서 오는 좌절을 사용해서 회복이 불가능한 전체적인 침범과 붕괴의 감각에 도달했다. 치료에서 사람들은 붕괴 안으로 들어가도록 허용하는 것을 실습하고, 그 후에 방향을 돌려 새로움을 향해 나아간다. 그 소녀는 위니캇에게 학교가 그녀가 느끼는 것만큼 나쁜 곳이 아니라고 시인했다. 그러나 그녀는 뭔가 상황을 더 악화시킬 나쁨을 필요로 했다. 그녀는 외상의 느낌을 자극함으로써 회복을 연습하고 있었다. 그녀가 최초의 광증에 도달한 것은 아니라고 해도, 거의 그 근처까지 가는 극단적인 고통에 이르렀다고 위니캇은 생각했다.

본래의 광증에 다가가는 과정에서 만나는 또 다른 방해물은 그 개인이 무엇을 하려고 하는지를 이해하는 분석가를 발견하는 어려움이다. 예컨대, 치료사의 정신위생, 논리, 혹은 두려움이 앞에서 언급한 소녀가 경험하는 데 필요한 고통의 극대화를 누그러뜨릴 수 있다. 치료사의 지나친 분별력이 광증으로 휘말려 들어가는 길을 차단함으로써 그 소녀가 광증에 도달하는 것을 어렵게 만들 수도 있다. 위니캇은 그 소녀가 회복을 위해 필요한 상태를 스스로 만들어내고 있으며, 이러한 것이 가능한 분위기를 만드는 것을 도와줄 치료사를 필요로 한다고 느꼈다.

더 나아지고자 하는 욕동은 사람으로 하여금 경험할 필요가 있는 광증으로 몰아간다. 건강을 향한 욕동은 부분적으로 도망가고 싶은 욕구를 극복하고 붕괴되는 것을 맛볼 수 있게 한다. 이러한 맥락에서, 광증을 향한 움직임은 건강의 일부이다. 광증으로부터의 도주는 지나친 방어나 심지어는 병적인 정신위생을 강화시킨다. 그런 사람은 "광증의 공포와 광증의 필요" 사이에 사로잡히게 된다. 너무 자주 그리고 지나친 정신의학의 도움은 붕괴의 긍정적 측면을 보지 못하게 한다. 위니캇에 의하면, 이러한 생각이야말로 건강을 향한 첫 걸음이 될 수 있다.

위니캇이 여기에서 말하고 있는 것은 한 개인의 삶의 기회를 빼앗고, 자신과 가족에게 헤어날 길이 없는 무섭고 만성적인 결과를 초래하는, 그런 종류의 붕괴에 대한 것이 아니다. 그는 시간이 지나면서 어떤 식으로도 인격을 위협하고 얼어붙게 하는 광증에 접촉함으로써, 살아가는 힘에 보탬이 될 수 있도록 붕괴를 사용할 수 있는 능력을 키우는 것에 대해 말하고 있다. 순간적인 붕괴를 보다 개방적으로 겪어내는 것을 통해서, 우리는 우리 자신과 보다 좋은 다정한 관계를 형성할 수 있다. "환자가 붕괴의 최초 상태에 도달할 때에만 치료가 가능하다"라고 위니캇은 말한다. 그 상태에 도달하느냐, 도달하지 못하느냐가 중요한 문제이다. 어느 지점을 향해 방향감각을 갖고 나아가는 움직임 안에서 우리는 우리 자신의 어떤 측면을 멈추게 하는 것보다는 무언가 조금씩 일어나도록 허용하는 것에 초점을 맞추는 것이 필요하다.

일반적인 정신분석 작업에서 말하는, 기억해내는 것이 중요한 문제가 아니다. 왜냐하면 우리는 경험하지 않은 것을 기억할 수 없기 때문이다. 즉, 최초의 붕괴는 자신이 겪고 있는 것을 경험할 수 없다는 것을 포함하고 있다. 그 당시에 우리는 발생하고 있는 일을 담아낼 자원이 없었다. 기억은 그것이 형성되는 과정에서 깨지거나 방어가 기억을 대체했기 때문이다. 위니캇은 말한다. "그러므로 가장 단순한 경우에, 우리는 아주 짧은 순간 광증의 위협을 경험하게 된다. 그러나 이 수준의 불안은 생각될 수 있는 것이 아니다. 그것의 강렬함은 묘사할 수 없으며, 즉각적으로 새로운 방어가 조직되기 때문에 사실상 광증은 경험될 수 없다. 그러나 광증은 엄연한 사실이다."

    나는 인슐린 충격요법을 받는 중에 의식 수준의 변화와 함께 비명을 지를 수밖에 없었던 한 정신증 환자를 기억한다. 어떤 사람은 그 경험을 이렇게 묘사했다: "나는 살았다 죽었다 하는 것처럼 인식의 안과 밖을 넘나들었던 것 같다. 혼수상태들은 불규칙했지만, 나는 그것을 의식하지 못했다. 내가 의식을 되찾기 시작하면, 혼수상태가 다시 찾아왔는데, 그때 나는 내가 죽어가고 있다는 두려움 때문에 비명을 지르고 또 질렀다. 거기에는 비명을 지르는 죽음만이 있었다. 죽음보다 더 끔찍한 것은 무언가 고통스러운 것에 사로잡힌 채 빠져나올 수 없다는 것이고, 그곳에서 빠져 나오기 전에는 할 수 있는 것이 아무것도 없다는 것이다."

    그 혼수상태는 어느 정도 엘킨이 묘사했던 공포, 격노, 멍한 상태, 그리고 근원적 의식의 죽음과도 같은 것이고, 또한 위니캇이 말하는 외상적 충격에 의해 깨어지는 자기를 느끼는 "찰나의 순간"과도 같은 것이다. 인간은 자신의 존재 배후에 있는 이런 요소들과 함께 살고 있다. 인간의 잠재적인 광증을 다음과 같이 암시한다: 순간적인 붕괴는 경험될 수 없는 최초의 붕괴로부터 오는 것이고, 그것은 언제든지 발생할 수 있는 죽음보다 더 끔찍한 어떤 것이다.

위니캇에게 있어서, 최초의 광증이 주는 고통은, 설령 그것이 경험될 수 있는 것이라 해도, 묘사될 수 없는 것이다. 그는 비통합, 비현실적 감정, 관계성의 부족, 탈인격재, 정신신체적 응집성의 결여, 지적 기능의 분열, 영원히 추락하는 것, 전기충격 요법의 고통과 같은, 조금 덜한 고통을 통해서 광증에 접근한다. 심지어 실제 정신증조차도 정신증의 전체가 아니라 그것의 일부일 뿐이다. 정신증적 개인들의 문제는 그들이 스스로 겪어낼 수 없는 상태에 갇혀 있는 것이다. 그들은 거기에서 빠져나올 수도, 그들을 덮고 있는 것을 겪어낼 수도 없다. 경험될 수 없는 공포는 처리될 수 없는 경험의 형태로 여겨진다. 정신증 환자는 그의 광증이 너무 무서워 그것을 작업해낼 수가 없다. "전략적으로" 미친 개인은 그의 광증이 조직화를 위협하는 것에 대한 방어적인 조직화라는 점에서, 즉 더 심한 광증을 막아주는 차단막이라는 점에서, 우리들과 같은 위치에 있다.

위니캇은 원-광증(Ur-madness)을 우리가 그것에 도달할 수 없는 것이라는 점에서 X라고 부르면서, 그것은 "절대적으로 사적인 것"이라고 말한다. 위니캇은 광증이 생생하게 느껴지는 우리 안에 있는 한 장소를 건드린다. 만약 우리가 가장 두려운 것에 도달하는 데 실패한다면, 우리는 우리 존재 안에서 가장 개인적인 것을 놓치게 될 것이다. 우리가 우리의 탐색 안에 붕괴 지점을 포함하지 못한다면, 우리는 자기의 결정적인 사실을 방치하는 것이 된다. 위니캇은 소화를 필요로 하는, 진실로서 경험하기에는 너무 두려운 공포에 대해 말하고 있으며, 아주 조금씩만이라도 그 고통을 견디어줄 누군가를 찾게 되는 순간에 대해 말한다. 삶의 중심에 놓여있는 공포는 신화, 종교, 문학 안에서 전쟁과 권력에 대한 갈망과 관련해서 다루어져왔다. 치료는 우리가 직면하고 있는 문제의 거대함에 비추어볼 때, 미미한 반응에 지나지 않지만, 그럼에도 불구하고 일반적인 세계에서는 너무 쉽게 통제를 벗어나는 하나의 과정에 함께 몸을 담글 수 있는 장소를 제공한다.

위니캇은 여기에서 단순히 정신증적 개인이나 신경증적 개인에 대해 말하고 있지 않다. 정신분석에서 "환자는 한 영역에 배치된 광증을 살아내는 것을 통해서 끊임없이 X 방향의 새로운 경험에 도달한다." 분석가는 질병이 없는 상태에 도달한 사람이 아니라, "광증이 감당할 수 있는 경험이 되게 하고, 그래서 환자의 자발적 회복이 일어날 수 있게 하는 사람이다." 광증은 조금씩 처방되어야 한다. 여기서 핵심적인 것은 자발적 회복이며, 그것은 상징적인 수준에서 광증에 잠깐 몸을 담그는 사람들만큼이나 실제로 정신증적 개인에게도 중요하다. 나는 위니캇이 인간 종족으로 하여금 일상적인 삶에서의 광증을 받아들이는 것을 통해서 인류가 미치지 않을 수 있게 해야 한다고 촉구하고 있다고 생각한다. 그는 여기에서 자기-감정과 관련해서 매우 중요한 그의 특별한 강조점을 덧붙이는데, 그것은 경험을 살아낼 수 있는 우리의 능력이 망가졌으며, 그것을 회복하는 작업을 시작하기 위해서는 먼저 누군가의 지지가 필요하다는 것이다.

비온의 해방하는 살인

비온은 그의 책 '숙고'(Cogitations)에서 살해되고, 다시 괜찮아지는 것에 대해 썼다. 그는 자신의 소매에서 피가 솟구치는 것을 보고 있는 정신증 환자를 그가 살해당하는 것에 비유했다. 그 환자는 그의 피가 멈추자 이번에는 멸절을 두려워한다. 그가 다시 살아나려면, 그리고 의미와 감정의 피가 그의 정신적 혈관에 흐르려면, 그는 멸절의 위험을 감수해야만 한다: "그의 피가 그의 혈액 순환 체계에서 다시 원활하게 흐르는 바로 그 시점에서 그는 살해되는 경험을 할 것이고, 그 다음에 그는 괜찮아질 것이다." 생명에 가까이 갈수록 그는 통과의례로서의 살해에 더 가까워진다.

심리적 순환이 증가하면서, 살아있음을 향해 가는 길에서 통과해야 하는 관문으로서의 살인은 죽음으로 인도하는 출혈 이미지와 대조를 이룬다. 비온은 감정의 상실 또는 상식의 소실에 대한 이미지로서의 피의 상실에 관해 말한다. 출혈은 생각과 감정 과정의 손상을 나타낸다.

여기에 두 종류의 죽음이 있다. 하나는 정신의 상실과 관련된 죽음이고, 다른 하나는 정신으로 채워지는 죽음이다. 즉, 살아있음의 상실과 살아있음의 획득과 연결된 이중적인 두려움이 존재한다. 생명을 얻기 위해 통과해야 하는 살인을 나타내는 비온 식의 표현은 "살인적인 초자아"인데, 이는 무엇보다도 멸절시키는 대상을 가리킨다. 우리가 살아날 때, 생명을 죽이는 대상이 강렬하게 활성화된다. 우리가 우리 자신을 하나로 모을 때, 우리는 또한 멸절 대상도 하나로 모은다. 피가 있다는 것은 피가 없는 것보다 훨씬 두려운 일이다. 전자의 경우, 우리는 외상을 다시 겪어야 하는 위험을 무릅써야 한다. 후자의 경우, 우리는 희망 없음에 의해 보호받는다. 우리는 이미 죽었기 때문이다.

생명으로 가는 길에 거쳐야 하는 살인적인 대상은 인격 형성이 시작할 때 발생하는 외상에 대한 위니캇의 묘사와 비슷하다. 그러므로 시작은 멸절 또는 최소한 심각한 손상과 연결된다. 살아나기 시작하는 것은 재외상의 위험을 감수하는 것이다. 위니캇에 의하면, 우리는 어느 정도 다룰 수 있는 선에서 경험의 양을 조절하면서(예를 들면, 회기 내의 일시적 붕괴와 회복), 외상의 공포를 반복해서 경험해야 한다. 비온은 붕괴를 살인과 융합함으로써, 강렬함을 더한다. 우리가 두려워하는 것은 단순히 붕괴가 아니라 멸절이다. 멸절은 붕괴와 살인이 서로를 무한히 고조시키는 곱하기(multiplication) 상태이다.

위니캇은 개인이 경험을 위해 거기에 있을 수 없기 때문에 경험될 수 없는 붕괴에 대해 말한다. 치료는 인격에 대한 감각을 다룬다. 그 감각은 그것이 형성되는 시점에, 그리고 붕괴와 형성을 경험할 수 있는 능력이 세워지는 시점에 심각하게 살해당한 인격에 대한 것이다. 비온은 거기에 존재하는 것을 불가능하게 만들었던 바로 그 살해를 행하기 위해 거기에 존재할 수 있는가라는 문제를 제기한다. 이러한 불가능성을 통과하고자 하는 시도조차도 초기 감각의 처리를 방해하는 살인적 대상의 요소들을 처리하는 능력을 세울 수 있다. 여기에서 하나의 가능성은 살해되거나 붕괴되는 것이고, 다른 하나는 살해되고 붕괴되는 것을 직면하는 것이다. 후자의 경우, 사람들은 할 수 있는 범위 내에서 보다 충분히 개방적으로 황폐함을 경험하거나, 이것이 자신이 할 수 없는 것이라는 사실을 깨닫기 시작한다. 처리하지 못하는 자신의 무능력을 처리하고 그 무능력과 보다 온전히 관계 맺기 시작하는 것이 일종의 출발이다. 사람들은, 최소한, 시작의 두려움에 대해 말하기 시작하고 그것을 겪어내기 시작한다.

엘킨이 말하는 소멸(dying out)과 근원적 의식으로의 회귀는 보다 기형적이거나 지탱해주는 방식으로 발생할 수 있는, 전반적인, 근저의 흐름을 형성하고 있고, 배경을 이루고 있는 맥박, 즉 기본적인 리듬의 원형적 구조이다. 자기는 소멸하기 전에, 기쁨에 찬

회귀의 무한대를 통과하기 전에, 즉 본질적인 죽음-부활의 연쇄에 앞서, 고통의 무한대를 통과한다. 여기에 무한한 회귀의 감각, 즉 공포 속에서 소멸해가는 자기와 사랑을 통해 깨어나는 순환의 감각을 위한 리듬의 기초가 있다. 그것은 보살핌을 베푸는, 자비로운 타자의 선한 부활이요, 재탄생이다. 감당할 수 없을 만치 냉담하고, 해로운 타자에 대한 환상들/지각들을 포함하는 중간 단계들은 삶의 선함 전체를 포용하는 느낌에 의해 감싸인다. 그것은 마치 시편의 운율과도 같다: 영혼은 신의 사랑을 통해 생명이 다시 꽃피듯이, 반복해서 황량함으로부터 회귀한다.

재탄생의 연쇄는 항상 처음부터 끝까지 그리고 공개적으로 경험되지 않는다. 종종 주체는 빈약하고 방어적인 방식으로 이것을 경험한다. 때로 사람들은 괴물로 다시 태어나기도 한다. 만약 인격의 중심에 있는 얼굴이 악마적이고, 두려움을 불러일으키며, 항상 외상을 입히는 것이라면, 재탄생은 파괴적인 것 또는 심지어 악한 것일 수도 있다. 그때 삶은 추한 핵을 둘러싸고 얼어붙는다. 그때 사람들은 무섭고 악의에 찬 타자를 더 큰 삶의 의미 안으로 통합하는 데 필요한, 친절함을 통과하지 못할 수도 있다. 대부분의 재탄생들은 경직성과 개방성을 조합하는 데 반쯤은 실패하고 반쯤은 성공한 경우이다.

엘킨의 경우, 죽음이 회복에 앞선다. 비온의 경우에는, 회복이 죽음에 앞서고, 회복된 자기는 계속되는 순환 안에서 다시금 더 많은 죽음을 직면한다. 그 둘은 상반되는 것이 아니다. 왜냐하면 죽음-재탄생-죽음-재탄생-죽음의 리듬은 계속되기 때문이다. 비온은 이러한 계속되는 연쇄 안에서 하나의 특별한 순간을, 즉 멸절불안의 한 특별한 측면을 경험하는 순간을 강조한다. 살해되는 것을 회복을 위한 절정의 순간으로 묘사하는 것이 비온의 독창적인 방식이다. 제대로 살해를 겪어낼 수 없다면, 우리는 회복되었다는 느낌을 느낄 수 없다. 살해를 겪어내는 것은 정신적 여정의 일부이다. 부분적으로, 우리는 죽음과 직면하기 위해 통합을 성취한다(위니캇 식으로 말하자면, 붕괴와 회복을 더 잘 통과할 수 있는 능력을 구축하기 위해서 통합을 이룬다).

비온은 그의 설명에 신체의 일부를 심리적 여정에 포함시킨다―살해는 정신의 살해만은 아니다. 멸절은 신체적, 정신적, 영적 차원을 관통하면서 그것들 모두와 공명한다. 정신신체적 살해(어떤 곳에서)가 있는가 하면, 정신의 살해(아무것도 없는 곳이거나 모든 곳에서)가 있다. 하나의 살해는 또 다른 살해들과 공명함으로써, 살해의 합창이 인격 안에서 울려 퍼진다. 문학부문에서 살해 합창의 예는 그리스 비극의 유아살해-모친살해-친부살해에서 찾을 수 있다. 또 다른 예는 프로이트 학파의 원색장면이다. "원색장면"은 부모의 성교를 둘러싼 환상과 관찰의 변형들을 일컫는 용어이다: 누가 누구와 무엇을 하는가? 아이는 아빠 엄마가 서로를 상처주고 파괴하고 있다거나, 함께 놀고 있다는 식으로, 올바르게도 틀리게도 느낄 것이다. 파괴와 창조의 혼합물은 이쪽으로도 저쪽으로도 기운다. 창조-파괴의 연합에 의해 태어난 아기들은 기형이거나 성스러운 존재로, 자기 자신보다 더 나쁘거나 더 좋은 존재로 상상될 수 있다. 이 세상과 나는 시체들의 군대나 과도하게 살아있는 존재들에 의해 점령당할 수 있다. 살아있음-죽어있음의 많은 변동하는 형태들이 부모의 태도들에 대한 경험들/환상들 안에 뿌리를 두고 있으며, 그러한 형태들이 시체들을 덮고 있다.

살해에는 어떤 유한성이 있다. 모든 것을 살해할 수는 없다. 우리는 이것을, 저 사람을, 특정한 장애물이나 성향을, 질적 요소나 세력을 제거하기 위해 살해한다. 살해는 종종 그것이 게임이건 전쟁이건 간에 이기려는 욕망 안에 부호화 된다. 자살은 개인이 그 자신에게 상처를 주고 있고, 지금도 내부 어딘가에서 특별한 상처로 작용하고 있는 인격의 일부를 제거하려는 시도일 수 있다.

살해가 일정 지점을 넘어갈 때, 그것은 좀 더 형태 없는 파괴감, 산만한 재난에 대한 불안, 휩쓸려버릴 것 같은 압도하는 파국적인 공포로 용해된다. 특정한 살해 환상들이나 행동들은 한계를 정할 수 없는 공포를 막아보려는 시도이며, 필터(filter)로서 기능할 뿐만 아니라, 이름 없는 멸절에 특성을 부여해주는 역할을 한다. 어떤 면에서, 살해는 멸절을 숙달하려는 시도이다. 피해자(개인이나 그룹)는 멸절을 겪는다. 한 순간, 그 살해자는 자신이 멸절 자체를 마음대로 주무른다는, 취하게 만드는 환각을 갖는다. 그는 멸절을 만들어내고, 그것에 대해 힘을 행사하고, 멸절을 무력화시키는 것을 상상한다. 그러나 살해의 과대주의는 부메랑처럼 되돌아올 수밖에 없다. 왜냐하면 그것은 그것의 심리학의 일부가 무능과 짝을 이루기 때문이다(융합된 양극들은 역전된다).

세상에는 많은 종류의 살해들과 그것에 대한 반응들이 있고, 죄의식, 불안, 흥분, 획득, 그리고 상실과의 다양한 혼합들이 있다. 살해는 개인으로 하여금 더욱 생생하게 살아있다고 느끼게 만들 수 있다. 나는 단순히 살해의 전율이나 끝없는 격노의 흥분을 의미하는 것이 아니다. 나는 질식을 통해 자신의 힘과 에너지가 찢겨져나가는 경험을 의미한다. 우리는 서로를 잘 살해하는 법을 배울 필요가 있다. 그것은 해로움이 아니라 삶의 충만함에 보탬이 되는 살인적인 기쁨을 가져다준다. 나는 위니캇이 유아의 파괴성을 견디고 살아남는 타자의 중요성에 대해 말할 때, 이와 같은 것을 마음에 두고 있었다고 생각한다. 타자는 살아남음을 통해서 타자성을 획득한다. 충만하게 살아있음을 느끼기 위해서 우리는 서로의 파괴성을 살아남아야 하는데, 그것이 바로 우리가 배워야 하는 함께 살아가는 법의 일부이다. 어떤 사람들에게는 죽이고 죽임을 당하는 것이 자연스럽게 느껴진다. 그들은 마치 서로를 죽이는 것이 삶에 보탬이라도 되는 양, 강렬한 상호작용을 한 후에야 그 다음 활동을 할 수 있는 원기를 회복한다. 많은 사람들은 창조적인 살해의 감각을 제대로 발달시키지 못한다. 그들은 자기 또는 타자가 살아남지 못하거나 충분히 살아남지 못할 것이라고 기대하면서, 철수하거나 지나치게 공격적이 된다. 활기찬 상호작용은 비싼 대가를 요구하고 외상을 발생시킨다. 우리는 서로의 충격을 살아남는 요령 또는 그런 "감각"을 발달시킬 필요가 있다.

비온은 타자의 파괴성을 견디는 것을 강조했고, 위니캇은 자기의 파괴성을 견디는 것을 강조했다. 이 두 가지는 하나의 이중적 능력의 두 측면이다. 자신과 타자를 견뎌내고 살아남는 것의 질은 부분적으로 우리가 얼마나 잘 죽이고 잘 죽임을 당하는가에 달려 있다. 충격을 견디는 기술은 쉽게 남용되고 착취되는 능력이긴 하지만, 우리가 함께 일하는 데 필수적인 요소이다.

살해에서 살아남기와 손상을 견디기에 대한 숙고

비온에게 있어서, 살해는 심리적 탄생의 일부이고, 일종의 삶으로 가는 길이며, 하나의 발견의 과정이다. 우리는 우리가 살아남을 수 없다고 확실시되는 살해에서 살아남는 것이 가능하다는 것을 배우는데, 그러한 배움은 성장에 필수적인 요소이다. 살아있음이 절정을 향해 가까이 갈 때, 살해가 살아있음을 만난다. 만약 두려움 때문에 뒤로 물러선다면, 살해는 위협적인 것이 되고, 통과할 수 없는 장벽을 만들어낼 것이다. 정지되고 회피된 죽음은 삶을 침체시키는 요소가 된다. 비온은 살해당하는 것을 연습하고, 궁극적으로는 그 힘으로 더 생기를 얻는 삶을 살라고 우리를 초대한다. 살해는 통과하는 길인 동시에 분기점이다: 우리가 그것을 견뎌내지 못한다면, 우리는 더 좋아질 수 없다. 달리 말해서, 견뎌내는 것은 우리로 하여금 새로운 방식으로 괜찮다고 느낄 수(to feel all right) 있게 하는데, 그것은 우리가 두려워하는 것을 좀 더 많이 포용하는 방식이기도 하다. 자기와 인격의 질은 우리가 살해 이전의 존재인지, 살해 이후의 존재인지, 그리고 어느 정도로 그런 존재인지에 따라 다르게 느껴진다.

살해적 초자아는 하나의 특별한 역할을 하는데, 그것은 꿈꾸기를 가로막는 대상이 되는 것이다. 비온과 위니캇은 감정을 처리하는 데 꿈꾸기가 담당하는 역할을 강조한다. 비온은 우리가 감정들을 처리하는 방법을 잘 모르고 있다는 것을 강조하기 위해서 감정들, 감각들, 또는 저장된 사고들을 소화해내는 것을 말하고 있으며, 그것을 설명하는 데 "알파 기능"이라는 용어를 사용한다. "베타 요소"라고 불리는 현실에 의한 원초적인 충격들은 알파 기능에 의해 조금씩 변형된다. 알파 기능은 처리되지 않은 정서적 충격을, 정신이 성장을 위해 필요로 하는 감정들로 전환시킨다. 알파 기능은 베타 요소들을 심리적 소화가 가능한 알파 요소들로 바꾼다.

살해적 초자아는 반-생명적 경향성의 형태를 취하는 파국적 충격들을 접수하는(registering) 일종의 베타 대상이다. 베타 대상은 알파 기능을 손상시키고, 기형화하고, 얼어붙게 할 수 있다. 꿈 작업은 알파 기능이 작용하는 방식의 일부로서, 원초적인 충격들이 정신의 영양분으로 변형되는 흐름(충격은 이미지를, 이미지는 상징을, 상징은 생각을 발생시키는)을 가능케 한다. 살해적 초자아는 표상을 파괴하는 표상이요, 표상을 부호화하려는 시도를 손상시키는 요소이다. 그럼에도 불구하고, 알파 기능은 그것을 소화하고자 하는 시도를 멈출 수 없다. 꿈 생활이 그토록 두려울 수 있는 한 가지 이유는, 그것이 손상을 입은 채 손상된 것을 작업해내려고 스스로 노력하기 때문이다. 꿈 작업은 일종의 만성적 소화불량을 해결하기 위한 심리적 소화체계의 일부이다.

사람들은 손상된 처리장치를 사용해서 처리될 수 없는 것을 처리해야만 한다. 정동적 처리장치는 그것의 처리 능력을 손상시키는 외상적인 충격을 처리해야만 한다. 그때 알파 기능은 손상을 입은 채로 만성적인 장애를 작업해낸다. 그것은 건강을 추구하는 과정에서 더 큰 상처를 입게 되는 위험을 감수하는 것을 통해서, 자체를 치유하는 방식의 일부로서 손상을 입히는 세력들을 처리하도록 요구받는다. 너무 심하고 너무 파괴적인 것으로 드러나는 충격이 바로 핵심적인 끌개(attractor)이다. 어떤 것을 모은다는 것은 자신을 파괴하는 것을 모으는 것을 의미한다. 자신을 사용하고, 느끼고, 창조하려고 시도하면서, 우리는 파괴의 순간도 모은다. 파괴적인 세력을 꿈꾸는 것은, 그것이 아무리 삐거덕거리고 제한된 것이라고 해도, 이미 알파 작업의 일부이다.

파괴를 꿈꾸는 것이 어떤 경우에도 알파 작업의 일부라는 사실은, 내 생각에, 비온이 분석가는 회기 중에 깨어있는 상태에서 환자를 꿈꾸어야 한다고 말한 이유 중의 하나를 설명해준다. 저항은 현실에 대한 저항이며, 비온은 현실을 환자를 꿈꾸는 것과 같은 것으로 취급한다. 분석가가 느끼는 불안/저항은 환자를 꿈꾸고, 환자를 현실적인 존재로 만들고, 환자를 분석가 내면으로 들이고, 환자의 삶과 파괴를 분석가 자신의 정신적 혈류의 일부로 만드는 것에 대한 것이다. 자기 자신 안에 살아 있는 사람을 구성하는 것은 그 사람을 파괴하는 것을 구성하는 것이기도 하다. 분석가는 환자의 꿈을 파괴하는 것을 꿈꾸어야 하며, 분석가가 이런 점에서 환자보다 훨씬 나을 수도 있고 아닐 수도 있다는 점에서, 분석은 인류의 진화과정에서 진화의 파트너 역할을 하는 두 사람 모두에게 눈을 돌린다. 다른 말로 하면, 장기적인 작업의 일부는 우리 자신들과 서로에게 현실적인 존재가 되는 것(becoming real)을 포함하고 있고, 또 이것이 함축하는 심오한 윤리를 포함하고 있다.

알파 기능은 자체의 파괴성을 살아남아야 하며, 감당할 수 없는 것을 사용할 수 있는 것으로 전환시키기 위해 계속해서 작업해야 한다. 우리가 얼마나 장애를 입었고, 덜 진화했으며, 파괴적인지, 또 그럴 수 있는지에 대한 인식은 파괴성을 조절하고 더 나아가 그것을 수정하는 쪽으로 가는 첫 걸음에 해당한다.

감성에는 위험이 따른다. 내부의 필터 체계에서 발생한 손상에 비하면, 외부 오존층의 위험은 빈약한 것에 지나지 않는다. 심리적 영역에서는 종종 감정과 함께 가만히 앉아서 변형이 발생하도록 허용하는 것이 무모하게 행동하는 것보다 더 낫다(문제는 햄릿이 되는 데 있는 것이 아니라, 충분히 햄릿이 되지 않는 데 있다—햄릿조차도 그의 깊은 직관을 배신하고, 경솔하게 행동했다). 우리는 느낄 수 있는 우리의 능력, 또는 감정을 갖고 무엇을 해야 할지를 아는 능력을 당연한 것으로 여길 수 없다. 우리의 민감한 존재를 느끼고 경험이 쌓이는 것을 견디는 것이 출발을 위한 첫걸음이다. 아마도 시간이 흐르면서, 우리는 우리의 느낌을 더 잘 꿈꿀 수 있고, 우리의 꿈을 느낄 수 있을 것이다. 그리고 그 결과, 우리 모두가 그것의 일부인, 놀랍고도 위험한 경험의 장을 위한 공간을 만들어낼 수 있을 것이다.

신앙의 리듬(rhythm of faith)

"종결이 가능한 분석과 불가능한 분석"(Analysis Terminable and Interminable)이라는 글에서, 프로이트는 유연성과 변화를 위한 능력의 고갈, 심리적 무기력, 수용성의 소진, 정신의 엔트로피, 고착과 경직성, 정신과정, 그리고 힘의 분배 등에 대해 썼다. 그때 그는 자신의 이론적 지식이 부적절하다고 느끼면서, 다음과 같이 덧붙였다. "여기에는 어떤 시간적인 특징들이 관련되어 있는 것 같다. 다시 말해, 우리가 지금까지 알지 못했던 정신적 삶의 발달 리듬이 변화되는 문제가 있는 것 같다."

그는 자신의 글에서 정신의 운동성이 도전받을 정도로 죽음 욕동이 생명 욕동보다 우세한 사례들이 갖고 있는 문제를 제기한다. 프로이트는 너무 많거나 너무 적은 정신의 영향력을 가진 개인들에 대해 말한다. 생명 욕동과 죽음 욕동 사이의 리듬은 타협되고, 그 결과, 세우기와 무너뜨리기와 같은, 서로 교대하는 두 경향성의 흐름과 합류가 방해받는다. 프로이트는 정신적 삶의 타이밍과 리듬이 왜곡되고, 걸려 있으며, 손상되었다는 느낌을 환기시킨다.

여기서 나는 프로이트가 직감한 리듬의 일부는 죽음-재탄생(엘킨), 붕괴-회복(위니캇), 살아나기-살해되기-괜찮아지기의 느낌(비온)과 연결된 열림과 닫힘, 즉 일종의 심리적 맥박과 관련되어 있다고 제안한다. 기본적 리듬은 엘킨, 위니캇, 비온의 작업에서 다양한 모습으로 등장한다. 엘킨에게, 우리는 끝없는 공포를 겪은 후에 자비로운 타자를 통해 다시 태어난다. 위니캇에게, 외상은 인격이 형성되는 시점에 그 인격을 깨뜨리는데, 그때 새로운 시작과 연결된 영속적인 붕괴의 두려움이 발생하고, 근저의 흐름으로서 자리 잡는다. 치료는 자발적 회복의 순간을 가능케 하는 방식으로 공포와 붕괴를 살아내는 상황을 창조한다. 비온에게 있어서, 그것은 마치 우리가 살아나려고 시도할 때마다 살해되는 것과도 같다. 우리는 우리를 멈추게 하는 살해를, 즉 꿈 작업을 손상시키는 살해적 세력에 대해 꿈꾸기를 해야 한다. 손상된 꿈 작업은 제대로 기능하지 않는 소화체계와도 같다. 분석은 파괴를 처리함으로써, 삶에 의해 양분을 얻을 수 있는 능력이 자라도록 돕고자 한다.

분석에서 환자는 분석가를, 외상적 세력 또는 상처를 주는 대상, 지원해주는 배경적 현존, 지혜와 어리석음의 전달자, 꿈 작업의 조력자, 신앙을 촉진시켜주는 사람 등으로 다양하게 경험한다. 여기에서 묘사된 경험의 호(arc)는 신앙의 리듬을 구성한다. 엘킨에게 있어서, 근원적 자기가 타자의 도움을 받아 절망과 무감각 상태를 통과한 후에 삶으로 다시 살아나는 전체 과정을 통해서 신앙이 지속되고 진화한다. 위니캇의 작업에서, 치료자는 붕괴-회복 리듬의 시동을 거는 방식으로 외상을 주고 지원해주는 사람으로 경험된다. 따라서 초점은 타자에 대한 신뢰(흔히 당연한 것으로 여겨지는)보다는 외상-회복의 연쇄를 견뎌낼 수 있는, 자기 자신의 능력에 대한 신뢰를 건설하는 것에, 즉 자신의 재생 능력을 경험하는 것에 더 많이 집중된다. 차츰 우리의 경험할 수 있는 역량은 상호 주관성의 일부인, 침범/강요/유기/지원의 혼합물을 담아낼 수 있게 된다.

비온은 상징화 역량이 손상되었을 때, 정동적인 손상을 상징화할 필요성을 강조한다. 우리는 상징화를 막는 파괴적 과정을 상징화해야 한다. 종종 우리는 또 다른 상처에 대한 두려움 때문에 필요한 발걸음을 내딛지 못한다. 그러나 부분적으로, 심리적 탄생이 발생하는 것은 살해적 대상을 견디고 겪어내는 것을 통해서,

즉 반복적으로 최악의 것에 자신을 개방하고 통과하는 과정을 통해서이다.

비온의 리듬 안에는 마치 창조적 충동이 파괴의 가능성을 최대화하기라도 하듯이, 창조성-파괴성의 동시성이 있지만, 그럼에도 불구하고 우리는 그것을 버텨낸다. 우리는 바리케이드 위로 뛰어드는 행동을 결코 멈추지 않는다. 치료자는 꿈 작업의 활동을 가로막고 그것의 흐름을 방해하는, 파국적 요소에 대해 꿈꾸기를 하도록 환자에게 지원을 제공한다. 동시에, 파국적 충격은 창조적 작업을 위한 원재료의 중요한 원천이다. 창조성은 파괴적 힘에 사로잡힌다. 우리의 꿈꾸기 안에서 치료자를 살해자와 지원자로 경험할 때, 우리는 자신을 힘들게 하는 것을 소화시키는 일을 시작하는 기회를 얻을 수 있다.

비온은 살해에 자신을 여는 태도를 신앙이라고 부른다. 나는 이러한 신앙 안에는 삶에 대한 사랑이 있다고 생각한다. 그것은 삶에 대한 열정이다. 그것은 가슴을 활짝 열게 하고 여는 것을 멈출 수 없게 한다. 살해보다 강하고 살해를 열매 맺게 하는 것, 그것이 바로 사랑이다.

비온의 사고에서, 신앙과 살해 사이의 긴장은 과격하다. 둘 다 최대한으로 그리고 동시에 지속된다. 정신을 세우는 것은 살해되는 것이고, 살해되는 것을 넘어가는 것이다―신앙과 살해는 영속적으로 서로를 먹여준다. 그러나 그것은 단순한 반복도 동일한 것도 아니다. 만약 우리가 열려있다면, 우리는 결코 같은 방식으로 두 번 살해되지 않는다―살해는 물론이고 "괜찮다는 느낌"도 발달을 거칠 것이다. 우리의 역량은 진화를 멈추지 않는다. 신앙의 차원 안에서, 즉 열림의 장소에서 우리는 같은 지옥이나 하늘에 두 번 발을 내딛을 수 없다. 매일의 현실이 계속해서 우리에게 새 소식을 가져다준다.

위니캇의 핵심적인 이미지는 살해가 아니라, 붕괴와 광증이다. 그는 우리의 기본적 리듬의 일부로서, 회복이 이루어지는 분위기의 중요성을 강조한다. 위니캇과 비온은 광증에 대한 관심에서 서로 겹친다. 삶에 내재된 살해는 미쳤거나 미치게 하는 속성을 갖고 있다. 위니캇은 그것을 파괴성으로 부르는 경향이 있는데, 그는 이것 또한 살아있음의 일부라고 본다. 위니캇에게 있어서, 타자가 타자처럼 느껴지기 위해서는 그가 나의 파괴성에서 살아남아야 한다. 타자성은 부분적으로 나와 다르다. 그것은 나의 파괴성이 축소시킬 수 있는 것 이상이고, 나의 파괴성과 다른 것이기 때문이다. 비온에게 있어서, 자기는 타자의 살해성과 자신의 살해성으로부터 살아남아야한다—그 둘은 종종 구별되지 않는다(인간 조건의 일부로서의 살해성이다). 신앙의 리듬은 서로에게서, 그리고 자신에게서 살아남는 법을 배우는 것을 통해서 발달한다. 불신은 사라지지 않는다—그래서도 안 된다. 그것은 현실-검증의 일부이다. 신앙은 다른 가능성을 배제하지 않고서도, 우리가 서로에게 누구인지에 대한 더 큰 감각의 지평을 열어준다. 그럼으로써 우리는 살아있음의 파괴적인 측면들을 살아남을 뿐 아니라, 상호적인 충격이 줄 수 있는 심오한 양분을 통해 성장한다.

참고문헌

Balint, M. (1968). *The Basic Fault*. London: Tavistock.
Bion, W. R. (1965). *Transformations*. London: Karnac, 1984.
Bion, W. R. (1970). *Attention and Interpretation*. London: Karnac, 1997.
Bion, W. R. (1991). *A Memoir of the Future*. London: Karnac, 2004.
Bion, W. R. (1994). *Cogitations*. London: Karnac.
Bohm, D. (1996). *Wholeness and the Implicate Order*. London: Routledge.
Bohm, D. (2004). *On Creativity*. London: Routledge.
Cleary, T., & Cleary, J. C. (2005). *The Blue Cliff Record*. Boston: Shambhala.
Davies, R. (1983). *The Deptford Trilogy: Fifth Business*. New York: Penguin Books.
Eigen, M. (1973). Abstinence and the schizoid ego. *International Journal of the Psychoanalytic Association, 54*: 393-397. Collected in The Electrified Tightrope (1993). London: Karnac, 2004.
Eigen, M. (1977). On Not Being Able to Paint. Marion Milner. New York: International Universities Press, 1973 (paperback). 184 pp., 49 illustrations. *Psychoanalytic Review, 64*: 312-315.
Eigen, M. (1981). The area of faith in Winnicott, Lacan, and Bion. *International Journal of the Psychoanalytic Association, 62*: 413-433. Collected in The Electrified Tightrope.
Eigen, M. (1986). *The Psychotic Core*. London: Karnac, 2004.
Eigen, M. (1992). *Coming Through the Whirlwind*. Wilmette, IL: Chiron.
Eigen, M. (1993). *The Electrified Tightrope*, A. Phillips (Ed.). London: Karnac, 2004.
Eigen, M. (1995). *Reshaping the Self: Reflections on Renewal Through*

Therapy. Madison, CT: Psychosocial Press (International Universities Press).

Eigen, M. (1996). *Psychic Deadness*. London: Karnac, 2004.

Eigen, M. (1998). *The Psychoanalytic Mystic*. London: Free Association Books.

Eigen, M. (1999). *Toxic Nourishment*. London: Karnac.

Eigen, M. (2002). *Rage*. Middletown, CT: Wesleyan University Press.

Eigen, M. (2004). *The Sensitive Self*. Middletown, CT: Wesleyan University Press.

Eigen, M. (2005). *Emotional Storm*. Middletown, CT: Wesleyan University Press.

Eigen, M. (2006). *Lust*. Middletown, CT: Wesleyan University Press.

Eigen, M. (2007a). *Feeling Matters*. London: Karnac.

Eigen, M. (2007b). Incommunicado core and boundless supporting unknown. *European Journal of Psychotherapy & Counselling, 9*: 415-422.

Eigen, M. (2008). Primary aloneness. *Psychoanalytic Perspectives, 5(2)*.

Eigen, M. (2009). *Flames from the Unconscious: Trauma, Madness and Faith*. London: Karnac.

Eigen, M. (forthcoming). Distinction-union structure, to be published in *Psychoanalytic Inquiry, 32(2)* (in press).

Eigen, M., & Govrin, A. (2007). *Conversations With Michael Eigen*. London: Karnac.

Fliess, R. (1971). *Symbols, Dreams and Psychosis*. Madison, CT: International Universities Press.

Freud, S. (1900a). *The Interpretation of Dreams*. S. E., 4-5. London: Hogarth.

Ghisclin, B. (1952). *Creative Process: Reflections on the Invention in the Arts and Sciences*. Berkeley, CA: University of California Press.

Goddard, D. (1932). *A Buddhist Bible. Forgotten Books* (www.forgottenbooks.org), 2007.

Govrin, A. (2007). The area of faith between Eigen and his readers. *Quadrant: Journal of the CG Jung Foundations for Analytical Psychology, 37*(1): 9-27.

Grotstein, J. S. (2000). *Who Is the Dreamer Who Dreams the Dream? A*

Study of Psychic Presences. London: The Analytic Press.

Grotstein, J. S. (2007). *A Beam of Intense Darkness: Wilfred Bion's Legacy to Psychoanalysis*. London: Karnac.

Humphrey, G. (1948). *Thinking: An Introduction to Its Experimental Psychology*. London: Methuen.

Levinas, E. (2000). *Alterity and Transcendence*, M. B. Smith (Trans.). New York: Columbia University Press.

Matte-Blanco, I. (1975). *The Unconscious as Infinite Sets*. London: Karnac, 1980.

Matte-Blanco, I. (1988). *Thinking, Feeling, and Being*. London: Routledge.

Milner, M. (1957). *On Not Being Able to Paint*. Madison, CT: International Universities press.

Milner, M. (1987). *The Suppressed Madness of Sane Men: Forty-four Years of Exploring Psychoanalysis*. London: Routledge.

Mitchell, S. (1992). *The Book of Job*. New York: Harper Perennial.

Read, H. (1957). *Icon and Idea: The Function of Art in the Development of Human Consciousness*. Cambridge: Harvard University Press.

Sekida, K. (2005). *Two Zen Classics: The Gateless Gate and The Blue Cliff Records*. Boston: Shambhala.

Tavener, J. (1999). *The Music of Silence*, B. Keeble (Ed.). London: Faber and Faber.

Winnicott, D. W. (1969). The use of the object and relating through identification. *International Journal of the Psychoanalytic Association, 50*: 711-716.

Winnicott, D. W. (1988). *Human Nature*. New York: Shocken Books.

Winnicott, D. W. (1992). *Psychoanalytic Explorations*. Cambridge, MA: Harvard University Press.

한국심리치료연구소 총서

한국심리치료연구소는 한국심리치료 분야의 질적 향상을 위해서 이 분야의 고전 및 최신 서적들을 우리말로 번역 출판하고 있다. 본 연구소는 순수 심리치료 분야와 기독교 신앙과 관련된 심리치료 분야의 책들을 출판하며, 순수 심리치료 분야의 책들은 대상관계이론과 자기심리학을 포함한 현대 정신분석이론들과 융 심리학에 관한 서적이다.

순수 심리치료 분야

놀이와 현실
Playing and Reality
by D. W. Winnicott / 이재훈

울타리와 공간
Boundary & Space
by D. Wallbridge
& M. Davis / 이재훈

유아의 심리적 탄생
Psychological Birth
of the Human Infant
by M. Mahler & F. Pine / 이재훈

꿈상징 사전
Dictionary of Dream Symbols
by Eric Ackroyd / 김병준

그림놀이를 통한 어린이 심리치료
Therapeutic Consultation
in Child Psychiatry
by D. W. Winnicott / 이재훈

자기의 분석
The Analysis of the Self
by Heinz Kohut / 이재훈

편집증과 심리치료
Psychotherapy
& the Paranoid Process
by W. W. Meissner / 이재훈

멜라니 클라인
Melanie Klein
by Hanna Segal / 이재훈

정신분석학적 대상관계이론
Object Relations
in Psychoanalytic Theories
by J. Greenberg & S. Mitchell / 이재훈

프로이트 이후
Freud & Beyond
by S. Mitchell & M. Black
/ 이재훈 · 이해리 공역

성숙과정과 촉진적 환경
Maturational Processes
& Facilitating Environment
by D. W. Winnicott / 이재훈

참자기
The Search for the Real Self
by J.F. Masterson / 임혜련

내면세계와 외부현실
Internal World & External Reality
by Otto Kernberg / 이재훈

자폐아동을 위한 심리치료
The Protective Shell in Children and
Adult by Frances Tustin / 이재훈 외

박탈과 비행
Deprivation & Delinquency
by D. W. Winnicott / 이재훈 외

교육, 허무주의, 생존
Education, Nihilism, Survival
by D. Holbrook / 이재훈 외

대상관계 개인치료 I · II
Object Relations Individual Therapy
by Jill Savege Scharff & David E.
Scharff / 이재훈 · 김석도 공역

정신분석 용어사전
Psychoanalytic Terms and Concepts
Ed. by Moore and Fine / 이재훈 외

하인즈 코헛과 자기심리학
H. Kohut and the Psychology of the
Self
by Allen M. Siegel / 권명수

성격에 관한 정신분석학적 연구
Psychoanalytic Studies of the
Personality by Ronald Fairbaim / 이재훈

대상관계 이론과 임상적 정신분석
Object Relations
& Clinical Psychoanalysis
by Otto Kernberg / 이재훈

순수 심리치료 분야

나의 이성, 나의 감성
My Head and My Heart by De Gregorio, Jorge /김미겸

환자에게서 배우기
Learning from the Patient by Patrick J. Casement/김석도

의례의 과정
The Ritual Process by Victor Turner/ 박근원

대상관계이론과 정신병리학
Object Relations Theories and Psychopathology by Frank Summers /이재훈

정신분석학 주요개념
Psychoanalysis : The Major Concepts, by Moore & Fine/이재훈

대상관계 단기치료
Object Relations Brief Therapy by Michael Stadter/이재훈 • 김도애

임상적 클라인
Clinical Klein by R. D. Hinshelwood/ 이재훈

살아있는 동반자
Live Company by Anne Alvalez /이재훈 외

대상관계 가족치료
Object Relations Family Therapy by Jill Savege Scharff & David E. Scharff/이재훈

대상관계 집단치료
Object Relations, the Self and the Group by Charles Ashbach & Victor L. Shermer/이재훈

스토리텔링을 통한 어린이 심리치료
Using Storytelling as a Therapeutic Tool with Children by Sunderland Margot/이재훈 외

자폐아동과 정신분석
Autismes De L'enfance by Roger Perrson & Denys Ribas/권정아 • 안석

하인즈 코헛의 자기심리학 이야기 1
홍이화

초보자를 위한 대상관계 심리치료
The Primer of Object Relations Therapy by Jill & David Scharff/오규훈 • 이재훈

인격장애와 성도착에서 의공격성
Aggression and Perversions in Personality Disorders/이재훈 • 박동원

대상관계 단기부부치료
Short Term Object Relations Couple Therapy by James Donovan /이재훈 • 임영철

왜 정신분석인가?
Une Psychanalyse Pourquoi? by Roger Perron/표원경

애도
Mourning, Spirituality and Psychic Change by Susan Kavaler-Adler/이재훈

독이 든 양분
Toxic Nourishment by Michael Eigen/이재훈

무의식으로부터의 불꽃
Flames from the Unknown by Michael Eigen/이준호

정신분석학 주요개념 II
Psychoanalysis : The Major Concepts, by Moore & Fine/이재훈

대상의 그림자
The Shadow of the Object by Christopher Bollas/이재훈 외

환기적 대상
The Evocative Object by Christopher Bollas/이재훈

끝없는 질문
The Infinite Question by Christopher Bollas/이재훈

소아의학을 거쳐 정신분석학으로
Through Paediatrics to Psycho-Analysis by D. W. Winnicott/이재훈

감정이 중요해
Feeling Matters by Michael Eigen/이재훈

흑암의 빗줄기
A Beam of Intense Darkness by Grotstein/이재훈

기독교 신앙과 관련된 심리치료 분야

종교와 무의식
Religion & Unconscious
by Ann & Barry Ulanov / 이재훈

희망의 목회상담
Hope in the Pastoral Care & Counseling
by Andrew Lester / 신현복

살아있는 인간문서
The Living Human Document
by Charles Gerkin / 안석모

인간의 관계경험과 하나님경험
Human Relationship & the Experience of God
by Michael St. Clair / 이재훈

신데렐라와 그 자매들
Cinderella and Her Sisters
by Ann & Barry Ulanov / 이재훈

현대정신분석학과 종교
Contemporary Psychoanalysis & Religion
by James Jones / 유영권

살아있는 신의 탄생
The Birth of the Living God
by Ana-Maria Rizzuto / 이재훈

인간의 욕망과 기독교 복음
Les Evangiles au risque de la Psychanalyse
by Françoise Dolto / 김성민

신학과 목회상담
Theology & Pastoral Counseling
by Debohra Hunsinger / 이재훈·신현복

성서와 정신
The Bible and the Psyche
by E. Edinger / 이재훈

목회와 성
Ministry and Sexuality
by G. L. Rediger / 유희동

상한 마음의 치유
Healing Wounded Emotions
by M. H. Padovani 외 / 김성민 외

예수님의 마음으로 생활하기
Living from the Heart Jesus Gave You
by James. G. Friesen 외 / 정동섭

신경증의 치료와 기독교 신앙
Ministry and Sexuality
by G.L.Rediger / 김성민

전환기의 종교와 심리학
Religion and Psychology in Transition
by James Johns / 이재훈

영성과 심리치료
Spirituality and Psychotherapy
by Ann Belford Ulanov / 이재훈

치유의 상상력
The Healing Imagination
by Ann Belford Ulanov / 이재훈

외상, 심리치료 그리고 목회신학
/ 김정선

그리스도인의 원형
The Christian Archetype
by Edward F. Edinger / 이재훈

융의 심리학과 기독교 영성
De I'inconscient à Dieu: Ascèse Chrètienne et psychologie de C.G. Jung by Erna van de Winckel / 김성민

앞으로 출간될 책

정신증의 핵
The Psychotic Core by Michael Eigen / 이재훈